제2판

사회복지실천론

서종수 · 박성원 · 양지훈 · 이미영 · 장효은 · 이우구 · 김민아 · 강금여

KNOWLEDGE COMMUNITY 공동체

머리말

PREFACE

사회복지를 둘러싼 사회적 관심과 요구는 해마다 더욱 증가하고 또 깊어지고 있다. 다양한 사회복지 관련 학과의 신설, 정규대학 외 학점은행제를 통한 사회복지사 양성의 확대, 그리고 현장의 전문화는 사회븍지학의 발전 속도를 그 어느 때보다 빠르게 만들고 있다. 이러한 변화는 관련 학문과 실천영역의 폭도 넓혀가며, 수많은 연구와 교재가 출간되는 배경이 되고 있다.

그 가운데 초판 《사회복지실천론》을 세상에 내어놓았을 때, 저자들은 현장의 경험을 기반으로 실천 중심의 내용을 담아보려는 마음이 컸다. 그러나 사회복지사 1급 시험 대비를 위한 교육적 필요와 실천 경험의 균형을 잡아가는 과정에서 아쉬움이 남기도 했다. 무엇보다 초판은 짧은 기간 안에 다양한 분야에서 활동해 온 저자들의 경험을 충분히 담아내지 못한 한계도 있었다.

이번 개정과정에서는 이러한 초기 원고의 장점은 살리고, 부족한 점은 보완하고자 하였다.

초판에서 많은 고민 끝에 포함했던 “사회복지사의 전문성”장은 이번 개정판에서도 유지하되, 보다 폭넓게 검토해 보았다. 플렉스너나 그린우드의 틀을 넘어서 오늘날 사회복지사가 직면하는 전문성의 기준—윤리성, 실천역량, 다학제 협업능력, 지역사회 기반 실천 등—을 새롭게 반영하여, 앞으로의 방향성에 대한 고민을 함께 나누고자 했다.

초판을 강의하며 독자와 학생들에게 받은 조언과 비판은 개정판 작업에 큰 도움이 되었다. 문장과 개념의 명료화, 시대 변화에 따른 최신 용어 반영, 일부 사례의 조정 등 다양한 개선을 진행하였다. 여전히 부족한 점이 있을 수 있지만, 개정판을 통해 한 걸음 더 다가가고자 했다.

여러 저자가 참여한 책의 특성상 개별적 문체가 존재한다는 점은 초판에서도 인정했던 부분이다. 개정판에서는 내용의 흐름을 통일하기 위해 전반적 문체를 조정하면서도, 각 저자가 가진 현장성·전문성·실천철학이 살아 있도록 조심스럽게 다듬었다.

초판을 출간한 이후, 저자들은 각자의 자리에서 학생을 가르치고 현장에서 실천하며, 독자와 동료 사회복지사들의 목소리를 들을 수 있었다. 이번 개정판은 이러한 경험과 성찰을 다시 모아 정리한 작은 결실이다. 이 책이 완전해서가 아니라, 더 나은 사회복지실천을 위한 질문과 성찰을 이어가기 위한 출발점이라는 마음으로 독자 앞에 내놓는다. 사회복지사로서 또는 예비 사회복지사로서 걸어가는 길에 이 책이 작은 도움이 되기를 바란다.

부족한 점은 앞으로의 개정과 강의를 통해 끊임없이 보완할 것이며, 독자 여러분의 격려와 날카로운 조언은 저자들에게 무엇보다 소중한 자양분이 될 것이다.

2026년 1월

저자 일동

차 례

CONTENTS

제 1 장

사회복지실천의 이해

CHAPTER

01 사회복지실천의 이해

제1절 | 사회복지실천의 개념

사회복지실천은 사회복지와 실천이 결합된 복합어라 할 수 있다. 사회복지는 영문으로 social welfare라 표현하지만, 사회복지실천은 social work practice로 사용된다. social welfare로 기술되는가 혹은 social work로 기술되는가에 따라 그 차이가 존재한다. 일반적으로 social welfare는 사회복지로, social work는 사회사업으로 번역하여 사용된다.

일반적으로 사회사업은 자선, 빈민구제활동 혹은 기부활동과 유사한 의미로 사용되었다. 사회사업은 이용자의 욕구를 파악하고 그에 따른 전문적 도움을 제공하는 것에 초점을 맞추고 있는 반면 자선은 자신이 제공할 수 있는 도움을 단순히 제공하는 것에 초점이 맞추어져 있다는 점에서 차이가 있다.

사회사업은 전문적 활동임에도 불구하고, 전문적 활동으로 인식하기보다 비전문적 활동으로, 직업보다는 봉사로 이해하는 경향이 있다. 따라서 사회사업의 경우 미시적 활동에만 국한된다는 시각이 있으며, 사회복지사의 전문적인 실천 활동을 강조할 수 있는 새로운 용어가 필요하게 되었다(이영분 외, 2011). 이러한 상황에서 사회복지사업법이 제정됨에 따라 사회복지사업이 법정 용어로 등장하면서, 사회사업과 사회복지, 두 용어 모두 사회복지로 사용하기 시작하였고, 이에 따라 사회사업실천이 아닌 사회복지실천으로 명명되면서 혼란은 증폭되었다(박지영 외, 2020).

일반적으로 사회복지의 경우 개인과 사회 전체의 복리를 증진시키려는 모든 형태의 사회적 노력, 관련 정책과 과정 전반을 의미한다(조흥식 외, 2009). 따라서 사회복지정책과 사회복지행정을 포함하여, 전통적인 사회복지 현장뿐만 아니라 국민의 복리 증진에 관여하는 다양한 영역(경찰, 소방, 교육, 교정 등)이 포함될 수 있다. 이러한 사회복지의 개념화는 사회복지사의 정체성과 전문성의 강조 그리고 인접학문 분야 및 다른 전문직과의 차별화 등을 추구하는 데 있어 논란의 여지가 발생한다(최해경, 2017).

사회복지실천과 관련한 다양한 책들은 책의 구성에 있어서 공통적으로 실천의 가치와 윤리, 면접, 실천과정, 사례관리 등의 내용을 포함하고 있어, 클라이언트와의 직접적인 접촉 및 상호작용에 대한 내용을 주로 다루고 있다. 반면 사회복지 관련 정책 수립, 정책 분석, 정책 대안의 발굴, 제안된 법안에 대한 분석, 취약계층의 권익옹호 등 거시적 수준의 활동은 정부관료, 국회 및 지방의 회의원, 국책 연구기관의 연구진, 사회단체 및 시민단체 지도부 등에 의해 주도되고 있다. 현재 사회복지사의 활동이 정책 및 행정을 포함한 거시적 수준에서는 아직까지 활동하지 않는다는 점을 고려할 때(최해경, 2017), 정책 및 행정을 포괄하여 다양하고 복합적인 영역을 포함하는 social welfare의 개념보다는 활동, 사업, 일 등으로 번역될 수 있는 social work를 사용하는 것이 더 적절하다. 따라서 사회복지실천은 social work practice로 사용하는 것이 타당하다. 즉, 사회복지실천은 사회복지가 가지는 광범위한 개념보다 사회사업과 같은 협의적 개념이 보다 적합하다 할 수 있다. 다만, 앞서 언급한 바와 같이 사회사업이 가지는 개념적 한계(자선사업 등)와 사회복지사의 실천적 전문성을 드러내기 위해서 한글로 표기할 때는 사회복지실천이라고 사용하는 것이 적절하다고 할 수 있다. 정리하면 사회복지실천은 클라이언트가 가진 문제와 어려움을 해결하고, 사회적 기능을 향상시키기 위해서 개입하는 전문적이고 구체적인 실천 활동으로 정의될 수 있다. 또한 이러한 실천은 클라이언트를 대상으로 하는 직접적인 실천 이외에 사회복지실천이 효율적이고 효과적으로 적용될 수 있도록 지원하는 간접적 실천을 포괄하는 전문적인 활동으로 정의할 수 있다.

제2절 I 사회복지실천의 이념

이념은 한 시대나 사회 또는 계급에 독특하게 나타나는 관념, 믿음 등을 통틀어 이르는 용어이다. 사회복지실천에 영향을 미친 이념은 다양하다. 이 중 사회복지실천에 중요한 영향을 미친 대표적 이념인 인도주의, 사회진화론, 민주주의, 개인주의, 다원주의 등에 대해서 살펴보고자 한다.

1. 인도주의

인도주의(humanitarianism)는 사회복지실천에서 가장 기본이 되는 이념으로, 인도(人道)는 '사람을 위한 도'라는 개념으로 이해될 수 있다. 이는 모든 인간은 인간이라는 점에서 동등한 자격을 갖추고 있다는 생각을 바탕으로 인류의 공존을 꾀하고 복지를 실현하려는 이념을 말한다. 흔히 인본주의의 개념과 동일하게 사용된다. 공자(孔子)는 인(仁)을 사랑[愛], 즉 인간애로 보았으며, 이는 기독교의 박애, 불교의 자비와 유사하다 할 수 있다. 유교의 인은 인(人)+이(二)로 된 말로서, 두 사람 사이의 관계성을 전제로 한 사랑을 말한다. 인도주의는 박애사상과 연결되는데, 박애사상은 모든 사람을 차별 없이 두루 사랑해야 한다는 사상을 말한다. 따라서 인도주의는 인간애의 실천과 발휘를 의미한다. 인도주의는 자선조직협회에서 실시한 우애방문원의 기본 철학이 되었으며, 우애방문원은 인도주의와 박애사상의 영향을 받아 빈곤한 사람들을 대상으로 인도주의적 서비스를 제공하였다.

2. 사회진화론

사회진화론(social Darwinism)은 찰스 다윈(Charles Darwin)의 생물진화론을 허버트 스펜서(Herbert Spencer)가 개인과 사회에 적용한 이론이다. 스펜서는 1860년 「사회유기체(The Social Organism)」라는 글을 통해, 사회를 살아있는 유기체와 비교하고 생물학적 유기체가 자연선택을 통해 진화하는 것처럼 사회는 유사한 과정을 통해 진화하고 복잡성이 증가한다고 하였다. 스펜서는 생존경쟁과 적자생존의 두 개념을 강조하였다. 인간 사회의 생활은 개인 간의 생존경쟁이며, 그 경쟁은 적자생존에 의해 지배된다고 보았다. 따라서 빈부격차와 같은 사회 특성은 진화과정에서 불가피하게 발생하며, 부자는 우월해서 부유층으로 살아남게 되고, 빈민은 열등해서 가난하게 살 수밖에 없다는 것이다. 이러한 사회진화론은 빈부격차 등의 사회적 불평등의 문제를 사회의 문제가 아닌 개인의 능력과 문제로 받아들이게 하였다. 우애방문원은 인도주의의 영향을 받아 인도주의적 서비스를 제공하였으나, 한편으로는 사회진화론의 영향을 받아서 사회적 구제 가치가 있는 빈민을 선별적으로 구제하였으며, 빈민이 부자나 사회주류계층에 방해가 되지 않도록, 즉 사회불안세력으로 형성되지 않도록 존재하게 하였다.

3. 민주주의

민주주의(democracy)는 국가의 주권이 국민에게 있고, 국민이 권력을 가지고 그 권력을 스스로 행하는 제도나 그러한 정치체제를 지향하는 이념을 의미한다. 민주주의는 자유의 실현, 평등의 보장, 인도적 가치를 추구한다. 따라서 민주주의하에서 모든 인간은 평등하기 때문에 빈민도 대우받을 권리가 있음을 인정한다.

민주주의는 빈곤층의 가치를 인정한 인보관 운동에 영향을 주어 사회개혁운동으로 이어졌으며, 클라이언트의 권리가 강조됨에 따라 서비스의 제공자 중심에서 수요자 중심의 서비스로 전환되었을 뿐만 아니라, 대상자의 서비스 선택권을 강조하게 되었다. 또한 빈민의 어려움은 개인의 결함이나 책임이 아니라 사회의 책임도 있다는 것을 인정하게 되었다.

4. 개인주의

개인주의(individualism)는 19세기 서구 사회에 가장 널리 보급된 사상이자 이념으로, 개인의 가치와 권리를 중요시하는 이념이다. 개인주의는 사회의 기본적 단위로서 개인을 존중하며, 개인 스스로가 자신의 목표와 욕망을 충족하도록 한다. 따라서 모든 것은 개인을 기초로 하여 규정하게 된다. 개인의 자유와 권리를 중요시하는 만큼 의무와 책임도 중요시하기 때문에 빈곤과 같은 사회적 문제도 개인의 결함이나 노력의 문제로 본다. 개인주의는 클라이언트에 대한 개별화의 원칙으로 이어지는 등의 긍정적 영향을 미친 반면, 빈곤의 원인도 개인의 책임으로 보아 최소한 수혜자격 원칙 수립에 영향을 미쳐, 수혜자격 축소 등에도 영향을 미쳤다.

5. 다원주의

다원주의(pluralism)는 다양한 삶의 방식, 관점과 가치관을 인정하고 존중하는 것이다. 따라서 배타주의, 우월주의, 엘리트주의에 반대되는 개념이며, 상이한 가치와 선은 모두 객관적 가치를 지니고 있기 때문에, 상대주의와도 다르다. 다원주의는 다양한 가치 간에 위계적 서열은 없으며, 갈등의 가능성이 존재한다(설 한, 2009). 다원주의는 다양한 가치관이 존재하며, 각각의 가치관을 존중하는 것으로, 자유와 평등에 기반하고 있으며 오늘날 사회에서 다원주의는 필연적이라 할 수 있다. 오늘날 다원주의에 따라 사회복지실천은 기존의 빈곤층을 넘어 결혼이주여성, 외국인 노동자, 북한이탈주민 그리고 성적 소수자 등에 대한 사회복지적 관심과 개입이 이루어지고 있다.

제3절 I 사회복지실천의 목적과 전문적 기반

1. 사회복지실천의 목적

사회가 발전함에 따라 사회복지에 대한 개념이나 영역이 점차 달라지듯, 사회복지실천의 개념과 목적도 점차 변화하고 있다. 미국사회복지사협회(NASW : The National Association of Social Workers)는 사회복지실천의 목적을 모든 사람의 삶의 질을 향상시킴으로써 개인과 사회 간 상호유익한 상호작용을 증진시키는 것으로 보았다.

핀커스와 미나한(Pincus & Minahan, 1973)은 사회복지실천의 목적을 개인의 문제해결과 대처능력 향상, 클라이언트를 사회자원과 서비스를 제공해 주는 체계와 연결, 체계들을 효과적이고 인도적으로 운영하도록 촉진, 사회정책 개발 및 발전에 기여하는 것으로 보았다. 헵워스(Hepworth et al, 2012)은 사회복지실천의 목적을 문제의 예방과 사회적 기능의 촉진, 손상된 기능의 회복, 사회문제의 제거 및 개선으로 제시하였다.

2. 사회복지실천의 전문적 기반 : 가치, 지식, 기술

1) 가 치

가치는 인간이 대상과의 관계에 의해 지니게 되는 중요성으로, 바람직한 것, 우선적인 것, 가치 있는 것, 선한 것이자 일종의 선호로, 이 선호는 신념에 기반하고 있다(이현주, 2000). 따라서 가치는 흔히 신념과 혼용되어 사용하고 있다. 신념과 가치는 다 같이 특정의 태도에 포괄적으로 영향을 주는 정신적 이미지(mental image)이며, 그것은 다시 특정 상황에 대한 개인의 반응양식에 영향을 준다(김혜성, 2013)는 점에서 공통된 특성이 있다. 그러나 신념은 개인의 지식이나 평가를 반영해 주는 무수한 정신적, 구두적 진술의 총체를 말하는 반면, 가치는 문화적으로 적합한 행동 지침을 제공하며, 신념에 비해 사회의 구성원들에 의해 널리 받아들여지고 있는 것이라는 점에서 차이가 있다.

사회복지가치는 사회복지라는 전문적 용어와 가치가 결합됨으로써, 사람에 관하여 그리고 사람을 다루는 적절한 방법에 대해 사회복지전문직이 갖고 있는 신념으로 개념화될 수 있다(김융일 · 조흥식 · 김연옥, 1998). 가치가 행동에 영향을 미친다는 점을 고려할 때, 사회복지가치는 사회복지실천과 행동의 기준이나 결정요소로 볼 수 있다. 로빈 윌리엄스(Robin Williams, 1970, 김융일 외, 1998 재인용)는 가치의 기본적 특성을 다음과 같이 규정하고 있다. 첫째, 가치는 개념적 요소를 가지고 있다. 둘째, 가치는 효과적으로 부과된다. 셋째, 가치는 행동의 구체적 목표가 아니라, 목표에 의해 선택된 '기준'이다. 넷째, 가치는 사소하거나 가벼운 관심 정도가 아닌 매우 중요한 것이다.

해리엇 바틀렛(Harriett Bartlett, 1970)은 사회복지실천에서 본질적 3대 요소인 가치, 지식, 기법 중 가치적 요소를 가장 중요시했다. 사회복지전문직은 어떤 지식이나 개입방법만으로는 충족될 수 없으며, 어떤 뚜렷한 가치나 신념이 선행되어야 한다고 하였다. 사회복지실천에 있어서 가치의 중요성은 한국사회복지사협회의 윤리강령 안에서도 확인할 수 있다. 따라서 사회복지사는 사회복지실천이 추구하는 전문적 가치를 명확히 학습하고 인지해야 한다.

이 외에도 사회복지사는 자신의 개인적 가치를 알고 있어야 한다. 사회복지는 휴먼서비스로서 사회복지사 자신이 주요한 서비스 전달도구이자 재료이기 때문에, 자신을 잘 활용하는 것이 중요하다. 따라서 개인적 선입견이나 편견 그리고 고정관념 등이 사회복지를 실천함에 있어 방해되지 않도록 지속적으로 자기 인식의 과정을 거쳐야 한다. 또한 정부시책이나 법률, 사회정책, 프로그램들이 반영하고 있는 사회적 가치에 대해 관심을 가져야 한다. 사회적 약자와 소수자의 기본적 권리를 지키기 위해서 사회 안에서 공유되는 가치들에 대해서 민감해야 한다(박지영 외, 2020).

2) 지 식

사회복지사는 클라이언트에게 적절한 서비스를 제공하기 위해서, 전문적인 지식을 알고, 보유해야 한다. 사회복지실천 분야에서 활용되는 지식은 대부분의 사회과학 및 인접학문의 지식까지 포괄하는데, 이는 클라이언트가 경험하는 삶의 문제들이 매우 다양하고 복잡하기 때문이다. 사회복지사는 클라이언트가 경험하는 모든 문제를 직접 겪거나 정통할 수 없지만, 적어도 지식을 통하여 이해의 수준을 높일 수는 있다(박지영 외, 2020). 미국사회사업교육협의회(The Council on Social Work Education, 1992; 홍선미, 2004 재인용)에서 제시하고 있는 사회복지실천 교육을 위한 교과내용에는 사회복지실천의 맥락을 이해하는 데 도움을 주기 위한 사회, 문화, 과학, 역사, 예술, 철학 등을 포함하는 기초교양 과목을 비롯해 인간행동과 사회환경, 사회복지정책, 실천과 실천기술, 다양성, 사회적·경제적 정의, 위험집단, 사회복지의 가치와 윤리, 현장실습 등이 포함된다.

사회복지사들에게 필요한 지식은 사회복지사의 실질적 개입활동을 다루는 실천지식과 기초지식으로 구분할 수 있다. 실천지식은 "내가 무엇을 하며 그것을 어떻게 할 것인가?"라는 질문에 대한 해답을 찾는 것이며, 기초지식은 인간과 환경의 상호작용에 관련되는 인간체계의 발달, 성장, 기능 및 역기능 등에 관한 지식을 말한다(김융일 외, 1998). 또한 다양한 분야의 내용으로 구성된 실천지식은 실천에 영향을 주는 구체성의 정도에 따라 패러다임, 시각, 이론, 모델 등의 형태로 구분할 수 있다(홍선미, 2004). 패러다임(paradigm)은 개념적 틀로서 세계관을 지배하고 현실에 대한 인식의 방향을 결정하는 데 영향을 미친다. 패러다임의 하위 수준에 있는 관점·시각(perspective)은 개념적 준거틀(conceptual framework)로서 관심영역과 가치, 대상들을 규정하는 사고체계를 말한다. 이론(theory)은 특정 현상을 설명하기 위한 가설이나 개념, 의미의 집합체로서, 관점·시각의 추상성을 한 단계 구체화한 특성을 가지고 있다. 모델(model)은 문제와 상황을 분석하고 개입방법을 계획하며 실천과정을 진행시키는 데 직접적으로 필요한 기술적 적용 방법을 제시함으로써 실천 활동의 원칙과 방식을 구조화하는 데 도움이 된다. 실천적 지혜(practice wisdom) 또는 직관(intuition)·암묵적 지식(tacit knowledge)도 실천현장에서 널리 활용되는 지식의 종류이다. 이들은 의식적으로 표현되거나 구체화될 수 없는 지식으로서 개인의 포괄적 가치체계와 개인적 경험으로부터 도출된다. 실천을 통한 앎(learning by doing)을 강조하는 사회복지실천에서 경험적으로 얻어지는 이러한 유형의 지식은 사회복지사의 인지적 틀(cognitive schema)을 통제하면서 사회복지사의 활동에 절대적 영향을 미친다(홍선미, 2004). 따라서 사회복지지식은 갖가지 사례 경험을 이론으로 구성하고, 인접학문의 전문지식과 끊임없는 소통을 통해 인간을 돕는 기술을 객관적이고 합리적으로 정교하게 만들어 나가게 된다. 실천지식으로서 사회복지지식은 사회변화에 따라서 절충적으로 적용되는 탄력적 모습을 가진다.

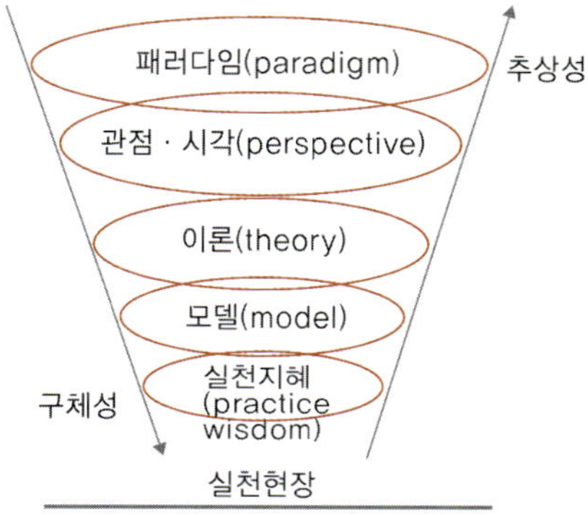

[그림 1-1] 패러다임, 시각, 이론, 모델, 실천지혜의 관계

출처 : 홍선미(2004). 사회복지 실천의 지식기반과 학문적 특성에 관한 연구. 한국사회복지학, 56(4), p. 197.

사회복지지식과 관련하여 실시된 엄명용(2005)의 연구결과는 우리의 사회복지교육 내용, 즉 사회복지실천지식이 아직 토착화되지 못했으며 우리 사회의 현장성을 잘 반영하지 못하고 있는 것으로 나타났다. 이는 한국사회복지의 발달과 실천에 있어서 미국의 실천이론과 기술들에 바탕을 두고 있기 때문이라 평가할 수 있다. 따라서 앞으로 토착화되고, 체계화된 사회복지지식의 개발이 요구되며 이를 기반으로 한 교육의 필요성이 요구된다.

3) 기 술

사회복지사는 전문적 가치와 지식 외에 기술을 갖추어야 한다. 즉, 전문적인 사회복지사는 내담자의 상황에 맞는 적절한 이론적 기법의 선택과 그것을 효과적으로 사용할 수 있는 능력이 있어야 한다.

로웬버그와 돌고프(Loewenberg & Dolgoff, 1971)는 사회복지실천에 있어서 요구되는 기초기술로 기본원조기술, 관여기술, 관찰기술, 커뮤니케이션 기술 등을 제시하였다. 엄명용(2005)은 개별대상개입기술(사정기술, 감정개입기술, 의사소통기술, 개입주도기술), 집단대상개입기술(집단유대감형성촉진기술, 집단관리기술, 집단 역할설정기술), 가족대상개입기술(가족사정 및 자원연결기술, 도구활용기술), 지역사회 조직 기술(지역사회 자원 섭외·파악기술, 사례관리기술), 자원봉사자관리 기술(관계 유지기술, 자원봉사자 이해기술, 자원봉사자 교육기술, 자원봉사자 배치기술), 프로그램개발 및 평가기술(프로포절 작성기술, 프로그램 성과평가 기술, 프로그램 구성기술, 프로그램 홍보기술), 조직관리 기술(인적자원 관리기술, 실습생 관리기술, 예산관리기술, 문서관리기술) 등으로 구분하였다. 전재일 등(2010)은 의사소통기술, 면접기술, 대상별(개인, 가족, 집단, 지역사회) 실천기술, 기록 및 평가 기술로 구분하였다. 또한 엄명용, 노충래와 김용석(2008)은 사회복지실천의 기술로 면담기술, 사정기술, 개입기술, 팀워크 기술, 체계와의 연결기술, 협상기술, 평가 및 종결 기술을 제시하였다. 이러한 다양한 기술은 단독적으로 사용되기보다는 여러 가지 기술들이 통합적으로 사용되는 경우가 일반적이다.

제4절 I 사회복지실천의 방법

1. 개입수준에 따른 분류

사회복지실천의 개입 수준은 일반적으로 미시 수준, 중간 수준, 거시 수준으로 나눌 수 있다. 다만, 연구자에 따라 개입 수준에 대한 개념적 분류에 차이가 있으며, 그에 따라 실천방법도 달라진다.

1) 미시 수준

미시 수준(micro)의 개입에 대해 재스트로(Zastrow, 2013)는 개인을 대상으로 일대일로 개입하는 것으로 보고 있으며, 가족의 경우 미시적 수준의 실천대상에 포함하지 않았다. 그러나 대부분의 경우 미시적 수준의 개입에 대해 개인을 포함하여, 가족에 대한 개입을 포함하고 있다.

흔히 미시 수준의 실천의 경우 클라이언트를 직접 만나 이루어지는 활동을 의미하며, 따라서 사회복지사의 실천활동도 직접 서비스 제공이나 중개자 역할이 많다. 미시적 수준은 개별사회사업에서 출발하였으며, 미시적 수준의 실천은 정신장애인 재활상담, 가족치료, 위탁가정 아동 방문 등을 들 수 있다.

2) 중간 수준

중간·중범위 수준(mezzo)은 미시 수준과 거시 수준의 중간 수준을 의미하며, 재스트로는 가족과 소집단에 개입하는 것으로 분류하였다. 그러나 대부분의 경우 중간·중범위 수준은 기관이나 조직 내부, 그리고 기관이나 조직 간 상호작용에 대한 개입을 말한다. 따라서 지역사회자원의 발굴 및 연계활동, 집단의 형성과 운영을 통한 실천이 포함되며, 직접적 실천과 간접적 실천방법이 모두 사용될 수 있다. 중간 수준 실천은 자조집단이나 지지집단의 운영 등을 들 수 있다.

3) 거시 수준

거시 수준(macro)은 클라이언트의 삶에 영향을 미치는 전체 사회나 국가의 정책 혹은 복지체계를 대상으로 하는 실천을 말한다. 흔히 전체 사회의 향상과 변화를 목적으로 하며, 정책개발, 정책 대안의 발굴 및 제시, 취약계층 옹호와 같은 활동을 수행한다. 거시 수준은 대부분 간접적 실천방법이 사용된다. 거시적 수준의 예로 정책분석 및 평가, 모금활동, 후원자 개발 및 관리 등을 들 수 있다.

2. 개입방식에 따른 분류

사회복지실천에 있어서 사회복지사는 개인과 가족의 기능뿐만 아니라, 사회환경과 문제에도 관심을 가진다. 이러한 점에서 사회복지사는 사회문제 해결에 기여하는 일반 전문가들(정신과의사, 임상심리사, 상담심리사 등)과 차이가 있다. 일반 전문가들은 대체적으로 개인의 내적 역동에 관심을 두는 반면에 사회복지사는 개인과 개인을 둘러싼 환경 모두에 초점을 둔다. 즉, 사회복지사는 개인과 환경, 그리고 개인과 환경의 공유영역에 모두 개입한다. 그러나 상대적으로 개인과 환경 중 어느 쪽에 더 치중하는가에 대해서 많은 논쟁이 있어왔다. 따라서 개인과 환경 중 어디에 더 치중하는 개입방식을 취하느냐에 따라서 직접 실천과 간접 실천으로 나누어 볼 수 있다.

1) 직접 실천

직접 실천은 직접 개입이라고도 하는데, 클라이언트와 일대일로 만나 원조관계를 형성하고, 클라이언트를 변화시킴으로써 문제를 해결하는 실천 방식을 말한다. 즉, 개인, 집단, 가족을 직접 대면하여 문제를 해결하고, 변화를 일으키는 것이다. 직접 실천의 예로 장애아동 양육을 위한 부모상담, 정보제공, 가족치료, 심리치료 등을 들 수 있다.

2) 간접 실천

간접 실천은 간접 개입이라고도 하는데, 사회복지실천의 개입단계에서 직접적인 개입(대면적 개입)에 대비되는 개념으로 사용된다. 간접 실천은 직접 실천 외의 포괄적 개입 및 행동, 즉 지역사회에서 클라이언트를 둘러싼 환경체계에 개입하여 사회적 지지체계나 자원을 활용하는 실천방식을 말한다. 간접 실천의 예로 자원의 연결, 서비스의 조정 및 의뢰, 사회적 지지망 개발, 모금 및 홍보활동 등을 들 수 있다.

일반적으로 사회복지사들은 직접 개입을 더 많이 할 것으로 생각되지만, 간접 개입을 더 많이 활용한다. 이은주(2003)에 따르면 사회복지사들의 시간배분에서 클라이언트와 대면해서 일하는 데 할애하는 시간은 전체 업무시간의 1/3

이하 혹은 20~25% 정도이며 그 외의 시간은 간접 업무에 할애하는 것으로 나타났다. 즉, 사회복지사의 주요 표적은 클라이언트가 아니라 다른 자원제공자이며, 따라서 사회복지사들은 클라이언트보다 클라이언트가 아닌 사람들과 훨씬 더 자주 함께 일하는 것이다. 간접 실천은 직접 실천에 비해 사회복지사의 업무에서 차지하는 비중도 더 크고, 생각보다 더 숙달된 지식과 기술을 필요로 한다. 그럼에도 불구하고 간접적 개입은 단순히 부수적(collateral) 접촉이라고만 분류되어 그 중요성이 간과되고 있다(이은주, 2003).

제5절 I 사회복지실천의 과학적 속성과 예술적 속성

1. 사회복지실천의 과학적 속성

사회복지사는 전문가이며, 전문가는 과학에 기반한 실천을 해야 한다. 따라서 사회복지사는 전문적 지식에 근거한 실천을 함으로써, 뛰어난 성과를 가져야 한다. 이는 사회복지실천의 과학적 속성이라 할 수 있다. 물론 사회복지실천에서 과학적 방법의 적용은 쉽지 않다. 사회복지와 관련된 요소들, 예를 들어 목표달성이나 효과성 등을 계량화하기 쉽지 않고, 때에 따라 윤리적 문제와 연결될 수 있으며, 과학적 절차와 실험상에서 외부 요인에 대한 통제도 쉽지 않기 때문이다. 그럼에도 불구하고 사회복지사는 과학적 실천을 할 수 있도록 노력해야 한다.

전재일 등(2018)은 사회복지실천에 있어 다음과 같은 방법을 활용할 때 과학적이라고 하였다. 첫째, 사람들의 사회적 기능을 나타내는 자료들을 수집하고 조직화하고 분석한다. 둘째, 새로운 기법을 만들고 새로운 실천지침을 마련하며 새로운 프로그램과 정책을 개발하기 위해 관찰, 경험, 그리고 공식적 연구를 활용한다. 셋째, 사회복지 개입을 안내하는 계획과 개념적 준거틀을 만들기 위해 기초가 되는 자료를 활용한다. 넷째, 개입과 개입이 사람들의 사회적 기능수행에 미치는 영향을 객관적으로 검토한다. 다섯째, 전문직에서 다른 사람들이 설명하는 아이디어, 연구, 그리고 실천을 교환하고 비평적으로 평가한다.

흔히 '사회복지는 실천이 이론을 앞선다'는 말이 있다. 새로운 사회문제는 지속적으로 나타나고 있는 반면, 문제와 관련된 연구나 이론이 미흡하기 때문에 과학적 지식에 기반한 실천을 하기 어려울 수 있다. 그러나 문제가 발생했기 때문에 사회적 개입은 요구될 수밖에 없으며, 과거의 유사한 사례를 탐색하거나 외국의 사례, 기존의 사회과학적 지식의 방법 활용 혹은 직관적 방법 등을 사용하여 개입한다. 이러한 개입의 효과성과 효율성을 평가하는 연구를 통하여, 효과성과 효율성이 재검증된 경우, 이론으로 발전될 수 있다. 따라서 사회복지 현장은 새로운 사회적 문제가 지속적으로 나타나고, 새로운 개입방법에 대한 지속적인 개입과 개입방법에 대한 연구 평가를 수행할 수 있는 전문성을 갖추어야 한다. 따라서 사회복지사는 실천에 있어서 경험적 사실이나 정보의 수집, 이론적 설명, 실험적 조사, 프로그램의 과정 평가와 효과성 평가 등에 관한 과학적 속성을 발달시킬 수 있어야 한다.

2. 사회복지실천의 예술적 속성

사회복지실천은 예술적 속성에도 기반을 두어야 한다. 과학과 예술은 대립되는 것처럼 보이지만, 사회복지실천에 있어서 과학과 예술은 서로를 강화시키는 것으로 이해해야 한다(김융일 외, 1998).

사회복지의 주요 대상은 바로 사람이다. 따라서 자신의 감정, 그리고 서비스 대상자의 감정을 이해하고, 이를 근거로 한 실천을 해야 한다. 이러한 정서적 요소가 배제된 서비스는 기계적 서비스에 지나지 않을 것이며, 이는 기계가 대체할 수 있게 될 것이다. 그러나 미래직업전망에 항상 사회복지 관련 직업군은 유망직업군에 속해있다. 이는 아무리 AI와 같은 기술이 발달하더라도, 기계나 인공지능이 대체할 수 없는 예술적 속성이 있기 때문이다. 사회복지실천은 클라이언트의 정서적 측면에 개입하는 사회복지사의 심리적 특성이나 능력이 요구된다. 따라서 사회복지사는 사회복지실천에 있어서 클라이언트와의 전문적인 관계형성에서 클라이언트에 대한 감정이 이입된 의사소통을 비롯하여, 창의적 사고와 적합한 가치, 직관력, 건전한 판단력, 사회적 관심과 같은 예술적 요소를 발달시킬 수 있어야 한다.

참고문헌

김용석 · 하지선 · 이은영 · 서정민 · 김종필(2011). 한국어판 사회복지 가치 지향 척도(Professional Opinion Scale)의 신뢰도와 타당도 평가 : 사회복지 실천가를 대상으로. **한국사회복지학**, 63(3), 157−185.

김융일 · 조홍식 · 김연옥(1998). **사회사업실천론**. 경기 : 나남출판.

김혜성(2013). **광고의 이해**. 서울 : 커뮤니케이션북스.

박지영 · 배화숙 · 엄태완 · 이인숙 · 최희경(2020). **함께하는 사회복지실천론**. 서울 : 학지사.

설 한(2009). 자유주의, 다원주의, 그리고 타협의 정치. **21세기정치학회보**, 19(1), 23−46.

엄명용(2005). 한국 사회복지실천 현장 내 기본 실천기술의 실증적 확인 및 분류. **한국사회복지학**, 57(1), 61−91.

엄명용 · 노충래 · 김용석(2008). **사회복지실천기술의 이해**(제2판). 서울 : 학지사.

이영분 · 김기환 · 윤현숙 · 이원숙 · 이은주 · 최현미 · 홍금자(2011). **사회복지실천론**. 서울 : 동인.

이은주(2003). 사회복지실천의 전문성과 정체성 확립에 대한 고찰 : 간접적 개입과 관련하여. **상황과 복지**, 16, 203−245.

이현주(2000). 사회복지전문직 종사자의 윤리적 갈등에 관한 연구. 중앙대학교 대학원 석사학위논문.

전재일 · 이성희 · 김연희(2010). **사회복지실천기술론**. 서울 : 형설출판사.

전재일 · 이준상 · 이성희 · 이선자(2018). **사회복지실천론**. 경기 : 공동체.

조흥식 · 김연옥 · 황숙연 · 김융일(2009). **사회복지실천론**. 경기 : 나남출판.

최해경(2017). **사회복지실천론**(제2판). 서울 : 학지사.

홍선미(2004). 사회복지 실천의 지식기반과 학문적 특성에 관한 연구. **한국사회복지학**, 56(4), 195−214.

Bartlett, H. M.(1970). *The Common Base of Social Work Practice*. Washington, DC : National Association of Social Workers Inc.

Hepworth, D. H., & Rooney, R. H., Rooney, G. D., & Strom−Gottfried, K.(2012). *Direct Social Work Practice : Theory and Skills*(9th ed.). Belmont, CA : Brooks/Cole Cengage Learning.

Lowenberg, F., & Dolgoff, R.(1971). *Teaching of Practice Skills in Undergraduate Programs in Social Welfare and Other Helping Service*. New York : Council on Social Work Education.

Pincus, A., & Minahan, A. (1973). *Social Work Practice : Model and Method*. Itasca, IL : Peacock.

Zastrow, C.(2013). *The Practice of Social Work*(10th ed.). Belmont, CA : Brooks/Cole Cengage Learning.

제 2 장

사회복지실천의 가치와 윤리

CHAPTER

02 사회복지실천의 가치와 윤리

제1절 | 사회복지실천의 가치

1. 가치의 개념

가치는 지식, 기술과 함께 사회복지실천의 3대 요소의 하나로, 사회복지실천이 추구해야 할 방향성을 제시해 준다. 사회복지실천에서 지식은 인지적 측면이고, 기술은 실천행동과 관련이 있으며, 가치는 사회복지실천의 감정적, 정서적 측면이라고 할 수 있다(Johnson & Yanca, 2009). 사회복지실천은 가치를 기반으로 동기화되거나 기능화되기 때문에 가치라는 개념을 중요시한다. 가치란 일반적으로 믿음 또는 신념과 같은 것으로 '좋다, 싫다', '바람직하다, 바람직하지 못하다' 등과 같이 인간의 선호, 선택에 대한 기준으로서, 개인이나 집단 구성원들이 자신의 특정한 행동을 선택하는 데 영향을 미친다.

윌리엄스(Williams, 1952; 박주현 외, 2015 재인용)는 가치의 기본적 특성을 다음과 같이 설명하였다.

- 가치는 개념적 요소로서 순수한 감각, 반응, 욕구 등의 개념 이상의 의미를 가진다. 이는 개인의 즉각적 경험의 흐름으로부터 도출된 추상적인 개념이다.
- 가치는 구체적인 행동 목표가 아니라, 그 목표를 결정하는 기준이 된다.
- 가치는 감정적인 특성이 강하여 현실적으로 표현될 수 있는 잠재성이 있다.

- 가치는 인간이 원하는 것, 되고 싶은 것, 의무로 느끼는 것, 숭배하고 싶은 것 등을 포함하는 모든 관심의 대상이다. 또한 인간행동의 조직과 방향을 제시하는 정서적 성격을 지는 규범원리이다.

2. 사회복지실천의 주요 가치

사회복지실천의 본질적인 가치로는 인간존엄성 존중과 배분적인 사회정의를 들 수 있다(박광준, 2002). 첫째, 인간존엄성 존중의 가치는 사회복지의 가장 기본적인 가치로서, 인간을 존엄한 존재라고 생각하는 것이다. 인간존엄성 존중의 가치는 편견과 차별이 없는 사회를 만들기 위한 사회복지실천의 근거가 되고, 클라이언트의 개별화, 자기결정권, 비밀보장 등에도 영향을 미치며, 직업적인 윤리의 토대가 된다. 둘째, 배분적인 사회정의는 분배정의, 사회적 공평이라고도 하는데, 사회적 연대, 공동체 의식에 기초하여 사회의 책임성과 참여를 중시한다. 이러한 가치를 바탕으로 사회복지사는 모든 사람이 기본적인 사회자원을 배분받도록 사회복지실천을 행하고, 사회적 불의에 맞서 사회적 정의가 이루어지도록 노력해야 한다(이순민, 2016).

미국사회복지사협회(NASW, 1995)는 사회복지실천 기본 가치로 개인의 가치와 존엄성, 개인에 대한 존경, 개인의 변화가능성에 대한 가치, 클라이언트의 자기결정권, 비밀보장, 사생활보장, 적절한 자원과 서비스 제공, 역량강화, 동등한 기회보장, 비차별성, 다양성 존중 등을 제시하였다. 그리고 프리들랜더(Friedlander, 1980)는 사회복지실천의 기본 가치를 개인존중의 원리, 자발성 존중의 원리, 기회균등의 원리, 사회연대성의 원리 등으로 제시하고 있다. 이는 모든 사람이 인간으로서의 가치, 품위, 존엄 등을 가지고, 개인이 무엇을 요구하고 그것을 어떻게 충족할 것인가의 결정 권리를 가지며, 모든 인간에 대해 균등한 기회를 제공하고, 사람은 자기 자신, 가족 및 사회 등에 대해 책임을 진다는 것이다(박주현 외, 2016).

3. 사회복지실천의 전문직 가치

전문직 가치란 어떠한 직업이 사회에서 전문직으로 인정되는 과정에서 그 전문직의 독특한 실천 활동과 관련하여 요구되는 가치이다. 이러한 전문직 가치는 해당 전문직 활동의 평가와 책임소재의 근거가 된다.

1) 레비(Levy)의 사회복지전문직 가치

레비(Levy)는 사회복지실천 가치에 우선하는 사회복지전문직 자체의 가치를 3개의 범주로 나누어 설명하였다(Levy, 1973, 김혜영 외, 2018 재인용).

(1) 인간에 대해 선호하는 생각(사람 우선 가치)

전문직 수행의 대상인 인간 자체에 대해 전문직이 갖추고 있어야 할 기본적 가치이며 기본 철학과 같은 것이다. 인간의 본성을 제시해 줄 수 있는 가치들로 개인의 가치와 존엄성, 개인의 건설적인 변화에 대한 능력과 욕구, 상호책임성, 소속의 욕구, 공통적인 인간의 욕구, 그리고 개개인의 독특성에 대한 가치 등이 속한다. 즉, 클라이언트를 하나의 개별화된 인간으로 보고 능력을 인정해 주며 그에 따라 권한을 인정해 주는 가치이다.

(2) 인간에 대해 선호하는 결과(결과 우선 가치)

사람에 대해 서비스를 제공했을 때 초래되는 결과에 대한 가치로서 바람직한 결과 성취를 위해 가져야 하는 가치이다. 사회가 개인적 발전을 위해 사회참여에 대한 기회를 동등하게 제공해야 한다는 사회적 책임에 대한 믿음이다.

(3) 인간을 다루는 선호하는 수단(수단 우선 가치)

서비스를 수행하는 방법, 수단 및 도구에 대한 가치이다. 사람은 존경과 존엄으로 다루어져야 하며, 자기결정의 권리를 가져야 하고, 사회변화에 참여하도록 촉진되며, 하나의 독특한 개인으로 인정받아야 한다는 믿음이다. 인간의 자율성으로 요약될 수 있는 수단 우선의 가치는 사회복지실천과정에서 매우 중요하게 실천되어야 할 가치이다.

2) 미국사회복지사협회(NASW)의 사회복지전문직 가치

미국사회복지사협회의 윤리강령 전문에는 "사회복지전문직의 사명은 일련의 핵심 가치에 근원이 있다. 사회복지전문직의 역사를 통해 실현되어 온 이 핵심 가치가 사회복지실천의 고유한 목적과 관점의 기초가 된다"라고 밝히면서 사회복지전문직의 핵심 가치를 여섯 가지로 제시하고 있다(김인숙 · 김용석, 2000).

(1) (욕구가 있는 사람들에게) 서비스 제공

사회복지사의 일차적 목표는 어려움에 처한 사람을 원조하고 사회문제를 해결하는 것이다. 사회복지사는 개인의 이익을 떠나 다른 사람에게 서비스를 제공한다. 사회복지사는 자신의 전문적 기술, 지식, 가치를 경제적 보상을 기대하지 않고 제공할 수 있어야 한다.

(2) 사회정의 증진

사회복지사는 개인 고유의 존엄성과 가치를 존중하여야 한다. 사회복지사는 개인적 차이와 문화적 · 인종적 다양성을 고려하여 사람을 대하여야 한다. 클라이언트가 책임 있는 자기결정을 하도록 돕고, 클라이언트가 변화하고 자신의 욕구 충족을 위한 능력과 기회를 증진하도록 돕는다. 또한 전문직의 가치와 윤리적 기준에 비추어 클라이언트의 이익과 사회의 이익 간 갈등을 해결하기 위해 노력한다.

(3) 인간의 존엄성 및 가치 존중

사회복지사는 약하고 억압받는 사람들을 위해 그들과 함께 활동하고 사회변화를 추구한다. 사회복지사의 사회변화 노력은 빈곤, 실업, 차별, 기타 사회적 불의의 문제에 주로 초점이 맞추어진다. 이 활동들은 억압과 문화적 · 인종적 다양성에 대한 민감성과 지식을 확장하고자 한다. 사회복지사는 필요한 정보, 서비스와 자원에 대한 접근, 기회의 평등, 의사결정에 모든 사람의 의미 있는 참여를 보장하기 위해 노력한다.

(4) 인간관계의 중요성 인식

사회복지사는 인간관계의 중요성을 인식해야 한다. 사람 간의 관계가 변화를 위한 중요한 매개체임을 알고 사람들을 원조과정에 협력자로 참여시킨다. 개인, 가족, 집단, 조직, 지역사회의 복지를 증진하고 회복하며 유지하기 위해 사람 간의 관계를 강화한다.

(5) 정직과 성실

사회복지사는 신뢰할 수 있는 태도로 행동해야 한다. 사회복지전문직의 사명, 가치와 윤리적 기준을 인식하고 이에 부합하는 방식으로 실천하여야 한다. 정직하고 책임 있게 행동하며, 소속된 조직의 입장에서 윤리적 실천을 하여야 한다.

(6) 능력 증진

사회복지사는 전문적 지식과 기술을 향상하고 이를 실천에 적용하기 위해 끊임없이 노력하여야 하며, 사회복지전문직의 지식기반 구축에도 기여하도록 노력하여야 한다.

이러한 핵심 가치가 사회복지전문직의 독특성을 반영하며, 이러한 핵심 가치로부터 나오는 원칙은 인간경험의 복합성과 관계상황 안에서 균형을 이루어야 한다(김혜영 외, 2018).

제2절 | 사회복지실천 윤리 및 윤리강령

1. 사회복지실천 윤리

1) 윤리의 개념

윤리는 행동화된 가치로서, 행동의 옳고 그름을 판단하는 기준이다. '좋은 것, 바람직한 것, 선한 것'이 가치라면, 윤리는 '도덕적으로 옳고, 그른 것'에 관한 것으로 가치와는 구분된다. 윤리는 가치를 바탕으로 만들어진 행동지침이므로 가치와 윤리는 분리하여 생각할 수 없으며, 둘은 조화를 이루어야 한다. 즉, 사회복지가치는 사회복지실천이 나아가야 하는 방향을 제시한다면, 사회복지윤리는 그 방향에 맞추어 사회복지실천현장에서 필요한 행동 원칙과 지침을 제공한다고 할 수 있다.

이러한 윤리는 일반 윤리와 전문가 윤리로 나눌 수 있다(이순민, 2016). 일반 윤리는 한 개인이 다른 사람들과 어울려 살아가는 사회생활 속에서 지켜야 하는 기본적인 윤리인 반면에, 전문가 윤리는 전문가협회나 조직이 채택한 윤리강령에 따른 윤리이다. 즉, 전문가 윤리는 특수한 역할의 입장, 전문가가 역할을 수행하면서 고려해야 할 특수한 의무를 성문화한 것이다(김성천 외, 2009). 이러한 전문가 윤리는 일반 윤리에 위배될 수 없으며, 크게는 일반 윤리의 세부범주에 속한다.

2) 사회복지실천 윤리의 등장배경

사회복지사는 전문가로서 사람을 돕는 과정에서 윤리적 결정을 내려야 하는 다양한 상황에 직면하게 된다. '주어진 상황에서 도덕적으로 마땅히 해야 하는 옳은 일은 무엇인가?', '그 상황에서 사회복지사는 비윤리적인 행동을 어떻게 피할 수 있는가?' 등 사회복지실천과정에서 다양한 문제에 부딪히게 되는데, 이러한 상황에서 올바른 실천행위를 할 수 있도록 판단기준을 제시해 주는 것이 사회복지실천 윤리이다. 즉, 사회복지실천 윤리는 사회복지 실무자가 무엇이 윤리적으로 올바른 실천방법인지 인식할 수 있게 도와주며 전문적인 사회복지실천 상황에서 윤리적 측면과 관련된 올바른 실천행위를 결정하고 행동에 옮길 수 있는 방법이다(Loewenberg & Dolgolf, 1996).

사회복지실천 윤리는 1970년대부터 본격적으로 논의되기 시작했는데, 그 이유는 다음과 같다(양옥경 외, 2018).

첫째, 전문직 발전을 위한 가치 및 윤리에 대한 평가의 변화이다. 이전까지는 전문지식과 기술 개발이 주로 강조되었다. 가치에 중점을 두면 사회복지전문직이 과학으로 보이지 않는다고 여겨진 탓에 전문직의 발전을 위한 가치 및 윤리에 대한 관심은 뒷전으로 밀려 활발히 진행되지 못했던 것이다. 둘째, 사회의 급격한 변화로 사회복지사는 다양한 형태의 윤리적 결정을 해야 하는 상황에 놓이게 되었다. 특히 존엄사나 안락사를 원하는 등 다양한 형태의 윤리적 결정을 해야 하는 상황에 놓이게 되었으며 이러한 상황에 사회복지사들의 개입이 필요하게 되었다. 셋째, 사회가 성숙해짐에 따라 환자의 권리, 피의자의 권리, 죄수의 권리 등을 인정하는 경향이 강해짐에 따라 사회복지실천의 클라이언트가 가진 권리 또한 인정하려는 사회적 분위기가 조성되었다(Reamer, 1999). 사회복지 대상자의 권리를 인정하면서 다양한 형태의 윤리적 갈등이 발생함에 따라 이를 해결하기 위한 윤리적 토론이 진행되었으며, 결국 윤리적 지침의 필요성도 대두된 것이다.

이러한 사회복지실천 윤리는 사회복지사 등 전문가의 가치관과 클라이언트, 동료 전문가 등 다른 사람들의 가치관이 어떻게 다른지 체계적으로 확인할 수 있도록 도와주며, 윤리적 딜레마를 이해하고, 이에 대한 사전 대비를 가능하게 한다(Reamer, 1999). 그뿐만 아니라 서로 다른 가치가 상충되는 상황에서는 어느 가치를 우위에 두어야 하는지를 알려주며, 현행 사회복지의 주류 가치가 얼마나 정당한지를 반성할 뿐만 아니라 시대적 동향에 맞는 가치를 정립할 수 있게 한다. 사회복지실천방법을 개발하고 사회복지전문가의 능력을 발전시키기 위해서도 사회복지실천 윤리가 필요하다(Reamer, 1999).

2. 윤리강령

1) 윤리강령의 개념과 기능

윤리강령은 전문가들이 지켜야 할 전문적 행동기준과 원칙을 기술해 놓은 것으로 전문가들이 공통으로 합의한 내용을 담고 있다(양옥경 외, 2018). 따라서 법적인 제재의 힘을 갖지는 못하지만, 사회윤리적 제재의 힘을 가진다. 이러한 윤리강령의 기능은 다음과 같다(양옥경 외, 2004, 양옥경 외, 2018 재인용).

첫째, 사회복지실천현장에서 윤리적 갈등이 생겼을 때 지침과 원칙을 제공한다. 둘째, 자기규제를 통해 클라이언트를 보호한다. 셋째, 스스로 자기규제를 가짐으로써 사회복지전문직의 전문성을 확보하고 외부통제로부터 전문직을 보호한다. 넷째, 일반 대중에게 전문가로서의 사회복지 기본 업무 및 자세를 알리는 일차적 수단으로 기능한다. 다섯째, 선언적 선서를 통해 사회복지 전문가들의 윤리적 민감화를 고양하고 윤리적으로 무장시킨다.

이처럼 윤리강령은 전문가들이 자신의 전문적 가치기준에 맞는 실천을 하였는가에 대한 행동기준 및 판단기준을 제시하며, 해당 전문직 실천 대상자들에게 그 전문직이 지켜야 할 기본 윤리행위를 알리고 전문직의 비윤리적 행위에 대해 판단할 수 있는 기준을 제시해 준다.

2) 한국의 사회복지사 윤리강령

한국의 사회복지사 윤리강령은 미국의 영향을 크게 받았으며, 1973년 2월 윤리강령 초안을 제정하고자 하는 결의를 통해 최초로 이루어졌다(한국사회복지사협회 홈페이지). 1982년 1월 15일 전문과 강령 총 10조로 이루어진 윤리강령을 제정하였으며, 클라이언트의 인간존엄성, 사회사업가의 전문성, 사회사업의 공공성 및 사회성을 강조하였다.

1988년 3월 26일 제1차 개정이 이루어지면서, 인도주의와 민주주의 이념을 기반으로 한 인간 존엄성과 사회정의의 실천을 강조하였다. 그리고 훌륭한 사회복지사가 되도록 끊임없이 정진하며 자기품성을 도야할 것을 강조하였다.

1992년 10월 22일 제2차 개정이 이루어졌다. 전문가로서 사회복지사의 태도 및 전문직에 대한 책임, 클라이언트에 대한 사회복지사의 의무, 동료와의 관계에 대한 사회복지사의 태도, 동료나 기관의 비윤리적 행위에 대한 사회복지사의 의무, 사회와의 관계에 관한 역할규정에 대해 최소한의 행동지침을 제시하였다. 하지만 단순한 윤리기준만 제시되어 있어 전문적 서비스의 현장과 실천과정에서 사회복지사가 참조할 수 있는 구체적 윤리기준과 지침이 결여되었다는 한계를 가졌다(이순민, 2016).

2001년 12월 15일 제3차 개정이 이루어졌다. 개정요지는 윤리위원회의 구성, 차별대우의 조건 다양화, 수퍼바이저와의 관계 강조, 사회복지사의 경제적 이익 취득 제한, 재교육을 포함한 협회의 활동 강조 등이다. 1992년의 10개 조항이었던 것을 전문직 직무의 내용에 따라 세분화하여 전문, 윤리기준 6장(46개 조항), 그리고 사회복지사 선서로 구성하였다(양옥경 외, 2018).

2021년 7월 5일 제4차 개정이 이루어졌는데, 단순한 선호, 기호를 의미하는 성 취향(sexual preferance)의 개념을 '대상'의 '성별'에 관련된 개념으로써 어떤 성별을 지향하는가를 중요시하는 성적 지향(sexual orientation)으로 변경하였다. 이는 단순한 자구 수정에 지나지 않을 수도 있으나, 성 취향은 선택 가능한 취향처럼 오해될 수 있는 반면, 성적 지향은 선택이 아닌 존재, 즉 정체성(identity)으로 본다는 점에서 크나큰 차이가 있다고 할 수 있다.

이후 한국사회복지사협회에서는 2022년 윤리위원회와 함께 <사회복지사 윤리강령 개정방안 도출에 관한 연구> 수행을 통해 사회복지사 윤리강령을 개정(5차)하였다.

현재 사회복지사 윤리강령의 주요 내용은 윤리강령의 목적, 윤리강령의 가치와 원칙, 그리고 사회복지사의 윤리기준(전문가로서의 자세, 전문성 개발을 위한 노력, 전문가로서의 실천), 클라이언트에 대한 윤리기준(클라이언트의 권익옹호, 클라이언트의 자기 결정권 존중, 클라이언트의 사생활 보호 및 비밀 보장, 정보에 입각한 동의, 기록·정보관리, 직업적 경계유지, 서비스 종결), 사회복지사의 동료에 대한 윤리기준(동료, 슈퍼바이저), 기관에 대한 윤리기준, 사회에 대한 윤리기준으로 이루어져 있으며, 마지막으로 사회복지사 선서문으로 구성되어 있다. 윤리강령의 내용을 살펴보면 다음과 같다(한국사회복지사협회 홈페이지).

사회복지사 윤리강령

1982.01.15. 제정
1988.03.26. 1차 개정
1992.10.22. 2차 개정
2001.12.15. 3차 개정
2021.07.05. 4차 개정
2023.04.11. 5차 개정

〈전문〉

사회복지사는 인본주의·평등주의 사상에 기초하여, 모든 인간의 존엄성과 가치를 존중하고 천부의 자유권과 생존권의 보장 활동에 헌신한다.
특히 사회적·경제적 약자들의 편에 서서 사회정의와 평등·자유와 민주주의 가치를 실현하는 데 앞장선다. 또한, 도움을 필요로 하는 사람들의 사회적 지위와 기능을 향상시키기 위해 저들과 함께 일하며, 사회제도 개선과 관련된 제반 활동에 주도적으로 참여한다. 사회복지사는 개인의 주체성과 자기 결정권을 보장하는 데 최선을 다하고, 어떠한 여건에서도 개인이 부당하게 희생되는 일이 없도록 한다.
이러한 사명을 실천하기 위하여 전문적 지식과 기술을 개발하고, 사회적 가치를 실현하는 전문가로서의 능력과 품위를 유지하기 위해 노력한다. 이에 우리는 클라이언트·동료·기관 그리고, 지역사회 및 전체사회와 관련된 사회복지사의 행위와 활동을 판단·평가하며 인도하는 윤리기준을 다음과 같이 선언하고 이를 준수할 것을 다짐한다.

[윤리강령의 목적]

한국사회복지사 윤리강령은 사회복지 전문직의 가치와 윤리적 실천을 위한 기준을 안내하고, 윤리적 이해가 충돌할 때 고려해야 할 사항을 제시하고자 한다. 한국사회복지사 윤리강령의 목적은 다음과 같다.

1. 윤리강령은 사회복지 전문직의 사명과 사회복지 실천의 기반이 되는 핵심 가치를 제시한다.
2. 윤리강령은 사회복지 전문직의 핵심 가치를 실현하기 위한 윤리적 원칙을 제시하고, 사회복지 실천의 지침으로 사용될 윤리기준을 제시한다.
3. 윤리강령은 사회복지 실천 현장에서 발생하는 윤리적 갈등 상황에서 의사 결정에 필요한 사항을 확인하고 판단하는 데 필요한 윤리 기준을 제시한다.
4. 윤리강령은 사회복지사가전문가로서 품위와 자질을 유지하고, 자기 관리를 통해 클라이언트를 보호할 수 있도록 안내한다.
5. 윤리강령은 사회복지의 전문성을 확보하고 외부 통제로부터 전문직을 보호할 수 있는 기준을 제공한다.
6. 윤리강령은 시민에게 전문가로서 사회복지사의 역할과 태도를 알리는 수단으로 작용한다.

[윤리강령의 가치와 원칙]

사회복지사는인간 존엄성과 사회정의라는 사회복지의 핵심 가치에 기반을 두고 사회복지 전문직의 사명을 다하기 위해 노력해야 한다. 이러한 핵심 가치와 관련해 사회복지 전문직이 준수해야 할 윤리적 원칙을 제시한다.

핵심 가치 1. 인간 존엄성

윤리적 원칙 : 사회복지사는인간의 존엄성과 가치를 인정하고 존중한다.

- 사회복지사는 개인적 · 사회적 · 문화적 · 정치적 · 종교적 다양성을 고려하며 개인의 인권을 보호하고 존중한다.
- 사회복지사는 클라이언트의 자율성을 존중하고, 자기 결정을 지원한다.
- 사회복지사는 클라이언트가 역량을 강화하고, 자신과 환경을 변화시킬 수 있도록 지원한다.
- 사회복지사는 사회복지 실천 과정에서 클라이언트의 개입과 참여를 보장한다.

핵심 가치 2. 사회정의

윤리적 원칙 : 사회복지사는사회정의 실현을 위해 앞장선다.

- 사회복지사는 개인적 · 집단적 · 사회적 · 문화적 · 정치적 · 종교적 차별에 도전하여 사회정의를 촉진한다.
- 사회복지사는 개인, 가족, 집단, 지역사회의 다양성을 존중하는 포용적 지역사회를 만들기 위해 노력한다.
- 사회복지사는 부적절하고 억압적이며 불공정한 사회제도와 관행을 변화시키기 위해 사회의 다양한 구성원들과 협력한다.
- 사회복지사는 포용적이고 책임 있는 사회를 만들어 가기 위해 연대 활동을 한다.

[사회복지사의 윤리기준]

Ⅰ. 기본적 윤리기준

1. 전문가로서의 자세

1) 인간 존엄성 존중

가. 사회복지사는 모든 인간의 존엄, 자유, 평등을 위해 헌신해야 하며, 사회적 약자를 옹호하고 대변하는 일을 주도해야 한다.

나. 사회복지사는 모든 인간의 고유한 존엄성과 가치를 인정하고 존중하며, 이를 기반으로 사회복지를 실천한다.

다. 사회복지사는 클라이언트의 성, 연령, 정신 · 신체적 장애, 경제적 지위, 정치적 신념, 종교, 인종, 국적, 결혼 상태, 임신 또는 출산, 가족 형태 또는 가족 상황, 성적 지향, 젠더 정체성, 기타 개인적 선호 · 특징 · 조건 · 지위 등을 이유로 차별을 하지 않는다.

라. 사회복지사는 다양한 문화의 강점을 인식하고 존중하며, 문화적 역량을 바탕으로 사회복지를 실천한다.

마. 사회복지사는 문화적으로 민감한 실천을 제공하기 위해, 사회복지 실천 과정에서 자신의 개인적 · 사회적 · 문화적 · 정치적 · 종교적 가치, 신념과 편견이 클라이언트와 동료 사회복지사에게 미칠 수 있는 영향을 고려하여 자기 인식을 증진하기 위해 힘쓴다.

2) 사회정의 실현

가. 사회복지사는 사회정의 실현과 클라이언트의 복지 증진에 헌신하며, 이를 위한 국가와 사회의 환경 변화를 위해 노력한다.

나. 사회복지사는 사회, 경제, 환경, 정치적 자원에 대한 평등한 접근과 공평한 분배가 이루어지도록 노력한다.

다. 사회복지사는 개인적 · 집단적 · 사회적 · 문화적 · 정치적 · 종교적 특성에 근거해 개인이나 집단을 차별 · 억압하는 것을 인식하고, 이를 해결 또는 예방하기 위해 노력해야 한다.

2. 전문성 개발을 위한 노력

1) 직무 능력 개발

가. 사회복지사는 클라이언트에게 최상의 서비스를 제공하기 위해, 지식과 기술을 개발하는 데 최선을 다하며 이를 활용하고 공유할 책임이 있다.

나. 사회복지사는 사회적 다양성의 특징(성, 연령, 정신 · 신체적 장애, 경제적 지위, 정치적 신념, 종교, 인종, 국적, 결혼 상태, 임신 또는 출산, 가족 형태 또는 가족 상황, 성적 지향, 젠더 정체성, 기타 개인적 선호 · 특징 · 조건 · 지위 등), 차별, 억압 등에 대해 교육을 받고 이에 대한 이해를 증진하기 위해 노력한다.

다. 사회복지사는 변화하는 사회복지 관련 쟁점에 대응할 수 있도록 실천 기술을 향상하고, 새로운 실천 기술이나 접근법을 적용하기 위해 적절한 교육, 훈련, 연수, 자문, 슈퍼비전 등을 받도록 노력한다.

라. 사회복지사는 사회복지 실천에 필요한 정보통신 관련 지식과 기술을 습득하기 위해 노력하며, 이를 사용하는 과정에서 발생할 수 있는 윤리적 문제를 인식하고 정보통신 관련 지식과 기술을 활용하도록 한다.

2) 지식기반의 실천 증진

가. 사회복지사는 사회복지 실천 과정에서 평가와 연구 조사를 함으로써, 사회복지 실천의 지식 기반 형성에 기여하고, 궁극적으로 사회복지 실천의 질적 향상을 위해 노력한다.

나. 사회복지사는 평가나 연구 조사를 할 때, 연구 참여자의 권리를 보장하기 위해, 연구 관련 사항을 충분히 안내하고 자발적인 동의를 얻어야 한다.

다. 사회복지사는 연구 과정에서 얻은 정보를 비밀 보장의 원칙에서 다루며, 비밀 보장의 한계, 비밀 보장을 위한 조치, 조사 자료 폐기 등을 연구 참여자에게 알려야 한다.

라. 사회복지사는 평가나 연구 조사를 할 때, 연구 참여자의 보호와 이익, 존엄성, 자기 결정권, 자발적 동의, 비밀 보장 등을 고려하며, 「생명윤리 및 안전에 관한 법률」 등 관련 법령과 규정에 따라 연구윤리를 준수한다.

3. 전문가로서의 실천

1) 품위와 자질 유지

가. 사회복지사는 전문가로서의 품위와 자질을 유지하고, 자신이 맡고 있는 업무에 대해 책임을 진다.

나. 사회복지사는 자신의 이익을 위해 사회복지 전문직의 가치와 권위를 훼손해서는 안 된다.

다. 사회복지사는 전문가로서 성실하고 공정하게 업무를 수행한다.

라. 사회복지사는 부정직한 행위, 범죄행위, 사기, 기만행위, 차별, 학대, 따돌림, 괴롭힘 등 불법적이고 부당한 일을 행하거나 묵인해서는 안 된다.

마. 사회복지사는 자신의 소속, 전문 자격이나 역량 등을 클라이언트에게 정직하고 정확하게 알려야 한다.

바. 사회복지사는 클라이언트, 학생, 훈련생, 실습생, 슈퍼바이지, 직장 내 위계적 권력 관계에 있는 동료와 성적 관계를 형성해서는 안 되며, 이들에게 성추행과 성희롱을 포함한 성폭력, 성적·인격적 수치심을 주는 행위를 해서는 안 된다.

사. 사회복지사는 한국사회복지사협회 등 전문가 단체의 활동에 적극적으로 참여하여, 사회정의 실현과 사회복지사의 권익 옹호를 위해 노력한다.

2) 자기 관리

가. 사회복지사는 정신적·신체적 건강 문제, 법적 문제 등이 사회복지 실천 과정에서의 전문적 판단이나 실천에 부정적 영향을 주거나 클라이언트의 이익을 저해하지 않도록, 동료, 기관과 함께 적절한 조치를 하도록 노력한다.

나. 사회복지사는 클라이언트에게 최상의 사회복지서비스를 제공하기 위해 사회복지사 자신의 정신적·신체적 건강, 안전을 유지·보호·관리하도록 노력한다.

3) 이해 충돌에 대한 대처

가. 사회복지사는 클라이언트의 이익을 우선으로 고려하고, 이해 충돌이 있을 때는 아동, 소수자 등 취약한 자의 이해와 권리를 우선시한다.

나. 사회복지사의 개인적 신념과 사회복지사로서 직업적 의무 사이에 이해 충돌이 발생할 때 동료, 슈퍼바이저와 논의하고, 부득이한 경우 클라이언트가 적절한 지원을 받을 수 있도록 클라이언트를 다른 사회복지사에게 의뢰하거나 다른 사회복지서비스로 연결한다.

다. 사회복지사는 전문적 가치와 판단에 따라 업무를 수행하는 과정에서, 기관 내외로부터 부당한 간섭이나 압력을 받아서는 안 된다.

4) 경제적 이득에 대한 실천

가. 사회복지사는 클라이언트의 지불 능력에 상관없이 복지 서비스를 제공해야 하며, 이를 이유로 차별해서는 안 된다.

나. 사회복지사는 필요한 경우에 제공된 서비스에 대해 공정하고 합리적으로 이용료를 책정할 수 있다.

다. 사회복지사는 업무와 관련해 정당하지 않은 방법으로 경제적 이득을 취해서는 안 된다.

Ⅱ. 클라이언트에 대한 윤리기준

1. 클라이언트의 권익옹호

사회복지사는 클라이언트의 이익을 최우선의 가치로 삼고 이를 실천하며, 클라이언트의 권리를 존중하고 옹호한다.

2. 클라이언트의 자기 결정권 존중

1) 사회복지사는 사회복지 실천 과정에서 클라이언트의 자기 결정을 존중하고, 클라이언트를 사회복지 실천의 주체로 인식하여 클라이언트가 자기 결정권을 최대한 행사할 수 있도록 돕는다.

2) 사회복지사는 의사 결정이 어려운 클라이언트에 대해서는 클라이언트의 이익과 권리를 보장하기 위한 적절한 조치를 취해야 한다.

3. 클라이언트의 사생활 보호 및 비밀 보장

사회복지사는 클라이언트의 사생활을 존중하고 보호하며, 전문적 관계에서 얻은 클라이언트 관련 정보에 대해 비밀을 유지한다. 그러나 클라이언트 자신과 타인에게 해를 입히거나 범죄행위와 관련된 경우에는 예외로 할 수 있다.

4. 정보에 입각한 동의

사회복지사는 클라이언트의 알 권리를 인정하고 동의를 얻어야 하며, 클라이언트가 받는 서비스의 목적과 내용, 범위, 합리적 대안, 위험, 서비스의 제한, 동의를 거절 또는 철회할 수 있는 클라이언트의 권리 등에 대해 정확하고 충분한 정보를 제공한다.

5. 기록・정보 관리
   1) 클라이언트에 대한 사회복지 실천 기록은 사회복지사의 윤리적 실천의 근거이자 평가・점검의 도구이기 때문에 중립적이고 객관적으로 작성해야 한다.
   2) 사회복지사는 클라이언트가 자신과 관련된 기록의 공개를 요구하면 정당한 비공개 사유가 없는 한 정보에 접근할 수 있도록 해야 한다.
   3) 사회복지사는 클라이언트에 대한 문서 정보, 전자 정보, 기타 민감한 개인 정보를 보호해야 한다.
   4) 사회복지사가 획득한 클라이언트 관련 정보나 기록을 법적 사유 또는 기타 사유로 제3자에게 공개할 때는 클라이언트에게 안내하고 동의를 얻어야 한다.

6. 직업적 경계 유지
   1) 사회복지사는 클라이언트와의 전문적 관계를 자신의 개인적 이익을 위해 이용해서는 안 된다.
   2) 사회복지사는 업무 외의 목적으로 정보통신기술을 사용해 클라이언트와 의사소통을 해서는 안 된다.
   3) 사회복지사는 어떠한 상황에서도 클라이언트와 사적 금전 거래, 성적 관계 등 부적절한 행동을 해서는 안 된다.
   4) 동료의 클라이언트를 의뢰받을 때는 기관 및 슈퍼바이저와 논의하는 과정을 거쳐야 하며, 클라이언트에게 설명하고 동의를 얻은 후 서비스를 제공한다.
   5) 사회복지사는 정보처리기술을 이용하는 것이 클라이언트의 권리를 침해할 위험성이 있다는 사실을 인식하고 직업적 범위 안에서 활용한다.

7. 서비스의 종결
   1) 사회복지사는 클라이언트에게 제공되는 서비스가 더 이상 클라이언트의 이해나 욕구에 부합하지 않으면 업무상 관계와 서비스를 종결한다.
   2) 사회복지사는 개인적 또는 직업적 이유로 클라이언트와의 전문적 관계를 중단하거나 종결할 때 사전에 클라이언트에게 충분히 설명하고, 다른 기관 또는 다른 전문가에게 의뢰하는 등 필요한 조치를 취한다.
   3) 사회복지사는 클라이언트의 고의적・악의적・상습적 민원 제기에 대해 소속 기관, 슈퍼바이저, 전문가 자문 등의 논의 과정을 거쳐 서비스를 중단하거나 거부권을 행사할 수 있다.

Ⅲ. 사회복지사의 동료에 대한 윤리기준

1. 동 료

1) 사회복지사는 존중과 신뢰를 기반으로 동료를 대하며, 전문가로서의 지위와 인격을 훼손하는 언행을 하지 않는다.
2) 사회복지사는 사회복지 전문직의 권익 증진을 위해 동료와 다른 전문직 동료와도 협력하고 협업한다.
3) 사회복지사는 동료의 윤리적이고 전문적인 행위를 촉진해야 하며, 동료가 전문적인 판단과 실천이 미흡하여 문제를 발생시켰을 때 윤리강령과 제반 법령에 따라 대처한다.
4) 사회복지사는 다른 전문직의 동료가 행한 비윤리적 행위에 대한 윤리강령과 제반 법령에 따라 대처한다.
5) 사회복지사는 동료의 직무 가치와 내용을 인정하고 이해하며, 상호 간에 민주적인 직무 관계를 이루도록 노력해야 한다.
6) 사회복지사는 동료들에게 정보통신기술을 사용한 비윤리적 행위를 하지 않는다.
7) 사회복지사는 동료가 적법하게 업무를 수행하는 과정에서 부당한 조치를 당하면 동료를 변호하고 원조해 주어야 한다.
8) 사회복지사는 동료에게 행해지는 어떤 형태의 차별, 학대, 따돌림 또는 괴롭힘과 자신의 전문적 권위를 행사하는 다른 동료와의 부적절한 성적 행동에 가담하거나 이를 용인해서는 안 된다.
9) 사회복지사는 슈퍼바이지, 학생, 훈련생, 실습생, 자신의 전문적 권위를 행사하는 다른 동료와의 성적 행위나 성적 접촉과 성적 관계에 관여해서는 안 된다.

2. 슈퍼바이저

1) 슈퍼바이저는 슈퍼바이지가 전문적 업무 수행을 할 수 있도록 지원하고 슈퍼바이지는 슈퍼바이저의 전문적 지도와 조언을 존중해야 한다.
2) 슈퍼바이저는 전문적 기준에 따라 슈퍼비전을 수행하며, 공정하게 평가하고 평가 결과를 슈퍼바이지와 공유한다.
3) 슈퍼바이저는 개인적인 이익 추구를 위해 자신의 지위를 이용해서는 안 된다.
4) 슈퍼바이저는 사회복지사 수련생과 실습생에게 인격적·성적으로 수치심을 주는 행위를 해서는 안 된다.

Ⅳ. 기관에 대한 윤리기준

1) 사회복지사는 기관의 사명과 비전을 확인하고, 정책과 사업 목표를 달성하기 위해 노력해야 한다.
2) 사회복지사는 소속 기관의 활동에 적극적으로 참여함으로써 기관의 성장과 발전을 위해 노력해야 한다.
3) 사회복지사는 기관의 부당한 정책이나 요구에 대해 전문직의 가치와 지식을 근거로 대응하고, 제반 법령과 규정에 따라 해결하도록 노력해야 한다.

Ⅴ. 사회에 대한 윤리기준

1) 사회복지사는 자신이 일하는 지역사회를 이해하고, 클라이언트가 지역사회에서 서로 도우며 함께 살아가도록 지원해야 한다.
2) 사회복지사는 정치적 영역이 클라이언트의 권익과 사회복지 실천에 미치는 영향을 인식하여 사회정의 실현을 위한 사회정책의 수립과 법령 제·개정을 지원·옹호해야 한다.
3) 사회복지사는 사회재난과 국가 위급 상황에서 문제를 해결하기 위해 적극적으로 활동해야 한다.
4) 사회복지사는 지역사회, 국가, 나아가 전 세계와 그 구성원의 복지 증진, 삶의 질 향상을 위해 적극적으로 노력해야 한다.
5) 사회복지사는 인간과 자연이 서로 떨어져 살 수 없음을 깨닫고, 인간과 자연환경, 생명 등 생태에 미칠 영향을 생각하며 실천해야 한다.

사회복지사 선서문

나는 모든 사람들이 인간다운 삶을 누릴 수 있도록,
인간존엄성과 사회정의의 신념을 바탕으로,
개인·가족·집단·조직·지역사회·전체사회와 함께 한다.

나는 언제나 소외되고 고통받는 사람들의 편에 서서, 저들의 인권과 권익을 지키며,
사회의 불의와 부정을 거부하고, 개인이익보다 공공이익을 앞세운다.
나는 사회복지사 윤리강령을 준수함으로써, 도덕성과 책임성을 갖춘
사회복지사로 헌신한다.
나는 나의 자유의지에 따라 명예를 걸고 이를 엄숙하게 선서합니다.

제3절 I 사회복지실천현장의 윤리적 갈등과 대처방안

1. 사회복지실천에서의 윤리적 갈등

사회복지사는 사회복지를 실천하는 과정에서 다양한 윤리적 갈등을 경험하게 된다. 윤리적 갈등이란 사회복지사가 전문가로서 지켜야 하는 윤리적 의무와 책무가 서로 충돌하여 어떠한 실천행동을 선택하는 것이 윤리적으로 올바른 것인지 판단하기 어려운 상태를 말한다(김기덕, 2002). 두 가지 이상의 가치나 윤리가 상충하는 상황에서 한 가지를 선택해야 하는 경우, 이 선택이 개인 혹은 여러 사람에게 영향을 미치게 될 때 윤리적 갈등을 겪게 된다. 사회복지실천과정에서 경험하게 되는 대표적인 윤리적 갈등상황으로는 다음과 같은 것들이 있다(양옥경 외, 2018).

1) 클라이언트의 자기결정권

클라이언트의 자기결정권은 사회복지사가 자신의 전문적 지식과 경험, 기술에 근거하여 자신의 생각이나 이념을 클라이언트에게 강요할 수 없고, 클라이언트가 자신에게 가장 좋다고 생각되는 것을 선택할 수 있는 권리이다. 클라이언트가 스스로 선택하고 결정할 수 있도록 클라이언트의 권리와 욕구를 인정하고 클라이언트의 의사를 존중해 주는 사회복지 윤리원칙이다. 단, 클라이언트가 너무 어리거나 정신적 연령이 낮아서 스스로 결정할 능력이 없거나, 클라이언트의 결정이 다른 사람이나 기관 및 사회에 불이익을 가져올 위험성이 높다고 판단될 때에는 자기결정권의 제한이 발생한다. 이때 사회복지사는 클라이언트의 자기결정권의 행사를 어느 범위까지 한정시켜야 할지 윤리적 갈등상황에 빠지게 된다.

2) 비밀보장

비밀보장은 사회복지사가 클라이언트의 동의 없이 클라이언트에 대한 정보를 누설하지 않는다는 윤리원칙이다. 이러한 원칙하에 클라이언트는 사회복지사에게 자신의 문제뿐 아니라 그와 관련된 사실들에 관하여 이야기하게 된다.

그러나 비밀보장에 있어서 예외는 있다. 사회복지사는 클라이언트의 비밀보장을 지켜줄 법적 의무를 갖고 있지 못하기 때문에 클라이언트가 범법행위를 하여 법의 심판을 받게 될 경우에는 법이 원하는 범위 내에서 클라이언트와의 대화내용을 공개해야 한다. 그 외 교육의 목적이나 수퍼비전을 위한 전문가 회의 등 전문적인 이유에서도 클라이언트의 대화내용이 공개될 수 있다. 이러한 경우에는 클라이언트의 개인의 권리를 최대한 존중하면서 사전에 동의를 받아야 한다.

3) 진실성 고수와 알 권리

사회복지사는 클라이언트에게 정직하게 실천 내용을 알려줄 책임이 있다. 어떤 사람이 사회복지사에게 클라이언트에 관한 정보를 제공했을 때, 그 사실을 클라이언트에게 알려주어야 하는지, 만약 알려준다면 그 사람의 비밀보장에 관한 권리는 어떻게 되는 것인지 등과 관련이 있다. 클라이언트의 알 권리와 사회복지사의 진실성 고수라는 측면에서 볼 때 사회복지사는 당연히 클라이언트에게 진실을 알려주어야 하고, 잘못된 정보를 제공하는 일은 없어야 한다. 그러나 때로는 진실한 정보가 클라이언트에게 해가 된다고 판단될 때, 사회복지사는 윤리적 갈등을 경험할 수 있다.

4) 제한된 자원의 공정한 분배

모든 클라이언트에게 공평하게 자원을 분배해야 함을 의미한다. 하지만 클라이언트의 문제를 해결하기 위해 사회복지사가 활용할 수 있는 자원은 매우 제한적이어서 모든 클라이언트에게 똑같이 제공할 수는 없다. 따라서 클라이언트에게 자원을 제공할 때에는 형평성의 원리에 입각해야 하는데 이 형평성의 기준을 찾는 것이 어려운 과제이다.

5) 상충되는 의무와 기대

사회복지사는 여러 방면에서 다양한 역할이 기대된다. 클라이언트, 동료, 상사, 기관, 사회 등이 서로 상충된 기대를 가질 때, 사회복지사는 누구를 대상으로 어떤 기대에 맞는 의무를 행사해야 하는지 갈등상황에 놓이게 된다.

6) 전문적 관계의 유지

전문적 관계란 특별한 문제를 갖고 도움을 요청하는 클라이언트와 그 문제에 초점을 두고 관계를 형성, 유지하는 것을 말한다. 일반적으로 전문적 관계라고 하면 매우 권위적이고 딱딱한 관계를 생각하게 되는데 전문적 관계와 권위적 관계를 혼돈해서는 안 된다. 친근감 있고 자연스럽게 대하는 지지적이고 허용적인 관계도 전문적인 도움을 효과적으로 하기 위해 필수적인 것이기 때문이다. 그러나 자칫 잘못하여 클라이언트가 그와 같은 관계를 사적인 관계로 오인하고 전문적 도움 이상의 것을 요구하게 되는 경우도 종종 있다.

7) 클라이언트의 이익과 사회복지사의 이익

클라이언트에게 도움을 주는 과정에서 사회복지사는 자신의 이익을 위해서 행동해서는 안 된다. 그러나 클라이언트를 돕다가 자신의 생명이 위태로워지거나 자신의 직업 또는 가족 등의 희생이 요구될 때에 사회복지사는 클라이언트의 이익과 사회복지사 자신의 이익을 추구하는 것 사이에서 갈등을 경험하게 된다.

8) 전문적 동료관계

사회복지사는 혼자 일하는 것이 아니기 때문에 같이 일하는 동료사회복지사 및 다른 전문가들을 존중해야 한다. 반면에 동료 사회복지사가 전문가로서의 권위를 남용하여 클라이언트나 전문직에 해를 끼치는 행동을 했을 때, 기관의 규정위반, 부정수단이나 속임수 등을 사용했음을 발견했을 때, 사회복지사는 동료의 존중과 클라이언트 및 전문직의 보호 사이에서 갈등적 상황에 놓이게 된다.

9) 규칙과 정책 준수

사회복지사는 고용되어 있는 기관의 정책, 규칙을 준수해야 하지만 클라이언트의 문제를 해결하기 위해 내린 결정이 기관정책에 어긋날 때 사회복지사는 갈등 상황에 놓이게 된다.

2. 윤리적 딜레마의 대처방안

사회복지사가 사회복지실천현장에서 경험하게 되는 윤리적 갈등을 해결하기 위한 정답은 존재하지 않을 뿐만 아니라, 모든 경우에 적용되는 원칙이나 기준도 존재하지 않는다. 그럼에도 불구하고 사회복지사는 윤리적 갈등 상황에 부딪혔을 때 의사결정을 해야 한다. 이때 사회복지사가 취할 수 있는 방법은 여러 가지가 있지만, 여기에서는 콩그레스의 윤리결정모델, 로웬버그와 돌고프의 의사결정모델과 윤리적 결정지침에 대해서 살펴보기로 한다.

1) 콩그레스의 윤리결정모델(ETHIC 모델)

콩그레스(Congress, 1999)는 사회복지사가 가능한 효과적이면서 빠르게 윤리적 결정을 할 수 있도록 윤리결정모델(ETHIC decision-making model)을 개발했다. 이 모델은 간결하게 정리하여 이해하기 쉬우며, 사회복지실천에 적용하거나 활용하기 쉽다는 장점이 있다(이순민, 2016). 윤리결정모델은 가치, 윤리강령, 관련 법 및 실천적 맥락을 고려해 상이한 결정들의 잠재적 결과들에 대한 가설을 설정·분석함으로써 특정 경우에 선호되는 대안을 결정한다(김상균 외, 2002).

〈표 2-1〉 콩그레스의 윤리결정모델

E(Examine)	사회복지사의 개인적 가치, 사회적 가치, 기관의 가치, 클라이언트의 가치, 전문가의 가치를 검토한다.
T(Think)	상황에 적용되는 윤리강령의 윤리기준, 관련 법과 판례를 고려한다.
H(Hypothesize)	각기 다른 결정으로 나타날 수 있는 잠재적 결과에 대해 가설을 설정한다.
I(Identify)	가장 취약한 대상에 대한 사회복지의 헌신에 비추어 누가 혜택을 받을 것이며, 누가 피해를 입을 것인가를 확인한다.
C(Consult)	윤리적 선택에 대해 수퍼바이저와 동료들에게 자문을 구한다.

2) 로웬버그와 돌고프의 의사결정모델

로웬버그와 돌고프(Loewenberg & Dolgoff, 1996)의 윤리적 의사결정모델은 의사결정 과정의 형식에 해당되는 것으로, 어떤 절차를 거치면서 의사결정을 내리는 것이 윤리적으로 의사결정을 내리는 데 도움이 되는지를 제시해 준다. 이 모델은 복잡한 상황에서 적용할 수 있는 일반적 모델로 윤리적 결정만이 아니라 일반적 의사결정에도 사용이 가능하다. 이 모델은 사회복지사가 현재 직면해 있는 다양한 상황에 개입할 때 무엇이 필요한지 합리적으로 계획할 수 있도록 도움을 준다. 그리고 의도된 행동의 비합리성과 충동성, 무계획적 결과를 최소화하는 데 도움을 준다(엄명용 외, 2016).

〈표 2-2〉 일반결정모델

단 계	내 용
1단계	문제가 무엇인지, 문제를 야기하는 요인은 무엇인지를 확인한다.
2단계	누가 클라이언트이고 피해자인지, 지지체계와 다른 전문가 등 해당 문제와 관련된 사람과 단체는 누구인지 확인한다.
3단계	두 번째 단계에서 확인된 다양한 주체들이 주어진 문제와 관련하여 어떤 가치가 있는지 확인한다.
4단계	주어진 문제를 해결하거나 혹은 최소한 문제의 정도를 경감시킬 수 있는 개입목표를 명확히 한다.
5단계	개입수단과 개입대상을 확인한다.
6단계	확정된 목표에 따라 설정된 각각의 개입 방안의 효과성과 효율성을 평가한다.
7단계	누가 의사결정에 참여할 것인가 결정한다.
8단계	개입방법을 선택한다.
9단계	선택된 개입방법을 수행한다.
10단계	선택된 개입방법이 수행되는 것을 검토하여 예상하지 않았던 결과가 나타나는지 주의를 기울인다.
11단계	결과를 평가하고 추가적인 문제들이 무엇인지 확인한다.

3) 로웬버그와 돌고프의 윤리원칙 준거틀

로웬버그와 돌고프(Loewenberg & Dolgoff, 1996)는 윤리적 의무들이 서로 갈등을 빚는 상황에서 어떤 원칙이나 법적 의무를 우선시해야 하는지를 결정하는 것을 돕기 위해 윤리적 원칙의 순서를 제시하였다. 여러 가지 원칙이 충돌하는 경우, 상위의 원칙이 더 우선적으로 적용된다. 즉, <표 2-3>에서 나오는 윤리원칙 1(생명보호의 원칙)과 윤리원칙 3(자율과 자유의 원칙)이 윤리적으로 갈등하는 경우에는 윤리원칙 1이 우선권을 가짐을 의미한다.

〈표 2-3〉 윤리원칙 준거틀

윤리원칙1	생명보호의 원칙	인간의 생명보호가 다른 모든 것에 우선한다.
윤리원칙2	평등과 불평등의 원칙	능력이나 권력이 같은 사람은 '똑같이 취급받을 권리'가 있고, 능력이나 권력이 다른 사람은 '다르게 취급받을 권리'가 있다.
윤리원칙3	자율과 자유의 원칙	클라이언트의 자율성과 독립성, 자유는 중시되지만 무제한적인 것은 아니며, 자신이나 타인의 생명을 위협하거나 학대할 권리 등은 없다.
윤리원칙4	최소 해악의 원칙 (혹은 최소 손실의 원칙)	선택 가능한 대안이 모두 유해할 때 가장 최소한으로 유해한 것을 선택해야 한다.
윤리원칙5	삶의 질의 원칙	지역사회는 물론이고 개인과 모든 사람의 삶의 질을 증진시킬 수 있는 것을 선택해야 한다.
윤리원칙6	사생활 보호와 비밀보장의 원칙	사회복지사가 클라이언트에 대해 알게 된 사실을 다른 사람에게 공개해서는 안 된다.
윤리원칙7	성실의 원칙 (혹은 진실성과 정보개방의 원칙)	클라이언트와 여타의 관련된 당사자에게 오직 진실만을 이야기하며 모든 관련 정보를 완전히 공개해야 한다.

참고문헌

김기덕(2002). 사회복지 윤리학. 서울 : 나눔의집.

김상균 · 오정수 · 유채영(2002). 사회복지 윤리와 철학. 서울 : 나남.

김성천 · 강욱모 · 김혜성 · 박경숙 · 박능후 · 박수경 · 송미영 · 안치민 · 엄명용 · 윤혜미 · 이성기 · 최경구 · 최현숙 · 한동우(2009). 사회복지학의 원리와 실제. 서울 : 학지사.

김인숙 · 김용석(2000). 사회복지실천기술 연습. 서울 : 나남.

김혜영 · 석말숙 · 최정숙 · 김성경(2018). 사회복지실천론. 경기 : 공동체.

박광준(2002). 사회복지의 사상과 역사 : 마녀재판에서 복지국가의 선택까지. 경기 : 양서원.

박주현 · 박연옥 · 김준환 · 배은숙 · 박서춘 · 박서영(2015). 사회복지실천론. 서울 : 창지사.

양옥경 · 김정진 · 서미경 · 김미옥 · 김소희(2018). 사회복지실천론. 경기 : 나남.

엄명용 · 김성천 · 오혜경 · 윤혜미(2016). 사회복지실천의 이해(제4판). 서울 : 학지사.

이순민(2016). 사회복지 윤리와 철학. 서울 : 학지사.

한국사회복지사협회 홈페이지. http://www.welfare.net/site/ViewMoralCode.action

Friedlander, W. A., & Apte, R. Z.(1980). *Introduction to Social Welfare*. Englewood Cliffs, NJ : Prentice-Hall.

Johnson, L. C., & Yanca, S. J.(2009). *Social Work Practice : A Generalist Approach* (10th ed.). Boston : Allyn & Bacon.

Loewenberg, F., & Dolgoff, R.(1996). *Ethical Decisions for Social Work Practice*. Itasca, IL : Peacock.

NASW(1995). *Encylopedia of Social Work*. Maryland : NASW.

제 3 장

사회복지실천의 역사적 발달과정

CHAPTER 03

사회복지실천의 역사적 발달과정

제1절 | 서구 사회복지실천 역사적 발달과정

사회복지실천의 역사는 사회복지사가 무급의 자원봉사자로 출발하여 전문직으로 발전하기 위한 일련의 노력의 과정이라고 할 수 있다. 우리나라 사회복지실천의 개념과 기술 등은 미국으로부터 유입되어 형성되었다고 볼 수 있는데(조휘일 외, 1999; 최옥채, 2010), 미국의 사회복지실천은 영국의 산업화 · 도시화로 나타난 사회문제에 민간이 개입하는 과정에서 싹튼 자선활동에 의해 영향을 받았다. 따라서 여기에서는 영국과 미국을 중심으로 사회복지실천 발달과정을 살펴보고자 한다. 사회복지실천의 역사는 크게 전문직 사회복지실천 태동기, 전문직 확립기, 전문직 분화기, 사회복지실천 통합기로 구분된다(장인협, 1999; 허남순 외 공역, 2007).

1. 사회복지실천 태동기

1) 자선조직협회

18세기 중엽 영국에서 산업혁명으로 도시화 · 공업화가 진행되면서 많은 인구가 도시로 이동하였고, 이로 인하여 대량의 도시빈민이 발생하게 되고 새로운 사회문제와 빈곤문제가 발생하였다. 이러한 도시빈민 문제를 해결하기 위하여 대도시를 중심으로 다양한 자선단체가 무수히 등장하였다. 이들의 활동 목적은 실업자, 빈민, 장애인, 고아 등을 돕는 것이었지만, 단체들 간의 조정과 상호협력이 부족하여 서비스 제공이 중복되거나 누락되는 등 비체계적으로 이루어져 재원 낭비 등의 문제점을 발생시켰다. 이러한 문제를 해결하고, 민간 사회복지기관들의 자선활동을 조직화하기 위해서, 또 환경조사와 더불어 이들에게 적절한 원조를 제공하기 위한 목적으로 자선조직협회(COS : Charity Organization Society)가 결성되었다. 따라서 자선조직협회는 빈민, 빈곤가족에게 원조를 직접 제공하는 것이 아니라 각 자선단체의 활동을 과학적으로 통합, 조정하는 역할을 하였다.

자선조직협회는 사회진화론의 영향을 받아 빈곤의 원인이 개인의 나태함, 게으름, 자원의 부적절한 사용 등에 있다고 보았으므로 최소한의 원조를 제공하려고 하였다. 원조의 대상은 1601년 영국 엘리자베스 여왕의 구빈법(Poor Law)에 기초하여 '가치 있는 빈민'과 '가치 없는 빈민'으로 구분하였다. 구조를 받을 만한 '가치가 있는 빈곤자'에게는 도움을 제공한 반면, 근로 능력이 있는 알코올 중독자, 매춘 여성, 걸인 등에게는 원조를 제공하는 대신 기독교 사상에 입각하여 도덕적 책임을 갖도록 교화하였다(NASW, 1995).

자선조직협회는 1869년 영국 런던에서 최초로 설립되었으며, 미국에서는 영국 자선조직협회의 영향을 받아 1877년 뉴욕의 버펄로(Buffalo)에 최초의 자선조직협회가 설립되었다. 중산층 이상 계층의 중년 여성 자원봉사자인 '우애방문원(friendly visitors)'을 중심으로 조직되었으며, 빈곤가족들의 가정을 방문하여 적합한 수혜자를 선정하고, 가정생활, 아동교육, 가계경제 등에 대한 지속적인 감독과 충고를 통해 빈곤의 상태에서 벗어나도록 원조하는 형태로 이루어졌다. 우애방문원들은 중산층의 도덕적 우월을 유지한 채 빈곤층에 친절을 제공했으므로 빈곤계층의 반감을 사기도 하였으며 그들에게 전혀 우애적이지 않은 사람들로 비쳐지기도 하였다.

초기의 우애방문원은 무급으로 일하는 자원봉사자였으나, 이후 자선조직협회 직원을 지칭하는 호칭으로 사용되었으며 사회복지실천 활동 유급 우애방문원을 고용하기 시작하였다(Dolgoff & Feldstein, 1980). 이들이 현대 사회복지사(social worker)의 효시가 되었으며, 우애방문원의 가정방문, 욕구조사, 빈민층 교화를 위한 활동 등이 점차 전문화되어 후에 발전된 형태의 사회복지실천방법론 중 개별사회사업(social casework)을 탄생시켰다.

2) 인보관 운동

인보관 운동(Settlement House Movement)은 빈곤지역의 중심지에서 빈민과 함께 생활하면서 지역사회 환경 개선과 함께 빈민의 도덕적 교화를 목표로 시작된 사회개혁운동이다. 세계 최초의 인보관은 바네트(S. Barnett) 목사에 의해 1884년 영국 런던에 설립된 토인비 홀(Toynbee Hall)이다. 미국에서는 1886년 코잇(Stanton Coit)이 뉴욕에 근린길드(Neighborhood Guild)를 설립하지만, 가장 잘 알려져 있는 인보관은 미국의 헐하우스(Hull House)이다. 헐하우스는 아담스(Jane Addams)와 스타(Ellen Gates Starr)가 영국의 토인비 홀을 방문하여 그 운영상황을 살펴본 후 이 제도를 미국에 도입하여 1889년 미국의 시카고에 설립한 것이다.

인보관 운동은 3R을 강조하였다. Residence(거주), Research(연구조사), Reform(개혁)이 그것이다. '함께 살면서' 생활을 같이하지 않으면 빈민을 이해할 수 없으며, '연구와 조사'를 통해 사회제도를 '개혁'해야 한다는 것이다. 이를 위해서 대학생과 지식인층이 주축이 되어 활동했으며, 이들은 지역사회 내의 빈민들과 함께 거주하면서 주택개선, 공중보건 향상, 고용주들의 빈민 노동 착취를 방지하기 위한 활동 등 사회문제 해결에 힘썼다.

인보관 운동이 시작되면서 빈곤 문제를 바라보는 시각에도 변화가 나타났다. 자선조직협회는 빈곤의 원인을 빈민 개인에게 초점을 맞추었다면, 인보관 운동은 빈곤의 사회구조적 원인에 초점을 두면서 빈곤계층집단의 생활 개선에 관심을 두었다. 이 과정에서 도입된 방법이 집단사회사업(social group work)이며, 지역사회문제를 해결하기 위해 정책과 법률 제정에 영향을 미칠 수 있는 조직적인 활동을 시도함으로써 지역사회조직(community organization) 발전에도 기여하였다. 또 이들은 소외계층의 역량강화를 주장하였다. 소외계층에게도 자신의 문제를 해결할 수 있는 능력이 있음을 인정하고 그 능력을 발휘할 수 있도록 힘을 북돋워 주는 역할을 하였는데, 이는 사회복지실천방법론으로서 임파워먼트(empowerment) 모델의 이념적 근원이 되었다.

〈표 3-1〉 자선조직협회와 인보관 운동 비교

구 분	자선조직협회	인보관 운동
대표 인물	리치먼드(M. Richmond)	아담스(J. Addams)
이념 및 이론	사회진화론	사회교육, 사회개혁, 기독교 사회주의
주요 활동가	중산층 부인 중심(우애방문원)	젊은 대학생, 교수 등 지식인
빈곤관	개인주의(개인책임)	사회환경(사회개혁)
서비스	사회복지사 중심	클라이언트 중심
도덕성에 대한 관점	기독교적 도덕성 강조, 빈자의 나태함 비난	도덕성의 다양한 관점 인정
실천장소	가정방문	빈곤지역에 거주
영 향	개별사회사업	집단사회사업, 지역사회복지

출처 : 박주현 외(2015). 사회복지실천론, p. 25 재구성.

2. 전문직 확립기

자선조직협회 회원들은 자신들의 일을 전문직으로 만들고자 하는 열망을 갖기 시작하였다(NASW, 1995). 사회복지실천이 단순한 자선이나 봉사의 형태에서 조직적이고 체계적인 전문직으로 확립하게 되는 계기는 두 가지 측면에서 살펴볼 수 있다. 하나는 보수체계의 정립이며, 또 하나는 교육훈련제도의 도입이다(Dolgoff, et al., 1997).

보수체계의 정립은 무급 자원봉사자인 우애방문원에게 봉사활동에 대한 대가를 지불하면서 이루어졌다. 자선으로 봉사를 하던 입장에서 봉사의 대가를 받는 입장으로 역할이 바뀌면서 지속성과 책임성이 높아진 것과 함께 기능과 활동영역도 확대되었다. 즉, 단순한 봉사활동을 넘어선 전문적 활동임이 인정된 것이다. 전문가의 창출은 여기서 그치지 않았으며, 이들을 지도 감독하는 등 관리를 전문적으로 담당하는 전문가 역할도 수행하게 되었는데, 이들이 현대의 수퍼바이저에 해당된다고 할 수 있다.

교육훈련제도 도입도 사회복지실천이 전문직이 확립되는 과정을 견고히 하는 계기가 되었다. 자선조직협회는 당시 도제제도 중심의 훈련에서 벗어나 정식교육을 통해 우애방문원을 교육시킬 필요성을 느끼고 정규 교육 프로그램을 마련하였다. 뉴욕자선조직협회에 의해 1898년에 미국 최초로 6주간의 사회복지 전문인력 훈련 프로그램을 뉴욕자선학교(New York School of Philanthropy)에 개설하였고, 1904년에는 1년 과정으로 확대 개설하였으며, 1910년 이후에는 2년 과정으로 정착하게 되었다(Johnson & Yanca, 2009). 교육을 통한 전문직으로의 발돋움은 1905년 의사인 카보트(Richard C. Cabot)가 매사추세츠병원에서 의료사회복지사를 정식으로 채용함으로써 공고화되었다(Dolgoff, et al., 1997).

사회복지실천이 전문직으로서 확립해 가고 있던 1915년 미국의 전국자선단체 및 교정대회(The National Conference on Charities and Correction)에서, 의학교육 비평가인 플렉스너(Abraham Flexner)가 사회복지실천은 전문직으로 인정되기에는 미흡한 점이 많다고 지적함으로써(Flexner, 1915; NASW, 1995 재인용) 사회복지 전문직 성장에 위기가 닥쳐왔다. 플렉스너는 사회복지직이 전문직으로서 결여된 점으로 독자적이고 명확한 지식체계 및 전문기술이 부족하고, 교육 및 전문적 자격제도, 전문적 조직체계, 전문적 실천에 대한 강령이 없으므로 아직까지 전문직이라고 부를 수 없다고 주장하였다. 이는 당시 사회복지사들에게 자신들의 활동을 되돌아보는 계기가 되었으며, 사회복지실천의 체계적 발전에 궁극적인 전환점이 되었다.

플렉스너의 비판에 대한 사회복지계의 반응으로 전문직의 기본 틀에 맞는 환경을 조성하고, 전문직으로 인정받을 수 있는 기술을 갖추려고 노력하였다.

전문직의 기본 틀에 맞는 환경을 조성하기 위한 활동으로 교육 및 훈련을 담당하는 학교를 세우고, 공식적 책자를 발간하며, 미국병원사회사업협회(1918), 미국사회복지사협회(1921), 미국정신의학사회복지사협회(1924) 등 전문가협회를 구성하였다. 그리고 이미 존재하던 뉴욕자선학교 이외에 2년 정규과정 교육을 위해 1919년까지 17개의 전문사회복지학교가 설립되었고, 그중 12개가 대학 내에 설립되면서 전문적인 교육훈련체계가 마련되었다.

전문직으로 인정받을 수 있는 기술을 갖추기 위한 노력으로는 저술 발간 및 원조과정 개발을 들 수 있다. 1900년 필라델피아 자선조직협회의 총 책임자가 된 메리 리치몬드(Mary Richmond)는 자신 및 동료들의 활동내용 및 실천과정을 종합하여 『사회진단(Social Diagnosis, 1917)』을 출판하였다. 『사회진단』은 사회복지실천에 관한 이론과 방법을 체계화시킨 최초의 책으로, 빈민이 처한 상황을 체계적으로 진단하는 기술이 소개되어 있다. 그리고 메리 리치몬드는 1922년에 『개별사회복지실천이란 무엇인가(What is Social Case Work?)』라는 책을 저술했다. 이 책에서 메리 리치몬드는 "개별사회사업이란 개인과 개인, 인간과 환경 간의 적절한 조화와 조절을 통해 인격발달 및 성장을 이루어 가는 과정"이라고 정의함으로써 사회복지실천의 기본 관점인 '환경 속의 인간(PIE : Person In Environment)'의 개념을 고려하였다.

3. 전문직 분화기

1) 개별사회사업(Case Work)

인간의 성격발달과 문제행동에 관한 프로이트(Freud)의 정신분석이론을 중심으로 사회복지실천을 했던 진단주의 학파는 개인의 과거 경험에 기초하여 개인의 적응문제에 접근하였다. 진단주의 학파의 주요 이론가인 해밀턴(Golden Hamilton)은 진단을 "문제를 가진 사람뿐 아니라 문제 자체를 이해하기 위해 가정하는 가설"로 정의하였다. 또 사회복지실천과정이 조사, 진단, 치료로 이루어지며, 특히 치료적 관계는 사회복지실천과정 중 핵심 요소로 강조되었다. 이러한 실천과정은 차례대로 발생하기보다 서로가 상호 관련되어 순서에 상관없이 이루어지며, 많은 경우 서로 양립할 수도 있는 요소이다. 진단주의 이론은 이후 사회복지실천 이론의 발달에 상당한 영향을 미쳤으며, 홀리스(Florence Hollis)의 심리사회모델로 발전되었다.

이러한 시기에 개별사회사업 내에서는 진단주의에 반기를 든 다른 접근법인 기능주의가 대두하였다. 랭크(O. Rank)의 인격론에 근거를 둔 기능주의 접근법은 클라이언트를 질병이 있거나 일탈한 자로 간주하기보다 특별한 서비스가 필요한 사람들이라고 보았다. 사회복지사는 클라이언트를 치료하는 대신 전문적 지식을 적용하여 그들과 함께 일하고, 기관의 기능을 수행한다(Jonson & Yanca, 2009). 랭크의 이론에서는 개인이 가진 '내부의 힘(self will)'을 강조하였으며, 개인은 더 이상 과거의 노예가 아니며, 자신 내부에 건전한 성장을 위한 의지를 갖고 있다고 하였다. 치료라는 말을 거부하는 대신 '원조과정(helping process)'이라는 표현을 사용하였으며, 원조과정의 책임이 클라이언트 자신에게 있다고 주장하며 클라이언트의 '여기-지금(here and now)'의 상황에 초점을 두었다. 과거에 얽매이지 않은 개인의 성장 가능성과 개인의 동기 및 의지에 초점을 두는 점, 사회복지사의 권위적 지위나 태도를 달갑지 않게 생각하는 기능주의 특성은 진단주의에 영향을 주어 진단주의가 개인의 내적 진단을 중시한 프로이트의 영향에서 약간 벗어나 환경 속의 인간을 이해하는 쪽으로 나아가게 하였다(엄명용 외, 2016).

2) 집단사회사업(Group Work)의 발전

집단사회사업이 개별사회사업과 함께 사회복지실천방법으로 인식되기 시작한 것은 1930년대 이후이다(Brieland, 1995). 1936년에 '미국집단사회사업연구협회'가 결성되었고, 이는 1946년에 '미국집단사회사업협회(American Association of Group Workers)'로 발전하였다. 집단사회사업은 집단 구성원 간의 상호작용을 강조하였고 경쟁보다는 협동에 초점을 두었다.

제2차 세계대전 이후 지역사회로 돌아온 참전군인들은 전쟁 후유증으로 인한 정신적 고통과 사회적응 문제를 나타내는 이들이 많았다. 비슷한 심리적 어려움을 가진 참전군인들을 대상으로 정신의학적 집단사회사업이 활발하게 전개되었다. 1945년 이후에는 정신병원, 아동상담소 등에서 집단사회사업을 광범위하게 활용하였으며, 1946년 미국사회복지사협회에서 집단사회사업을 공식적으로 사회복지실천기술로 인정하였다.

3) 지역사회조직(Community Organization)의 발전

1910년부터 발생하기 시작한 정신위생운동(mental hygiene movement)으로 사회복지실천 인력은 정신질환의 예방과 치료에 있어 지역사회환경의 역할에 관심을 갖기 시작하였다. 1920년부터는 미국의 주 단위로 공공복지기관이 설치되면서 지역사회조직사업으로 전환하는 계기가 되었다. 또 1929년 세계 대공황은 지금까지의 민간사회사업의 한계점을 깨닫게 해주었는데, 이러한 문제를 해결하기 위해서 루즈벨트(Franklin D. Roosevelt) 대통령은 뉴딜정책(New Deal)을 실시하여 국가가 사회사업기관을 설립하고, 공공기관에서 활동하는 사회복지사를 대거 고용하기 시작하였다. 즉, 세계 대공황으로 인해 정상적이고 성실한 사람들이 직업을 잃고 우울증에 걸리는 등의 문제를 겪게 되자 개인 문제가 일어나는 원인이 개인에게 있다기보다 사회에 있다는 것에 대한 수용적 자세가 확대된 것이라고 할 수 있으며, 이는 사회에 대한 관심을 증가시켰다.

이런 상황에서 미국사회사업회의에 제출된 레인(R. P. Raine)의 보고서는 첫째, 지역사회조직의 개념, 방법 및 활동 등을 체계화하였다는 점, 둘째, 지역주민의 욕구와 자원 간의 조정을 주요한 기능으로 인식하였다는 점에서 지역사회조직의 이론화에 큰 공헌을 하였다.

4. 사회복지실천 통합기

사회복지실천 통합기는 개별사회사업, 집단사회사업, 지역사회조직으로 이루어진 사회복지실천 3대 방법론이 병원뿐만 아니라, 학교, 법정 등 많은 영역으로 확대되었다. 하지만 사회복지실천 3대 방법론적 접근방법은 복잡하고 다양해지는 사회변동과 사회문제에 대응할 수 없다는 한계가 대두됨에 따라, 공통의 지식기반을 갖추려는 움직임이 사회복지계 내부에서 시작되었다. 이에 몇몇 전문가에 의해서 사회복지실천의 공통요소를 정리하는 작업이 진행되었다. 1929년 밀포드(Milford) 회의에서 개별사회사업을 기본으로 하는 8개 영역을 공통요소로서 정리하여 발표하였다.

사회복지실천을 전문직으로 하는 사회복지사가 갖추어야 할 기본적인 지식 및 방법론에 대한 공통요소

① 사회에서 수용하는 규범적 행동에서 벗어난 행동에 관한 지식
② 인간관계 규범의 활용도
③ 클라이언트 사회력의 중요성
④ 클라이언트 치료를 위한 방법론
⑤ 사회치료에 지역사회자원 활용
⑥ 개별사회사업이 요하는 과학적 지식과 경험 적용
⑦ 개별사회사업의 목적, 윤리, 의무를 결정하는 철학적 배경 이해
⑧ 이상 모든 것을 사회치료에 융합

바틀렛(Bartlett, 1970)은 '사회복지실천의 공통기반(The Common Base of Social Work Practice)'에서 통합적 관점을 개념화하였다. 즉, 다양한 사회복지 방법에는 사회복지사가 수행하는 어떤 공통적인 역할과 요소가 있다는 것을 의미한다. 이제 클라이언트의 복합적인 문제와 욕구에 대처하기 위해서는 일반사회복지실천(generic social work practice)이 더 적절한 것이 되었으며(Johnson & Yanca, 2009) 이를 바탕으로 통합적 방법론이 등장하였다. 통합적 방법론의 예로 핀커스와 미나한(Pincus & Minahan, 1973)의 4체계모델, 골드스타인(Goldstein, 1973)의 단일화모델, 콤튼과 갤러웨이(Compton & Galaway, 1975)의 문제해결과정모델, 저메인과 기터맨(Germain & Gitterman, 1970)의 생활모델 등이 있다.

통합적 방법론 이외에도 클라이언트에 적용하기 위한 새로운 접근방법이 개발되었다. 제2차 세계대전 이후 전쟁으로 인한 개인의 심리적, 정서적 문제가 가족해체, 청소년 비행 등의 가족문제를 제기하면서 가족이 관심의 초점이 되어 가족을 대상으로 한 접근방법이 시작되었다. 이는 가족의 변화를 통해 개인의 행동과 태도에 변화를 주려는 가족치료 발전에 영향을 주었다.

클라이언트 집단이 점차 다양해지고, 새로운 문제가 발생함으로써 보다 구체적인 초점을 가진 접근이 필요해졌다. 따라서 1970년대에 들어서면서는 사회복지실천모델에 대한 연구가 활발해졌고, 과제중심모델, 강점관점, 역량강화모델 등 다양한 실천모델이 출현하기 시작하였다.

제2절 Ⅰ 한국 사회복지실천 역사적 발달과정

1. 사회복지실천

1) 외원단체의 활동

서구의 선교단체와 해외 원조단체들이 한국전쟁으로 인한 사회적 혼란과 삶의 황폐화 현상에 개입하고자 우리나라에 들어오기 시작하였다. 이처럼 사회복지사업은 선교사나 외국자원에 의해 시작되었다고 해도 과언이 아니며, 이들의 지원은 시설 중심의 사회복지를 발전시켰다.

많은 선교단체나 외원기관들이 한국전쟁을 계기로 대거 진출하다 보니 자선적이며 종교 우선의 구제활동을 전개하였고, 비조직적·비체계적으로 서비스가 제공되어 수혜자가 중복되거나 누락되는 등의 문제가 발생하였다. 이러한 문제를 해결하여 좀 더 효과적인 원조를 실시하기 위하여 1952년 3월, 7개의 외원단체가 모여 한국외원단체협의회(KAVA : Korea Association of Voluntary Agencies)를 결성하였다. KAVA는 일차적인 원조기관이 아니라, 원조기관들의 연합체로서 다음과 같은 활동을 하였다(윤 흠, 1958, 엄명용 외, 2016 재인용).

1. 정보교환과 사업의 평가 계획
   - 각 단체가 얻은 경험과 의견의 교환
   - 한국에 필요한 도움 파악과 그에 따른 각 단체의 사업계획
2. 사업의 연락과 조정
   - 각 회원단체의 사업 소개를 통해 서비스 중복을 감소
   - 필요에 따라 각종 위원회 등을 통해 한국정부 및 한국사회단체와의 유대 도모
3. 단체교섭
   - 합동으로 위원회 등을 통해 사회문제의 조사연구와 그 해결책 강구
   - 조사연구 결과 정치나 기타 기관에 교섭이 필요한 경우 단체적으로 접근

외원단체의 활동은 1970년대에 들어서면서 한국보다 더 어려운 제3세계를 돕기 위해, 사업을 종결하고 한국을 떠나기 시작하였다. 이는 한국의 경제사정이 좋아지면서 외원단체에 대한 의존도가 감소하였기 때문이다. 또 시간이 흐름에 따라서 전쟁 이후 응급구호적인 활동의 의미도 퇴색되었기 때문이다. 이처럼 한국에서의 사업을 종결하고 떠난 단체도 있으며, 사회복지사업을 중단한 채 본래의 목적인 선교사업을 중점적으로 수행하는 단체도 있고, 교육 및 의료사업으로 전환하여 한국사회에 뿌리를 내리고 토착화에 성공한 단체들도 있다. 또 일부 단체는 외원단체에 뿌리를 두고 그 정신을 이어받으며 새롭게 변화하여 지속적으로 예전의 사회복지사업을 계승·발전시켰다. 기독교아동복리회(Christian Children's Fund, 현재 초록우산 어린이재단), 선명회(World Vision, 현재 월드비전), 양친회(Foster Parents' Plan, 현재 양친사회복지회) 등은 외원기관에서 출발하여 토착화에 성공하여 우리나라의 주요 사회복지기관으로서 역할을 다하고 있는 대표적인 기관이라 할 수 있다.

2) 사회복지실천현장

1921년 감리교 선교사들에 의해 설립된 태화여자관(현재 태화기독교사회복지관)은 미국의 인보관 운동과 같은 형태로 사회계몽과 사회개혁을 실천하였으며, 여성과 아동을 위한 사회복지사업을 시작하였다. 이러한 지역사회 중심의 사회복지실천은 1983년 개정된 사회복지사업법을 토대로 사회복지관의 설립 및 운영을 지원하는 근거가 마련되었으며, 이에 근거하여 1985년부터 시·도 단위로 종합사회복지관이 활발히 설립되기 시작하였다. 1989년에는 개정된 주택건설촉진법에 의해 저소득층 영구임대아파트 건립 시 일정 규모의 사회복지관 건립을 의무화하였다. 2020년 10월 기준 전국적으로 475개의 복지관이 개설되어 있다(한국사회복지관협회 홈페이지). 지역사회종합복지관 이외에도 노인종합복지관, 장애인복지관 등 분야별 전문복지관도 전국적으로 설치되어 운영 중이다.

개인적인 문제를 가진 사람들을 대상으로 하는 미시적 접근은 미군 병원과 미국 기독교 선교사들이 설립한 병원, 그리고 아동상담소 등을 통해 소개되었다. 이들의 실천과정은 미국의 1940년대 사회복지실천과정을 답습한 형태로 주로 개인심리치료와 가족상담에 치중하였다(카바 40년사 편찬위원회, 1995; 김혜영 외, 2018 재인용). 병원 및 지역사회복지관을 통하여 상담형태의 개입이 진행되었다. 1959년 국립의료원, 원주기독병원 등에서 의료사회사업이 시작되었으며, 1973년 의료법 시행규칙 시행에 따라 종합병원 단위의 의료기관에서 사회복지사를 의무적으로 고용하게 되었다.

정신장애인의 격리, 수용보다는 사회복귀와 예방, 인권보호 등에 초점을 맞춘 정신보건법이 1995년에 제정되고 1996년부터 시행되었다. 1997년부터는 법에 공식적으로 명기된 정신보건사회복지사가 탄생하였고, 지역사회중심의 정신보건센터와 사회복귀시설에서 많은 정신보건사회복지사가 전문성을 발휘해 왔다. 2017년에는 정신보건법이 「정신건강증진 및 정신질환자 복지서비스 지원에 관한 법률」로 전면적으로 개정되면서 정신질환자의 범위를 중증정신질환자로 축소하고, 전 국민 대상의 정신건강증진의 장을 열었다.

가족 영역에서는 건강가정지원센터, 다문화가족지원센터가 설치(현재는 가족센터로 통합)되어, 다문화가족을 포함하여 다양한 가족문제 발생을 사전에 예방하고, 일반 가족 및 다양한 가족을 대상으로 통합적인 가족지원 서비스를 제공하고 있다. 그뿐만 아니라 지역사회 아동 및 청소년의 보호·교육·건전한 놀이와 오락 제공, 보호자와 지역사회의 연계 등 아동의 건전육성을 위하여 설치된 지역아동센터는 종합적인 아동복지서비스를 제공하고 있다. 이와 같이 지역사회 내 아동, 청소년, 장애인, 노인, 가족(일반가정, 다문화가정 등 다양한 가족)과 취약계층가정을 위한 사회복지실천이 확대되고 있다.

공공영역에서는 1987년부터 사회복지전문요원을 대도시 저소득층 밀집 지역을 중심으로 동사무소에 배치하여 사회복지전달체계를 확립하고자 하였다.

사회복지전문요원의 주요 활동은 수급대상자를 선정하고, 지역사회 내 빈곤계층의 욕구를 파악하여 사회적·경제적 자활을 지원하고, 궁극적으로 탈빈곤을 유도하는 공공부조업무뿐만 아니라, 지역사회의 아동, 느인, 장애인, 한부모가정 등에 대한 각종 사회복지 업무 등이었다. 1999년 이후부터 사회복지전문요원은 별정직에서 일반직으로 전환되었으며, 명칭도 사회복지전담공무원으로 변경되었다. 사회복지직 전담공무원 자격취득은 국가가 시행하는 공무원 시험에 합격해야 한다. 이러한 전담공무원은 지속적으로 성장하여 정부의 복지정책을 최일선에서 실행하는 공식적인 영역으로 자리매김하였다.

2. 사회복지실천 교육

최초의 정식 사회복지 교육기관은 1947년 이화여자대학교 기독교사회사업학과가 설치되면서부터 출발하였다. 1953년에는 중앙신학교(현 강남대학교)가 최초의 사회복지사 양성을 위한 훈련기관으로 설립되었다. 한국은 전문적인 직업교육보다 학문을 중시하는 풍토로 인하여 전문직업학교를 통한 교육보다는 정규대학을 통한 학문적 교육이 중시되어, 이후 정규대학교에서 사회복지학과가 계속 설립되었다. 1958년 서울대학교 대학원과 학부과정(1959년)에 사회사업학과 설치를 필두로, 1961년 한국사회사업대학(현 대구대학교), 1963년 중앙대학교, 1964년 성심여자대학교(현 가톨릭대학교)로 이어졌다. 현재는 2년제, 4년제 대학, 대학원 사회복지학과뿐만 아니라 사이버대학, 평생교육원 사회복지 교육과정 등을 통해 급격하게 팽창되고 있다.

3. 사회복지실천 자격제도

한국의 사회복지실천의 자격제도는 사회복지사업법에 규정되어 있다. 1970년 사회복지사업법이 처음 제정될 당시에는 사회복지종사자라는 명칭으로 규정하였으나, 1983년 개정에 따라 '사회복지종사자'에서 '사회복지사'로 법적 명칭이 변경되었다.

1997년 개정된 사회복지사업법에는 국가시험제도가 도입되어, 1급 사회복지사는 국가시험에 합격해야 자격을 취득할 수 있게 되었다. 이에 따른 적용대상은 1999년 입학생으로 이들이 졸업하는 2003년부터 국가자격시험을 실시하였다. 모든 예비 사회복지사와 2급, 3급 사회복지사는 이 국가 자격시험에 합격하여야 공인된 1급 사회복지사의 자격을 가질 수 있게 되었다.

사회복지사 등급은 1, 2, 3급으로 이루어져 있었으나, 2017년 사회복지사업법 개정으로 3급을 폐지하였다. 또 사회복지 욕구의 다양화와 전문화에 대한 능동적 대응으로 2018년 사회복지사업법 개정으로 전문사회복지사(정신건강, 의료, 학교 등) 제도를 도입하여 사회복지사의 전문성을 높이는 데 기여하고 있다.

참고문헌

가족센터(구 건강가정지원센터) 홈페이지. https://www.familynet.or.kr

김혜영·석말숙·최정숙·김성경(2018). **사회복지실천론**(제2판). 경기 : 공동체.

다문화가족지원포털. https://www.liveinkorea.kr/portal/KOR/main/main.do

박주현·박연옥·김준환·배은숙·박서춘·박서영(2015). **사회복지실천론**. 서울 : 창지사.

아동권리보장원 홈페이지. https://www.icareinfo.go.kr/main.do

양옥경·김정진·서미경·김미옥·김소희(2018). **사회복지실천론**(개정5판). 경기 : 나남.

엄명용·김성천·오혜경·윤혜미(2016). **사회복지실천의 이해**(제4판). 서울 : 학지사.

장인협(1999). **사회복지실천론(中)**. 서울 : 서울대학교출판부.

조휘일·김성이·김성천·황순길(1999). 지역사회복지관 사회복지사의 임상적 역할. **사회복지실천과 임상사회사업**. 임상사회사업연구회 편. 서울 : 학문사.

최옥채(2010). **사회복지사실천론**(제3판). 경기 : 양서원.

한국사회복지관협회 홈페이지. https://kaswc.or.kr

Bartlett, H. M.(1970). *The Common Base of Social Work Practice*. Washington, DC : National Association of Social Workers Inc.

Brieland, D.(1995). Social Work Practice : History and Evolution. In R. L. Edwards (Eds.), *Encyclopedia of Social Work*(19th ed.). Washington, DC : NASW Press.

Compton, B. R., & B. Galaway(1994). *Social Work Processes*(5th ed.). Belmont : Wadsworth.

Dean H. Hepworth, Ronald H. Rooney, & Jo Ann Larsen, 허남순·김용석·김기환 공역(2007). **사회복지실천이론과 기술**. 서울 : 나눔의집.

Dolgoff, R., & Feldstein, D.(1980). *Understanding Social Welfare*. NY : Harper & Row.

Dolgoff, R., D. Feildstein & L. Skolnik(1997). *Understand Social Welfare*. NY : Longman.

Germain, C. B., & Gitterman, A.(1980). *The Life Model of Social Work Practice*. NY : Columbia University Press.

Goldstein, H.(1973). *Social Work Practice : A Unitary Approach*. Columbia : Univ. of South Carolina Press.

Johnson, L. C., & Yanca, S. J.(2009). *Social Work Practice : A Generalist Approach*(10th ed.). Boston : Allyn & Bacon.

NASW(1995). *Encylopedia of Social Work*. Maryland : NASW.

Pincus, A., & A. Minahan(1973). *Social Work Practice : Model and Method*. Itasca : F. E. Peacock.

제 4 장

사회복지사와 전문직

CHAPTER

04 사회복지사와 전문직

사회복지사로 일한다고 하면 "좋은 일 하시네요!"라고 주변 사람들은 말을 건네곤 한다. 이는 단순히 '좋은 일'을 하는 것이지, '전문적 일'을 한다고 인식하지 않는 것이다. 일반국민들에게 사회복지사는 타인에게 인정과 자비를 보내는 자선(慈善)을 하는 좋은 일, 착한 일을 직업으로 삼은 사람들 정도로 인식될 뿐 그 이상도 그 이하도 아닌 것이다.

사회복지사 선서문에 따르면, 사회복지사는 인간의 존엄성과 사회정의의 신념을 바탕으로, 개인・가족・집단・조직・지역사회와 전체사회의 모든 사람들이 인간다운 삶을 누릴 수 있도록 실천하는 전문가이다. 또한 소외되거나 고통받는 사람의 편에 서서, 이들의 인권과 권익을 지키며, 사회의 불의와 부정을 거부하고 개인의 이익보다 공공의 이익을 앞세워야 한다. 또한 사회복지사의 윤리강령을 준수하고, 도덕성과 책임성을 갖추어야 한다.

이처럼 사회복지사는 단순 직업인을 넘어선, 지역사회를 대변하고 나아가 사회적 공익을 증진하는 사회복지에 관한 전문지식과 기술을 가진 전문가이며, 법적 근거를 가진 전문직이다. 1970년 제정된 사회복지사업법에서는 '사회복지사업종사자'라는 자격제도가 도입되었다. 이러한 사회복지사업법의 제정과 자격제도의 도입은 외원에 의존하거나 혹은 자기자본에 의해 제한적인 자선사업에 대한 국가적 개입과 책임성을 표명하는 행위라 볼 수 있다. 즉, 자선적 개념에서 일해온 민간 사회복지서비스 전달자인 사회복지종사자들은 과거와 달리 서비스에 대하여 사회적인, 법적인 책임을 지게 되어있으며 이를 담보하기 위하여 최소한의 자격을 요구받게 된 것이다(김민경, 2017).

사회사업종사자라는 명칭은 1983년 사회복지사업법 개정에 따라 사회복지사(社會福祉士)라는 자격제도가 신설됨에 따라 명칭이 변경되었다. 사회복지사라고 명칭을 개정함에 있어서도 사회사업가 등의 명칭들이 논의되었다. 그러나 전통적으로 사용하여 오고 귀에 익숙했던 사회사업가(社會事業家)라는 명칭은 전문가로서의 호칭상 적절하지 않다는 의견에 따라 사회복지사라는 명칭이 좋겠다는 의견으로 합의가 되었다. 또한 사회복지사의 한자 표기에 있어서 마지막 글자인 '사'를 선비 사(士)로 할 것인가, 스승 사(師)로 할 것인가 하는 논의가 있었고, 사회복지사의 직무를 고려할 때 학생을 가르치는 교사(師)보다는, 클라이언트를 상담, 대변, 옹호하는 변호사(士)가 사회복지사의 역할과 유사하다는 의견과 함께 한자로는 社會福祉士로 사용하기로 하였다(서울시사회복지협회 홈페이지).

사회복지사 자격제도의 도입 이후로 2003년부터는 사회복지사 1급 국가자격시험제도가 도입되었다. 이후 2017년 법의 개정을 통해 2019년부터 3급을 폐지하였으며, 사회복지사 자격교과목의 확대 및 강화와 실습시간 강화 등을 도입하였다. 또한 특별히 정신건강·의료·학교 영역에 대해서는 영역별로 정신건강사회복지사·의료사회복지사·학교사회복지사의 자격제도를 신설하였다. 이처럼 사회복지사 자격제도는 법의 개정에 따라서 점차 전문화를 도모하였으며 교육 및 실습과정을 강화하는 등 자격의 체계성을 갖추려고 노력하였다.

그러나 과연 사회복지사는 전문가라 할 수 있는가? 사회복지사는 전문가로서의 조건을 충분히 갖추고 있는가? 사회복지사는 다른 여타의 전문직과 뚜렷이 구별되는 독자적인 지식체계와 교육체계 그리고 현장체계를 가지고 있는가? 이에 대해서 우리는 우리 자신에게 반문해 보아야 한다. 이인숙(2016)의 연구에서 사회복지사들은 자신의 사회복지실천에 대해 '일반 회사와 다를 게 없는', '기업과 다를 바 없는'이라고 평가하기도 하였으며 더불어 자신이 '세일즈맨이 된 느낌'이라고 하였다. 이러한 상황에서 우리는 사회복지사는 과연 전문직인가?에 대해서 답하기는 쉽지 않다.

제1절 I 전문성과 전문직

1. 사회복지사의 전문성 논의

오늘날 사회 변화에 따라 사회복지로 대표되는 비영리 부분이 차지하는 비중은 계속 증가하고 있으며, 비영리기관에 대한 관심과 기대 또한 높아지고 있다. 이는 비영리기관이 가진 다양한 사회문제에 대한 문제 해결능력을 인정받고 있기 때문이다(서종수, 2016). 그러나 사회복지가 가지는 사회적 효용성과 가치에 대해 진정 인정받고 있다고 할 수 있는가? 사회복지현장에서 근무하는 사회복지사의 효용성과 가치는 충분히 존중되고 있는가?에 대해서 의문이 제기된다.

사회복지는 본질적으로 광범위함과 모호함을 그 특징으로 가지고 있으며, 인간 삶의 모든 측면을 포괄적으로 다루는 사회복지의 속성상 업무 경계는 모호할 수밖에 없다. 사회복지는 이론이나 과업에 있어서 다양성을 전제하고 있으며, 여기에 광범위한 실천현장으로 인한 모호함의 특징이 더해지면서 전문성, 전문직의 요건을 충족하기는 쉽지 않다(임정기 · 김교성 · 이현주, 2016). 더불어 오늘날 사회복지에 대한 사회적 수요 증가에 따라, 사회복지서비스의 전달자로서 사회복지사에 대한 수요는 증가하였다. 이에 따라 급격한 사회복지사의 양성이 이루어지고 있는 반면, 사회복지 교육과정의 엄격성 부족, 기본적인 이론 교육과 현장실습교육의 부실, 사회복지사 자격증 가치의 저하, 사회복지전문직의 전문성 결여와 정체성 결여 등을 가져오고 있다(안병덕 · 이근홍, 2015).

사회복지사의 전문성에 대한 논란은 아주 오래전부터 있어왔다. 미국의 플렉스너(Flexner)는 전미 자선과 교정회의(National Conference of Charities and Corrections)에서 「사회사업은 전문직인가?(Is Social Work a Profession?)」라는 글을 통해 "사회복지는 전문직으로서의 특성이 결여되어 있다"고 주장하였다. 그에 대한 근거로 사회복지는 사회과학적 기초가 결여되어 있으며, 독자적이고 명확한 지식체계 및 전수할 만한 전문기술이 결여되어 있다고 하였다. 또한 정부의 책임 아래 실시되는 교육 및 자격제도가 없으며, 전문적인 조직체도 없고, 전문적인 실천에 대한 강령이 없다고 이야기하며 사회복지사는 전문직이 아니라고 결론지었다. 이를 플렉스너 신화(Flexner Myth)라고 하는데, 이는 플렉스너(Flexner)의 주장이 경험적으로 증명되지도 않은 상태에서 과학적 진실의 무게와 권위를 부여받았기 때문이다.

이후 토렌(Toren, 1969)은 사회복지 직책을 "기술이 이론적인 연구를 대체하고 있는", 간호사나 교사와 함께 준전문직(semi-profession)으로 분류하는 논문을 발표하면서 사회복지의 전문직 논쟁을 다시 한번 수면 위로 떠오르게 했다(이지은, 2002). 더불어 카-손더스(Carr-Saunders), 에치오니(Etzioni), 길버트(Gilbert) 등도 사회복지 직책이 필요로 하는 훈련기간이 짧고 특권을 가진 전문직으로서의 사회적 인식이 부족하다는 점을 들어 준전문직임을 주장하는 학자들까지 등장하게 되었다(이지은, 2002).

플렉스너 신화는 전문직종으로 대우를 받을 수 없다는 우려와 걱정을 유발하였고, 또한 사회복지의 대상영역이 축소되고 정신의학 중심의 개별사회사업을 강조하게 되는 등의 문제를 야기하였다. 그러나 다른 한편으로는 사회사업의 전문직 발전과 전문성 강화에 긍정적 영향을 미쳤다고 볼 수 있다. 플렉스너 신화 이후로 사회사업계는 사회사업가를 전문직 위치로 올리기 위해서 사회사업가의 전문성에 대한 논의와 재정립을 위한 연구가 계속되었다. 또한 관련 학교의 수가 증가하였고, 교육과정의 표준화를 도모하였으며, 관련 책자의 발간 그리고 전문가 협회 등이 구성되었고, 전문직으로 인정받을 수 있는 기술을 갖추는 등의 일련의 행위들이 뒤따랐다.

우리나라에서 사회사업, 사회복지사업, 혹은 사회복지실천에 대한 논의는 1950년대 초 외국원조단체가 사회복지사업을 주도하는 과정에서부터 비롯되었던 것으로 여겨진다. 즉, 사회문제를 해결, 대응하기 위해서 사회복지가 발달한 것이 아니라, 외국인에 의한 이론과 실천이 먼저 도입되었다(김수환, 1997). 김인숙(2005)은 이에 대해, 자생적인 발생적 토대 없이 미국식 사회복지실천을 직수입함으로써 탄생한 한국의 사회복지실천은 자국의 토양에 대한 철저한 검토 없이 미국의 주류 사회복지실천의 변화와 변용을 충실히 좇아갔다고 보았다. 이러한 과정에서 당시 미국을 비롯한 영미권 외원국가들에서는 사회복지사업이란 민간기구 위주의 자선·구호사업으로 사회사업가 직종이 수행하는 것이 일반적으로 되어있었다. 그래서 그 시기 한국에서도 외원단체가 사회복지사업을 위해 사회사업 전문기관과 사회사업가 직종을 이식하려는 시도는 자연스러웠다고 본다(최원규, 1996).

이후 사회복지에 대한 사회적 욕구가 증가됨에 따라, 사회복지 관련 인력의 꾸준한 증가가 요청되었으며, 학점은행제와 사이버대학을 비롯한 다양한 교육과정 이수 경로를 형성함에 따라 초과 인력, 공급과잉 현상이 나타나고 있다. 사회복지사 자격증 발급자 수의 증가라는 양적 성장에 비해, 사회복지사의 전문성이라는 질적 측면에 대해서는 꾸준히 문제점이 지적되고 있다. 사회복지사의 전문성을 강화하기 위해 3급을 폐지, 1급에 대해서는 시험을 도입, 자격교육과정의 강화와 실습 강화 등의 방안을 마련하고는 있으나 여전히 사회복지사의 전문성을 인정받고 사회복지사가 전문직으로 인정받기 위해서는 아직도 해결해야 할 많은 당면과제를 가지고 있다.

사회복지사의 전문성에 대한 연구를 정리한 이홍직(2007)에 따르면 사회복지사의 전문가로서의 자질과 가치를 견지함과 복지대상자에 대한 봉사의 자세는 강제하나, 윤리강령이 지니는 강제성이 낮아 현실화되는 데 한계가 있다는 지적을 하였다. 또한 사회복지사 교육과정상의 전공교수인력의 부족, 실천에 입각한 교육과정의 부재, 보수교육의 부재 등 교육과정에 있어서의 문제와 사회복지사의 낮은 임금(급여), 사회복지교육과정과 실천 현장과의 연계부족, 사회복지사의 자격급수별 책임과 권한의 불명확화, 사회복지사의 전문실천영역

확보상의 어려움이 사회복지사의 전문성 확보를 장애하는 요인이라고 지적하였다.

조직의 성공요인은 종사자의 전문성을 활용하는 능력이며, 조직이 종사자의 전문성을 개발하고 관리하게 되면 종사자들은 조직의 성공에 기여하기 때문에, 전문성은 조직의 핵심 역량이라 할 수 있다(서종수, 2014). 다시 말하면 사회복지 조직의 성공 여부는 바로 종사자인 사회복지사의 전문성을 활용하는 것이 주요 관건이라 할 수 있다.

2. 전문성과 전문직

1) 전문성과 전문직의 개념

전문직(profession)의 어원은 라틴어의 'profettus'라는 말로서 '공포하다, 신앙을 고백하다, 주장하다, 대학에서 가르치다'라는 뜻을 가지고 있다. 이러한 뜻에서 전문직의 뜻을 유추를 해본다면, 사회적으로 공포할 수 있는, 즉 그에 합당한 권위와 힘을 지닌 직업으로 이해할 수 있다. 그러한 권위와 힘은 바로 대학에서 받은 가르침, 즉 과학적 지식에 기반한 것이라 할 수 있으며, 그러한 공포 행위에 대하여 신(God) 앞에서 부끄럽지 않을 윤리성을 갖추어야 함을 생각할 수 있다. 볼머와 밀스(Vollmer & Mills, 1966)는 '전문직(profession)'을 완전히 전문화될 경우 나타날 수 있는 직업의 범주로 보았다. 전문직의 경우, 일반적으로 전문적인 지식과 기술뿐만 아니라 사회봉사, 독점권, 면허와 자격기준, 전문직 단체, 자율성, 윤리강령과 자기 규율을 특징으로 하기 때문에 전문성이나 전문가보다 좀 더 포괄적인 의미를 지닌다고 하였다.

'전문가(professional)'는 전문성을 가진 인격체, 사람으로 보고 있으며, '전문화(professionalization)'는 직업적 특성이 전문직으로 변화되어 가는 과정에 초점을 맞추고 특정 직업군과 사회가 연결되는 역동적인 과정을 의미한다. 스완슨(Swanson, 2001)은 전문성은 도착지(destination)가 아니라 하나의 여정(journey)이라 하였다. 즉, '전문성(professionalism)'은 전문화 과정의 직업들에서 발견되는 이데올로기나 직업의 변천과정에 통합되어 있는 요소라고 할 수 있다. 따라서 전문성은 지속적인 발달 과정이며, 그러한 과정을 통하여 완전히 전문화된 경우에 직업으로서 전문직이 나타나게 되는 것이다. 전문성에 대한 학자들의 개념을 살펴보면 하몬과 킹(Harmon & King, 1985)은 표준을 넘어서는 수행결과를 보이는 사람들이 소유한 지식과 기술로 개념화하였으며, 스완슨(Swanson, 2001)은 한 사람이 인간 행동의 특수한 영역 안에서 수행할 수 있거나 수행할 수 있다고 기대되는 최적의 수준이라 하였다. 서종수(2014)는 전문적 지식과 윤리의식을 바탕으로 실천되는 전문적 행동으로서, 높은 수준의 성과를 달성하는 능력으로 전문성을 개념화하였다.

미국사회사업가협회(NASW, 1993)에서 발행한 사회사업사전에서는 전문직을 한 집단의 구성원들이 공유하면서 특정한 사회적 요구를 만족시키기 위해서 사용하는 가치(values), 기술(skills), 기능(techniques), 지식(knowledge)과 신념(beliefs)의 체계라고 정의하였다. 한국사회복지사협회(2001)에 의하면 전문직이라 함은 전문조직을 활용하고, 공중에 대한 신념, 자기규제, 소명의식, 전문직 자율성을 지녀야 하고, 특수한 능력과 기술을 가진 사회복지사, 서비스 개발에 대한 관심, 개인적인 책임을 지녀야 한다고 명시하고 있다. 박종우(1994)는 전문직(professions)이란 높은 학문적 지식체계를 바탕으로 전문적 기술을 보유함으로써 상당한 사회적 권한과 높은 사회적 지위를 누리는 특성을 지닌 형태의 직업을 의미하는 것으로 보았다. 구혜영(1989)은 전문직을 정신을 사용하는, 고도의 개인적인 책임을 수반하는 것으로서 배움을 통해 획득된 지식을 구체적인 상황에 적용시키며, 자치조직을 통해 질적으로 보다 높은 수준으로 향상시키며 그들의 이익을 증진시키고 공공복지에 책임을 지는 직업이라 하였다. 전문직은 정적인 개념이라기보다는 동적인 개념으로, 구체적으로 비전문적 직업이 전문직으로 발달할 수 있으며, 반대로 전문직이 비전문직으로 탈전문직화할 수 있다.

2) 전문직에 대한 이론적 접근

전문직에 대한 이론적 접근은 크게 기능적 관점에서 전문직을 설명하는 속성모델(trait model), 전문직의 형성과정에 관심을 두는 과정모델(process model), 그리고 갈등론적 관점을 바탕에 두는 권력모델(power model)로 나누어 볼 수 있다. 각 접근에 따른 주요 특성은 다음과 같다.

(1) 속성모델

전문직에 대한 가장 대표적인 모델 중 하나로 속성모델을 들 수 있다. 속성모델은 흔히 특성모델로 불리기도 하며 학자에 따라서 구조기능적 모델이라고 하기도 한다. 속성모델, 즉 구조기능적 모델은 농경사회에서는 직업이 미분화, 비전문화의 단계에 있었던 반면, 산업사회로 발전함에 따라 직업이 다양하게 분화되고 그 가운데에 각 분야의 직업이 전문화되는 것으로 본다(구혜영, 1989). 따라서 속성모델에서는 전문직의 출현을 노동 분화 과정에서의 필연적인 결과로 보며, 전문직의 기술적 능력과 사회에 대한 기능적 중요성을 강조하고 있다(전병재・안계춘・박종연, 1995). 속성모델은 전문직이 어떠한 특성을 가지고 있는가에 초점을 두며, 전문직은 일반 직업과는 다른 특성을 가진다고 본다. 따라서 이상적(ideal typical) 전문직의 특징들을 나열하고 그것에 기준하여 전문직과 일반직을 구분, 평가한다. 앞서 언급한 플렉스너(Flexner)는 속성관점에 근거하여 사회사업은 전문직의 기준을 충족시키지 못하기 때문에 전문가가 아니라고 보았다.

구조기능론의 대표적 학자로 홀(Hall)와 그린우드(Greenwood)를 제시할 수 있다. 홀(Hall, 1968)은 전문직의 속성을 구조적 측면과 태도적 측면으로 분류하였다. 구조적 측면은 학교설립, 전국적인 조직일 것, 윤리강령이 있고, 전임직일 것 등이다. 그리고 사회복지사가 자신의 일을 보는 태도를 의미하는 태도적 측면은 전문조직 활용, 공공서비스에 대한 신념, 자기규제에 대한 신념, 직업에 대한 소명의식과 자율성 등이다.

그린우드(Greenwood, 1981)는 전문직의 속성으로 이론적 체계, 전문적 권위, 지역사회 재가, 윤리강령, 전문직 문화로 구분하였다. 전문직의 경우 이론적 체계를 바탕에 둔 탁월한 기술을 갖추고 있어야 한다. 또한 이 같은 이론적 체계를 형성하기 위하여 전문적인 교육을 통하여 얻게 된 지식으로 인하여 전문적 권위를 인정받게 된다. 전문적 권위는 일련의 권위와 특권을 부여받게 되는 것이다. 그러나 지역사회 재가를 통해 받은 권위와 특권의 남용 예방을 위하여 전문직의 윤리강령을 가지게 된다. 마지막으로 공식적인 그리고 비공식적인 집단을 통하여 전문적인 문화를 형성하게 된다.

그린우드(Greenwood, 1981)는 20여 년이 지난 후에 구조기능주의 관점에 대한 비판을 종합적으로 검토하여, 자신의 의견을 수정한다. 그린우드는 전문직의 기본적 속성으로 전문직의 인지적 또는 지적 요소, 전문적의 규범적 또는 서비스 요소, 전문직의 독점적 요소가 기본적 속성이며 나머지 다른 요소들은 기본 요소로부터 파생된 것이라 주장한다. 인지적 속성은 체계적 이론에 대응되며, 규범적 속성은 윤리강령에 대응되고, 독점적 속성은 지역사회의 인정에 해당한다. 따라서 전문적 문화와 같은 이외의 요소는 기본적 요소로부터 나오는 파생적 속성에 불과하다고 보았다.

구조기능주의 이론은 전문직의 요소와 특성을 구체적이고 체계적으로 제시하였다는 점에서 그 의의가 있다. 또한 전문직과 비전문직간의 차이를 명확히 해준다는 장점이 있다. 그러나 너무 이상적인 형태의 전문직에 초점을 맞추고 있기 때문에 전문직의 역동적 변화과정인 전문직화에 대해 설명하기에 제한점이 있다. 또한 오늘날 다양한 직업들이 나름대로의 특수성을 지니고 있는 현대사회에서는 속성으로 전문직 여부를 가리는 것이 어려운 한계가 있다(김태성 외, 1997).

(2) 과정모델

과정모델은 앞서 살펴본 속성모델에서 말하는 전문직의 특성이 양극단적이고, 비현실적인, 이상적인 특성들이 제시된 것에 반대하며 전문직이 되어가는 과정의 단계에 초점을 맞추고 있다. 따라서 과정접근은 비전문적 직업이 전문직업으로 변화하는 과정에 초점을 둔다. 따라서 모든 전문직은 일련의 단계를 거쳐 전문직으로 진화해 나간다고 가정하며, 전문직이냐 아니냐의 이분법이 아닌 연속선(continuum) 상태에서 한 직업이 도달해 있는 위치를 통해 전문화 정도를 파악하는 접근이다(전병재 외, 1995). 따라서 과정접근법에 기반하여 전문직의 발달에 대해 연구하는 연구자들은 전문직의 발달과정에 도움을 주거나 혹은 방해가 되는 내외적 요인에 대한 연구에 초점을 둔다.

과정접근법에서는 전문직의 발달에 대해 우선 유급의 전일제 활동(full-time work)을 하게 되는 것을 시작으로 본다. 다음으로 관련 전문교육기관의 설립과 대학에서 이와 관련된 훈련 과정을 운영하며, 이후 전문적인 조직체를 형성하고, 일상적이고 주변적 업무를 하위직에게 주기 위하여 핵심적 업무를 정의한다. 이러한 과정에서 과거 체계적인 교육과정과 자격이 없이 직업을 가지고 업무를 수행했던 사람들과 새로운 교육과 자격으로 그 일을 하는 사람들과의 갈등이 발생하게 되며 이후 유사 직업 간의 갈등이 유발된다. 이에 대해 정치적 활동을 통하여 해당 직업에 대한 법적인 보호장치(면허, 등록, 자격제도)를 마련하고, 윤리강령을 개발하게 되는 순으로 발달해 간다는 것이다(Wilensky, 1964). 메이어(Meyer, 1972)는 전문직이라는 것이 하나의 실체라기보다는 일련의 과정으로, 뚜렷한 전문 문화, 유급직원 채용의 필요성, 일련의 기능, 일반 원칙의 개발, 정체성의 발전, 집단 조직체의 유효성에 대한 확신이 갖추어지게 된, 곧 전문직화 과정에 돌입하게 된다고 하였다. 구드(Goode, 1969)는 많은 수의 전문직은 이 모델에 맞지 않는다고 지적하면서, 과정모델의 단계를 비판하였다. 일정한 단계를 밟기보다는 시대나 사회가 부여한 권력과 승인에 의해 단계가 바뀌거나 특정 단계를 추월할 수 있기 때문이다.

(3) 권력모델

권력모델은 구조기능론적 관점, 즉 속성이론에 기반한 관점을 부정하고 있다. 구조기능론적 관점에서는 사회분화에 따라 전문직이 자연발생적으로 형성되었다고 보지만, 권력모델은 이익집단 간의 권력갈등을 포함한 갈등론적 관점에서의 전문직 발달에 대해서 이야기하고 있다. 따라서 권력모델에서는 전문직이 갖는 권력과 특권에 초점을 맞추어 전문직을 설명하고 있으며, 전문직이 그들의 특수한 입장을 유지하기 위해 무엇을 하는가에 초점을 맞추어 본다. 이와 같은 맥락에서 벡커(Becker)는 전문직이란 일종의 인정(approbation)의 용어로서, 높은 가치와 특권을 갖는 것으로 인식된다고 하였다. 이처럼 권력모델은 전문직의 발달에 대해서 국가나 정부와 특정 직업 사이의 관계 속에서 생겨나는 이해관계로 인해 상호 협조적인 형태를 지닌 권력을 전문직은 부여받고, 권력을 부여받은 전문직이 국가의 정책이나 이데올로기를 정당화하는 수단으로 이용된다고 본다(구혜영, 1989). 따라서 처음에는 하나의 직업이었던 것이 국가로부터의 권력 부여에 의해 특권과 지위를 얻고 국가에 협조하는 전문직이 된다는 관점이다(구혜영, 1989). 즉, 국가와 전문직은 각자의 기능과 권력을 점차 확대시키기 위해 서로를 필요로 하고 서로의 욕구가 부합하여 전문직을 만드는 기반이 되는 것이다. 이는 다시 말하면 국가로부터의 권력 부여가 철회될 경우에는 특권이나 지위가 박탈당하고, 전문직의 위치가 변화할 수 있는, 즉 탈전문직화의 가능성을 포함하고 있다. 그러므로 권력모델은 전문직을 정적이고 통합된 제도가 아닌 전문직의 인정을 얻고 유지하기 위해 끊임없는 투쟁을 하고 있는 상태로 본다.

프라이드슨(Freidson, 1970)은 전문직의 가장 핵심적인 특성은 전문직으로서 누리는 '합법적 자율성'으로 이 자율성은 전문직이 가지고 있는 '전문적 권위'로부터 도출되는 것이라고 주장하였으며 이를 '전문직 독점(professional dominance)'이라고 지칭하였다. 이처럼 갈등론적 관점에서의 전문화는 곧 한 분야에 대한 독점화로 그 분야에 대해 지배권을 행사하는 것을 의미한다. 따라서 권력모델에서는 권력을 "한 직업이 자신들의 권리나 특권이나 임무를 획득하고 유지하는 능력"으로 정의하고 한 직업이 전문적 권력을 획득하고 유지하게 되는 사회적 기제에 초점을 둔다(전병재 외, 1995).

권력모델은 권력이 가변적이어서 강화될 수 있지만, 반대로 약화될 수 있다는 점을 인정하고 있으며 따라서 전문직의 탈전문직화를 설명할 수 있다. 그러나 전문직의 특성을 포괄적으로 고려하기보다 권력요소라는 단일한 요소로 한정하여 살펴봄으로써 다양성을 확보하지 못했다는 단점이 있다. 그뿐만 아니라 전문직이 일정한 지위를 갖기 위해 국가권력의 도움이나 확보보다 사회의 승인을 위한 자체적 노력이 더 크게 작용하는 경우도 있으며, 국가의 정당화를 위해 이용되기보다는 오히려 반국가정책적인 압력단체 형태의 활동과 입장을 취하는 경우도 많다는 점에서 반론의 여지가 있다(구혜영, 1989).

제2절 | 사회복지사의 전문직 지위와 전문직 사회화

1. 사회복지사의 전문직 지위에 대한 시각

사회복지사의 전문적 지위에 관한 학자들의 의견은 전문직, 준전문직, 발전도상의 전문직, 비전문직의 네 가지로 요약해 볼 수 있다(이상준, 2000; 정태신, 1993).

첫째, 사회복지는 진정한 전문직(true professional)이다. 사회복지가 진정한 전문직이라고 주장하는 학자들은 속성모델에 근거를 두어 설명하고 있다. 사회복지는 전문직으로서의 특성을 갖고 있기 때문에 전문직이라는 것이다.

둘째, 사회복지는 준전문직(semi-professional)이다. 속성이론들을 근거로 사회복지를 조사해 본 연구자들은 사회복지가 속성이론에서 제시한 모든 요소들이 충분하게 발달된 것이 아니기 때문에 준전문직이라고 주장하고 있다. 앞서 살펴본 바와 같이 토렌(Toren)은 사회복지의 이론적 기초가 아직 불분명한 상태에 머물러 있다고 주장하면서, 준전문직으로 보았다.

셋째, 사회복지는 발전도상의 전문직(developing professional)이다. 사회복지는 상당히 낮은 전문적 권위와 낮은 지역사회의 인정을 받고 있기 때문에 발전 과정에 있는 전문직이라 본다. 자격을 위한 요구사항이 여타의 전문직에 비해 덜 엄격하며, 따라서 권위와 인정에서 뒤떨어진다고 본다. 또한 의사, 간호사, 상담학자들과 실천에 있어서 일정 방법과 목표들을 부분적으로 같이 하고 있어서, 전문직으로서의 자율성과 적법성을 확보하는 데 도전을 받고 있는 실정에 처해 있다고 본다.

넷째, 사회복지는 비전문직(nonprofessional)이다. 사회복지는 전문직이 아니라는 입장이다. 이러한 입장을 가진 학자들은 사회복지는 전문직의 특성을 갖추지 못했고, 앞으로도 그러지 못할 것으로 보고 있다.

2. 사회복지사의 수요와 공급

사회복지사가 전문직으로서의 정체성을 확보하기 위해서는 노동시장에서 조정을 통한 적당한 수준의 수요와 공급의 균형은 필수적이라 할 수 있다. 사회복지사의 공급이 수요를 너무 많이 초과하게 되면, 공급된 전문직의 노동시장에서의 가격은 내려갈 수밖에 없고 전문직의 위상이 떨어져 질 낮은 전문직이라는 사회적 인식을 낳을 수 있다.

우리가 흔히 말하는 전문가의 자격증에 대한 연간 발급 건수를 보면 의사는 약 3,300여 건, 변호사는 1,600여 건, 공인회계사는 1,000여 건, 세무사 700건, 변리사 200여 건 등으로 전문가답게 자격증의 발급 자체가 제한적으로 이루어지고 있다(송장희, 2019). 그러나 사회복지사의 경우 2018년부터 한 해 8만 명 이상이 사회복지사의 자격을 발급받고 있다. 특히 2019년을 기점으로 사회복지사

자격증을 발급받은 사람은 100만 명을 초과하기 시작하여, 전 국민 사회복지사의 시대가 열렸다고 할 수 있다. 이에 대해 혹자들은 사회복지사 자격을 운전면허 다음가는 국민자격이라 하고 있다. 미국의 사회복지사 자격제도는 주마다 다르며, NASW에 의하여 전문성이 인정되는 공인사회복지사(LMSW : Licensed Master of Social Work)와 임상사회복지사(LCSW : Licensed Clinical Social Worker)만을 대상으로 했다는 점에서 단순 산술적 비교는 제한점이 있기는 하지만, 인구학적으로 훨씬 더 많은 인구를 가진 미국의 경우에도 약 68만 명의 전문사회복지사들이 활동하는 것에 비하여, 공급 자체가 과도하게 이루어지고 있다고 평가할 수 있다.

한국의 사회복지사의 자격증 교부 현황을 좀 더 구체적으로 살펴보면, 2005년을 기점으로 2급 비율은 1급 비율을 초과하기 시작하였으며, 현재 85% 이상이 2급 자격증을 소지한 것으로 나타났다. 단순 교과목 이수를 통해서 자격을 취득할 수 있는 사회복지사 2급은 자격증 소지자의 급격한 증가를 가져왔으며, 이는 전체 사회복지사 공급의 과잉현상을 초래하고 있다. 이러한 수요를 초과하는 과도한 공급은 전문가로서 사회복지사의 지위격하와 인건비의 하락을 가져오고 있다. 송장희(2019)는 사회복지사가 전문가로, 전문직으로 인정받기 위해서는 자격제도의 개선이 이루어져야 하며 또한 사회복지사에 대한 처우도 사회통념상 전문가 수준으로 높여나갈 필요가 있다고 이야기하고 있다.

3. 사회복지실천과 전문직

전문직을 향한 사회복지분야의 오랜 노력에도 불구하고 사회복지사라는 직업이 과연 전문직인가에 대한 답변은 아직도 명확하지 않으며(이은주, 2003), 이를 둘러싼 사회복지 내부의 논쟁은 지속되고 있다. 사회복지 학계와 교육계, 실천 현장에서 전문직과 전문성에 대한 논의는 오랫동안 계속되어 왔으며, 20세기 초 일찍부터 사회사업가(social worker)를 전문직화하려 했던 미국에서조차도 사회사업 전문직의 성격을 둘러싼 논의를 여태껏 계속하고 있다.

특히 사회복지전문직의 정체성 결여는 사회복지사의 자긍심과 직업의식의 부족, 사회복지실천현장에서의 잦은 이직, 클라이언트에 대한 수준 높은 서비스 제공의 미흡 등으로 나타날 수 있다(서종수, 2016). 최권호(2021)에 따르면 현장 사회복지사들은 사회복지 직무수행에 있어서 ① 불명확한 일, ② 매뉴얼의 부재, ③ 조직의 체계가 잡혀 있지 않음, ④ 공감피로, ⑤ 과도한 업무량, ⑥ 일과 삶의 불균형, ⑦ 부조리한 사회복지의 현실, ⑧ 클라이언트의 죽음을 목도, ⑨ 클라이언트의 변화가 없음, ⑩ 희생을 강요하는 구조 등의 어려움을 경험하고 있다고 하였다. 불명확한 일, 매뉴얼 부재, 체계 없음, 클라이언트의 변화 없음, 희생을 강요하는 구조는 사회복지는 아직 전문직이 아님을 보여주며, 또한 사회복지사의 전문성이 부족한 것으로 판단된다. 조금 더 구체적으로 살펴보면, 과정모델에서 모델 전문직의 발달과정에서 핵심적 업무의 개념화는 초기에 나타나는 현상임에도 불구하고, 사회복지 현장의 사회복지사들은 불명확한 일에 시달리고 있으며, 매뉴얼이 없는 것으로 나타났다는 것은 전문직으로 분류하기에는 아직 상당한 한계점이 있음을 의미한다. 특히 과도한 업무량 그리고 일과 삶의 불균형 역시, 앞서 말한 핵심 업무의 개념화가 덜 되었기 때문일 가능성이 있다. 핵심 업무의 개념화 과정은 다시 말하면, 비핵심적 주변적 업무의 경우 하위직 혹은 보조자에게 업무를 위임하기 위함이지만 이 부분이 명료하게 구분되지 않음에 따라서, 과도한 업무에 시달리고 그로 인하여 일과 삶의 불균형이 유발될 수 있다. 이러한 다양한 측면을 고려한다면 사회복지사는 전문직이라 주장을 하지만, 실제 전문직으로 주장하기에는 많은 한계점이 있다고 평가할 수 있다.

4. 전문직 사회화

전문직 사회화(professional socialization)란 성인 사회화 또는 직업 사회화에 의한 형태로서, 특정 전문직의 실천과 관련된 지식, 기술, 가치, 역할, 그리고 태도 등을 습득하는 과정을 의미하며, 궁극적으로 한 개인이 특정 전문직의 구성원이 되어 전문직에 동일시되어 가는 과정이라고 볼 수 있다(박종우, 1994). 성공적인 사회화의 여부가 종사자의 전문직업적 발전, 직무만족, 그리고 헌신 등으로 이어지기 때문에 의료, 법률, 교직 등에서 전문직 사회화에 대한 많은 관심을 받고 중요시되고 있다(이지은, 2002).

전문직 사회화는 예기적 사회화, 공식적 사회화, 조직 사회화 과정 등을 거친다(박종우, 1994). 이러한 전문직 사회화의 과정을 거쳐 전문 직업적 정체성이 형성된다.

예기적 사회화(anticipatory socialization)는 공식적인 교육을 받기 이전에 미래의 직업에 대한 한 개인의 이미지와 태도에 영향을 미치는 경험들을 의미한다. 예기적 사회화는 조직에 들어가기 전 역할변화의 충격을 완화시키고 성공적인 역할 습득을 도울 수 있지만, 과도한 이상적 기대나 태도를 가진 경우 사회화에 역기능적일 수도 있다. 예기적 사회화의 요인으로 사회복지 선택의 이타주의 동기, 사회복지 선택에 대한 가족의 지지, 사회복지사 등과 같은 전문가의 도움을 필요로 하는 개인 및 가족의 문제 유무, 그리고 자원봉사 경험 유무 등을 들 수 있다.

공식적 사회화(formal socialization)는 직업에 대한 학술적인 공식 훈련이 이뤄지는 교육기관에서의 사회화를 말한다. 즉, 직업적인 가치와 태도 기술을 선택하는 데 영향을 미치는 훈련기간 동안의 조직적이고 체계적인 준비과정을 의미한다. 공식 사회화 관련요인으로는 공식 사회복지 교육년수, 사회복지교육의 실무 유용성, 그리고 교수 및 강사진, 커리큘럼, 실습 수퍼바이저 등의 영향력 등을 들 수 있다.

조직 사회화(organizational socialization)는 조직 사회화는 조직에 사회화의 개념을 도입한 개념으로, 일반적으로 조직 사회화란 한 개인이 직장 내에서 어떠한 행동과 시각이 바람직한 것이고 일상적인 것인가를 배우는 양식을 말한다(Louis, 1988). 이를 통하여 개인은 조직 환경의 불안감이나 불확실성을 감소시키고, 조직에 적응할 수 있다. 사회복지학도들은 대부분 공식적 사회화와 조직사회화에 해당하므로, 교육과정에서 이를 발달시킬 수 있도록 노력해야 한다.

참고문헌

구혜영(1989). 사회사업 전문직 확립을 위한 접근방법 연구. 이화여자대학교 대학원 석사학위논문.

김민경(2017). **사회복지실천기술론**. 경기 : 양서원.

김수환(1997). 사회사업실천의 비전문적 속성. **사회복지개발연구**, 3(4), 343－353.

김인숙(2005). 한국 사회복지실천의 정체성－정치사회적 관점에서. **상황과 복지**, 20, 119－152.

김태성 · 최일섭 · 조흥식 · 김혜란 · 윤현숙(1997). **사회복지 전문직과 교육제도**. 서울 : 소화.

박종우(1994). **사회사업가의 전문직업적 정체성 연구**. 서울대학교 대학원 박사학위논문.

서울시사회복지사협회 홈페이지. http://sasw.or.kr/zbxe/column/37654

서종수(2014). 가족사업기관의 조직특성 및 조직문화와 종사자 특성이 사업성과에 미치는 영향. 대구대학교 대학원 박사학위논문.

______(2016). 조직몰입이 이직의도와 사업성과에 미치는 영향 : 부산지역 사회복지조직을 중심으로. **벤처창업연구**, 11(4), 215－225.

송장희(2019). 사회복지사, 전문가 맞아? 웰페어이슈. http://www.welfareissue.com/news/articleView.html?idxno=1365

안병덕 · 이근홍(2015). 사회복지학전공 대학생의 전공관련 만족도가 사회복지전문직 정체성에 미치는 영향. **한국사회복지교육**, 32, 167－184.

이상준(2000). 사회복지관 사회복지사의 전문성 강화에 관한 연구. 대구대학교 대학원 석사학위논문.

이은주(2003).사회복지실천의 전문성과 정체성 확립에 대한 고찰 : 간접적 개입과 관련하여. **상황과 복지**, 16, 203－245.

이인숙(2016). 신자유주의 거시환경과 사회복지 실천현장 : 사회복지사의 경험에 대한 현상학적 연구. **사회복지연구**, 47(2), 61－87.

이지은(2002). 사회복지사의 전문직 사회화와 전문직 태도에 관한 연구. 서울대학교 대학원 석사학위논문.

이현주(2012). 사회복지사는 어떻게 전문직 정체성을 찾아가는가?. 중앙대학교 대학원 박사학위논문.

이홍직(2007). 사회복지사의 전문직업성에 대한 인식 연구. **Social Science Research Review**, 23(3), 151－172.

임정기・김교성・이현주(2016). 사회복지사는 누구이며 무슨 일을 하는가?. 한국사회복지행정학회 학술대회 자료집, 221−234.

전병재・안계춘・박종연(1995). **한국사회의 전문직업성 연구**. 서울 : 사회비평사.

정태신(1993). 사회사업전문직화에 대한 일고찰. **한국사회복지학**, 21, 192−220.

최권호(2021). 사회복지사의 행복과 이직 의도는 서로 같은 직장 역경에 기인하는가?. **한국사회복지행정학**, 23(1), 65−98.

최원규(1996). 외국민간원조단체의 활동과 한국 사회사업 발전에 미치는 영향. 서울대학교 대학원 박사학위논문.

Flexner, A.(1915). Is Social Work a Profession?. in the Proceedings of the National Conference of Charities and Corrections.

Freidson, E.(1970). *Professional Dominance*. New York : Atherton Press.

Goode, W. J.(1969). The theoretical limits of professionalization. In A. Etzioni(Ed.), *The Semi Professions and Their Organization : Teachers, Nurses, Social Workers*(pp. 266−313). New York : Free Press.

Greenwood, E.(1981). Attributes of a Profession Revisited. In Gilbert, N., & Specht, H.(Eds.), *The Emergence of Social Welfare and Social Work*(2nd ed.). Itasca, Ill. : F. E. Peacock.

Hall, R. H.(1968). Professionalization and Bureaucratization. *American Sociological Review, 33*(1), 90−104.

Harmon, P., & King, D.(1985). *Expert System*. NY : Wiley.

Louis, M. R.(1988). Surprising and sense making : What newcomers experience in entering unfamiliar organizational settings. *Administrative Science Quarterly, 25*(2), 89−94.

Meyer, H. J.(1972). The effect of social work professionalization on man power. In E. E. Schwartz(Ed.), *Manpower in Social Welfare*. New York : National Association of Social Workers.

NASW(1993). *NASW Code of Ethics*. Washington, DC : NASW Press.

Swanson, R. A.(2001). *Foundations of Human Resource Development*. San Francisco : Berrett−Koehler publishers.

Vollmer, H. M., & Mills, D. L.(1966). *Professionalization*. Englewood Cliffs, NJ : Prentice−Hall.

Wilensky, H. L.(1964). The Professionalization of Everyone?. *American Journal of Sociology, 70*(2), 137−158.

제 5 장

사회복지실천현장

CHAPTER

05 사회복지실천현장

사회복지실천현장은 사회복지사가 활동하는 현장(field)으로 사회복지를 어떻게 개념화하는가에 따라 매우 다양하게 나누어질 수 있다. 사회복지의 발달과 새로운 사회문제의 발생에 따라 사회복지현장은 유동적으로 변해가고 있다. 새로운 사회복지실천현장이 나타나기도 하고, 사회복지실천현장이 아니었던 현장도 사회복지실천현장에 포함되기도 한다. 새로운 사회복지실천현장의 예로 다문화가족복지현장을 들 수 있다. 한국사회가 빠르게 다문화화되어 감에 따라, 다문화가족 구성원의 안정적인 가족생활 영위, 가족문제의 해결과 사회통합 및 삶의 질 향상 문제가 사회적으로 요구되었고 이에 따라 2008년 다문화가족지원법이 제정되었으며, 다문화복지서비스 전달체계인 다문화가족지원센터가 설립되었다. 또한 가족센터(구 건강가정지원센터)는 2004년 건강가정기본법이 제정됨에 따라 설치된 가족서비스기관으로 건강가정사라는 별도의 전문가가 실천하는 현장이었다. 따라서 설립 당시에는 사회복지현장으로 분류되지 않았으나, 2019년 사회복지사업법 시행령이 개정됨에 따라 건강가정기본법을 사회복지사업 관련 법률로 분류, 사회복지실천현장으로 분류하고 있다. 이처럼 사회복지 실천 현장은 고정되어 있기보다는 사회변화에 따라 역동적으로 변하고 있다.

사회복지를 어떻게 개념화하는가에 따라, 사회복지실천현장은 매우 다양하게 나누어질 수 있다. 사회복지실천현장을 좁은 의미로 살펴보면, 직접적 혹은 간접적으로 사회복지서비스를 제공하는 장소, 물리적 공간으로 개념화한다. 즉, 사회복지실천이 이루어지는 구체적인 장소 혹은 사회복지서비스를 직접 또는 간접적으로 클라이언트에게 제공하는 사회복지 기관(예 지역사회복지관, 장애인복지관 등)이 해당한다고 할 수 있다. 사회복지실천현장을 넓은 의미로 살펴보면, 사회복지실천이 이루어지는 분야, 즉 서비스의 초점이 되는 문제, 혹은 대상 집단을 포괄하는 개념이라 할 수 있다.

사회복지실천현장을 좀 더 구체적으로 분류하면 사회복지기관의 기능과 목적, 기관의 설립 주체 및 자원조달방식, 서비스 제공방식, 주거서비스 제공 여부, 실천 대상 등에 따라 나누어질 수 있다. 사회복지기관의 기능과 목적에 따라 주요현장(1차 현장)과 관련현장(2차 현장)으로 구분할 수 있으며, 기관의 설립 주체 및 자원조달방식에 따라, 공공현장과 민간현장으로 나눌 수 있다. 서비스 제공방식에 따라 직접실천현장과 간접실천현장으로 구분할 수 있으며, 대상에 따라 아동, 청소년, 청년, 노인과 같은 생애주기별 분류를 비롯하여, 장애인, 다문화와 같은 특수한 욕구를 가진 대상으로 구분할 수 있다.

제1절 | 사회복지실천현장의 분류

1. 기관의 기능과 운영목적에 따른 분류

1) 주요현장(=1차 현장)

사회복지 서비스를 제공하는 것이 기관의 주요한 기능이자 목적이며, 사회복지사가 중심이 되어 활동하는 실천현장을 말한다. 따라서 사회복지사가 중심이 되어 클라이언트에게 사회복지서비스를 제공한다.

2) 관련현장(=2차 현장)

2차 현장은 사회복지서비스를 제공하는 것이 주요 목적은 아니지만, 사회복지서비스가 기관의 운영목적달성과 서비스의 효과성에 긍정적 영향을 미치기 때문에 사회복지서비스가 제공, 활용되는 실천현장을 말한다. 즉, 기관의 운영 및 설립 목적이 별도로 있고, 목적 달성을 위한 도구나 수단으로 사회복지서비스가 활용되는 현장을 말한다. 따라서 사회복지사가 단독으로 활동하기도 하지만 대체적으로 다른 전문가들과 협력하여 사회복지서비스를 제공한다. 대표적으로 군대, 학교, 교정시설, 병원 등이 있다.

2차 현장의 구체적 현장과 실천가로서 군사회복지현장과 군사회복지사가 있다. 사실 군사회복지사라는 직업은 없고, 정식명칭은 병영생활전문상담관이다. 병영생활상담관의 주요 업무[1]는 다음과 같다. 고충을 호소하는 군인 및 장기복무 군인가족에 대한 전문적인 심리상담과 그 밖에 상담과 관련하여 지휘관이 부여한 업무를 수행, 장병이 상담실을 방문 시 대면상담을 실시한다. 이 외에도 출장상담, 심리검사 및 각종 집단상담 프로그램 등을 실시하고, 상담 역량의 구비가 필요한 간부 및 병사에게 상담 관련 교육을 시행 또는 지도 등의 업무를 담당한다. 즉, 군대가 국가와 국민을 수호하기 위해 기능하는 데 있어 장병들의 부적응 문제를 해소하고 사고예방을 향상하기 위하여 복지서비스라는 방법을 사용하는 것이다. 군대 내에서 활동하는 병영생활상담 영역을 흔히 군사회복지라고 하는 이유는 병영생활전문상담관의 자격으로 사회복지사, 정신건강사회복지사 등이 제시되어 있기 때문이다. 따라서 군부대 내에서 병영생활전문상담관이 활동하는 현장을 군사회복지현장으로 부르며, 일반적으로 사회복지사로서 군사회복지현장에서 실천하는 전문가를 군사회복지사라 부른다.

1) 병영생활전문상담관 운영에 관한 훈령 제4장 복무, 제18조(임무)

2. 기관의 설립주체 및 자금조달 방식에 따른 분류

1) 공공사회복지실천현장

공공사회복지실천현장은 정부에 의해 운영되고, 사회복지사의 업무는 정부 규정이나 지침에 의해 정해진다. 일반적으로 공공사회복지실천현장은 주로 사회보장과 관련한 공공부조(public assistance) 프로그램을 운영한다. 공공사회복지실천현장은 서비스를 계획하고 관리, 지원하는 행정체계와 서비스를 직접 제공하는 집행체계로 나뉜다.

사회복지서비스의 책임부처인 보건복지부, 시・도 및 시・군・구의 복지부서는 행정체계에 해당하며, 클라이언트들을 직접 대면하는 읍・면・동의 행정복지센터의 복지부서는 집행체계에 해당한다. 공공사회복지실천현장에서 주요 실천가는 사회복지전담공무원이다.

2) 민간사회복지실천현장

민간사회복지실천현장은 사회복지 관련 사업을 주요 목적으로 하는 기관으로서 재단법인, 사단법인, 종교단체 등이 운영하는 비영리기관을 말한다. 기부금이나 후원금 그리고 재단의 전입금을 비롯하여 기타 서비스 이용료가 주된 자금요인이다. 그러나 오늘날 공공기관으로부터 서비스 위탁 및 계약을 통해 정부의 정책과 서비스를 제공하는 민간사회복지실천현장이 증가하고 있으며, 이 경우 정부의 보조금은 주요한 재원이 된다. 민간사회복지실천현장 역시 서비스를 직접 제공하는 사회서비스 현장과 간접 서비스나 행정지원을 위해 조직된 협의체와 같은 현장 등으로 구분될 수 있다. 민간사회복지실천현장에서의 주요 실천가는 사회복지사이다.

3. 서비스 제공 방식에 따른 분류

1) 간접서비스 제공 실천현장(=행정기관)

간접서비스 제공현장은 사회복지서비스가 클라이언트에게 효과적으로 전달되도록 다양한 사회복지 관련 기관 및 단체와 인력들을 지원해 주는 것을 주요 목적으로 하는 현장을 말하며, 흔히 행정기관들을 지칭한다. 따라서 간접서비스 제공현장은 사회복지서비스 전달체계를 효율적으로 운영하기 위해 행정업무를 수행하고 기관 간 연계 및 협의 업무를 담당한다. 간접서비스 제공현장, 즉 행정기관은 다시 공공행정기관과 민간행정기관으로 분류된다. 공공행정기관은 사회복지와 직접적으로 관련된 보건복지부를 비롯하여 고용노동부, 교육부, 성평등가족부(구 여성가족부), 문화체육관광부 등이 있다. 민간기관은 일반적으로 기관이라기보다는 조직협의체로 한국사회복지협의회, 한국사회복지사협회, 사회복지기관협의회, 아동복지협회, 노인복지시설협회, 사회복지공동모금회 등이 있다.

2) 직접서비스 제공 실천현장

직접서비스 제공현장은 클라이언트에게 서비스를 직접 제공하는 것을 주요 목적으로 하는 기관을 말한다. 직접서비스 제공현장은 주요 서비스 대상이나 문제 유형에 따라 다시 세분화할 수 있다. 주요 서비스 대상은 아동, 청소년, 청년, 노인 등과 같은 생애주기별 대상과 장애인, 다문화, 1인가구, 노인단독가구 등과 같은 특수한 욕구를 가진 대상으로 나뉠 수 있다. 또한 실천현장을 종합적 대상 서비스 제공현장이나 단일 대상 서비스 제공현장으로 나누어 볼 수 있다. 예를 들어, 지역사회복지관의 경우 아동부터 노인까지 그리고 장애인 등을 비롯한 특수한 욕구를 가진 사람들까지 전체 인구집단을 대상으로 한다. 반면 다문화가족지원센터의 경우 다문화가족을, 장애인복지관은 장애인만을 대상으로 하기 때문에 단일대상 서비스 제공현장으로 구분할 수 있다.

4. 주거서비스 제공 여부에 따른 분류

1) 생활시설[2)]

생활시설은 주거 서비스를 제공하는 사회복지 현장을 말한다. 즉, 독립적으로 생활을 할 수 없거나 가족의 보호와 부양이 불가능한 경우, 주거를 포함하여 의식주 생활 전반에 대한 서비스를 제공하는 현장을 말한다. 더불어 지역사회와 연계하여, 일상생활 서비스를 넘어, 심리치료, 정서지원, 재활, 의료, 직업훈련 및 교육서비스 등도 제공한다. 생활시설의 경우 상대적으로 이용시설에 비해 폐쇄적 성격이 있다.

2) 이용시설

이용시설은 주거 서비스를 제공하지 않는 시설을 말한다. 클라이언트는 자신의 집에 거주하면서 사회복지서비스를 제공하는 기관을 방문하거나 혹은 집에서 사회복지서비스를 제공받는 것을 의미한다. 오늘날 지역사회 중심의 재가복지사업이 강조되면서 생활시설보다는 이용시설을 중심으로 한 사회복지서비스가 증가하고 있다.

제2절 ㅣ 분야별 사회복지실천현장

1. 아동 및 청소년 분야

- 아동양육시설(아동복지법) : 보호대상아동을 입소시켜 보호, 양육 및 취업훈련, 자립지원 서비스 등을 제공하는 것을 목적으로 하는 시설

2) 사회복지시설은 사회복지기관이라는 용어와 함께 혼용되어 사용되고 있다. 그러나 일반적으로 입소시설을 '시설'로 이용시설을 '기관'으로 구별하여 부르고 있다.

- 아동일시보호시설(아동복지법) : 보호대상아동을 일시보호하고 아동에 대한 향후의 양육대책수립 및 보호조치를 행하는 것을 목적으로 하는 시설
- 아동보호치료시설(아동복지법) : 아동에게 보호 및 치료 서비스를 제공하는 시설
- 공동생활가정(아동복지법) : 보호대상아동에게 가정과 같은 주거여건과 보호, 양육, 자립지원 서비스를 제공하는 것을 목적으로 하는 시설
- 자립지원시설(아동복지법) : 아동복지시설에서 퇴소한 사람에게 취업준비기간 또는 취업 후 일정 기간 동안 보호함으로써 자립을 지원하는 것을 목적으로 하는 시설
- 아동상담소(아동복지법) : 아동과 그 가족의 문제에 관한 상담, 치료, 예방 및 연구 등을 목적으로 하는 시설
- 지역아동센터(아동복지법) : 지역사회 아동의 보호・교육, 건전한 놀이와 오락의 제공, 보호자와 지역사회의 연계 등 아동의 건전육성을 위하여 종합적인 아동복지서비스를 제공하는 시설
- 다함께돌봄센터(아동복지법) : 아동의 안전한 보호와 안전하고 균형 있는 급식 및 간식의 제공, 등・하교 전후, 야간 또는 긴급상황 발생 시 돌봄서비스 제공을 비롯하여 체험활동, 돌봄상담 등의 서비스를 제공하는 시설
- 가정위탁지원센터(아동복지법) : 가정위탁 가정의 발굴, 가정조사, 아동상담, 가정위탁 부모교육, 사례관리, 가정위탁 정보제공 등의 업무를 수행하는 시설
- 아동보호전문기관(아동복지법) : 학대받은 아동의 치료, 아동학대의 재발 방지 등 사례관리 및 아동학대예방을 담당하는 시설
- 입양기관(입양특례법) : 입양가정 조사를 비롯하여 입양아동의 인권을 보호하고 영구적인 가족을 제공하며, 건전한 입양문화를 정착하기 위한 서비스를 제공하는 시설

- 청소년쉼터(청소년복지지원법) : 가출청소년에 대하여 가정·학교·사회로 복귀하여 생활할 수 있도록 일정 기간 보호하면서 상담·주거·학업·자립 등을 지원하는 시설
- 청소년자립지원관(청소년복지지원법) : 일정 기간 청소년쉼터 또는 청소년회복지원시설의 지원을 받았는데도 가정·학교·사회로 복귀하여 생활할 수 없는 청소년에게 자립하여 생활할 수 있는 능력과 여건을 갖추도록 지원하는 시설
- 청소년치료재활센터(청소년복지지원법) : 학습·정서·행동상의 장애를 가진 청소년을 대상으로 정상적인 성장과 생활을 할 수 있도록 해당 청소년에게 적합한 치료·교육 및 재활을 종합적으로 지원하는 거주형 시설
- 청소년회복지원시설(청소년복지지원법) : 소년법 제32조 제1항 제1호에 따른 감호 위탁 처분을 받은 청소년에 대하여 보호자를 대신하여 그 청소년을 보호할 수 있는 자가 상담·주거·학업·자립 등 서비스를 제공하는 시설
- 청소년상담복지센터(청소년복지지원법) : 청소년과 부모에 대한 상담·복지 지원, 상담·복지 프로그램의 개발 운영, 상담자원봉사자와 청소년지도자에 대한 교육 및 연수, 청소년상담 또는 긴급구조를 위한 전화운영, 청소년 폭력, 학대 등으로 피해를 입은 청소년의 긴급구조, 법률 및 의료지원, 일시보호지원, 청소년의 자립 능력 향상을 위한 자활(自活) 및 재활(再活) 지원을 제공하는 시설
- 이주배경청소년지원센터(청소년복지지원법) : 이주배경청소년복지에 관한 종합안내, 상담 및 교육, 실태조사 등의 업무를 수행하는 시설

2. 노인 분야

- 노인주거복지시설(노인복지법) : 노인주거복지시설은 양로시설(노인을 입소시켜 급식과 그 밖에 일상생활에 필요한 편의를 제공함을 목적으로 하는 시설), 노인공동생활가정(노인들에게 가정과 같은 주거여건과 급식, 그 밖에 일상생활에 필요한 편의를 제공함을 목적으로 하는 시설), 노인복지주택(노인에게 주거시설을 임대하여 주거의 편의·생활지도·상담 및 안전관리 등 일상생활에 필요한 편의를 제공함을 목적으로 하는 시설) 등의 시설을 포함
- 노인의료복지시설(노인복지법) : 노인의료복지시설에는 노인요양시설(치매·중풍 등 노인성질환 등으로 심신에 상당한 장애가 발생하여 도움을 필요로 하는 노인을 입소시켜 급식·요양과 그 밖에 일상생활에 필요한 편의를 제공함을 목적으로 하는 시설)과 노인요양공동생활가정(치매·중풍 등 노인성질환 등으로 심신에 상당한 장애가 발생하여 도움을 필요로 하는 노인에게 가정과 같은 주거여건과 급식·요양, 그 밖에 일상생활에 필요한 편의를 제공함을 목적으로 하는 시설)이 포함
- 노인여가복지시설(노인복지법) : 여가노인시설에는 노인의 교양·취미생활 및 사회참여활동 등에 대한 각종 정보와 서비스를 제공하고, 건강증진 및 질병예방과 소득보장·재가복지, 그 밖에 노인의 복지증진에 필요한 서비스를 제공함을 목적으로 하는 노인복지관을 포함하며, 경로당과 노인교실의 경우도 노인여가복지시설로 분류됨
- 재가노인복지시설(노인복지법) : 방문요양(가정에서 일상생활을 영위하고 있는 노인으로서 신체적·정신적 장애로 어려움을 겪고 있는 노인에게 필요한 각종 편의를 제공하여 지역사회 안에서 건전하고 안정된 노후를 영위하도록 하는 서비스), 주·야간보호서비스(부득이한 사유로 가족의 보호를 받을 수 없는 심신이 허약한 노인과 장애노인을 주간 또는 야간 동안 보호시설에 입소시켜 필요한 각종 편의를 제공하여 이들의 생활안정과 심신기능의 유지·향상을 도모하고, 그 가족의 신체적·정신적 부담을 덜어주기 위한 서비스), 단기보호서비스(부득이한 사유로 가족의 보호를 받을 수 없어 일시적으로 보호가 필요한 심신이 허약한 노인과 장애노인을 보호시설에 단기간 입소

시켜 보호함으로써 노인 및 노인가정의 복지증진을 도모하기 위한 서비스), 방문목욕서비스(목욕장비를 갖추고 재가노인을 방문하여 목욕을 제공하는 서비스) 외에 그 밖에 보건복지부령이 정하는 재가노인지원서비스, 방문간호서비스, 복지용구지원 서비스를 제공함을 목적으로 하는 시설

- 노인보호전문기관(노인복지법) : 노인학대 신고전화의 운영 및 사례접수, 노인학대 의심사례에 대한 현장조사, 피해노인 및 노인학대자에 대한 상담, 피해노인가족 관련자와 관련 기관에 대한 상담, 상담 및 서비스제공에 따른 기록과 보관, 일반인을 대상으로 한 노인학대 예방교육, 노인학대행위자를 대상으로 한 재발방지 교육 등의 서비스를 제공하는 시설
- 노인일자리지원기관(노인복지법) : 지역사회 등에서 노인일자리의 개발 · 지원, 창업 · 육성 및 노인에 의한 재화의 생산 · 판매 등을 직접 담당하는 기관을 말함
- 학대피해노인 전용쉼터(노인복지법) : 노인학대로 인하여 피해를 입은 노인을 일정 기간 보호하고 심신 치유 프로그램을 제공하는 시설

3. 여성 · 가족 분야

- 모자가족복지시설(한부모가족지원법) : 모자가족에게 기본생활지원, 공동생활지원, 자립생활지원 등의 편의를 제공하는 시설
- 부자가족복지시설(한부모가족지원법) : 부자가족에게 기본생활지원, 공동생활지원, 자립생활지원 등의 편의를 제공하는 시설
- 미혼모자가족복지시설(한부모가족지원법) : 미혼모자가족과 출산 미혼모 등에게 기본생활지원, 공동생활지원의 편의를 제공하는 시설
- 일시지원복지시설(한부모가족지원법) : 배우자(사실혼 관계에 있는 사람을 포함한다)가 있으나 배우자의 물리적 · 정신적 학대로 아동의 건전한 양육이나 모의 건강에 지장을 초래할 우려가 있을 경우 일시적 또는 일정 기간 동안

모와 아동 또는 모에게 주거와 생계를 지원하는 시설

- 한부모가족복지상담소(한부모가족지원법) : 한부모가족에 대한 위기·자립 상담 또는 문제해결 지원 등을 목적으로 하는 시설
- 가족센터(구 건강가정지원센터)(건강가정기본법) : 가정문제의 예방·상담 및 치료, 건강가정의 유지를 위한 프로그램의 개발, 가족문화운동의 전개, 가정 관련 정보 및 자료제공 등의 서비스를 제공으로 하는 시설
- 가족센터(구 다문화가족지원센터)(다문화가족지원법) : 다문화가족을 위한 교육·상담 등 지원사업을 비롯하여, 정보제공 및 홍보, 서비스 연계, 일자리 알선, 통번역 지원, 한국어 교육 등의 사업을 제공하는 시설
- 성폭력피해상담소(성폭력방지 및 피해자보호 등에 관한 법률) : 성폭력피해의 신고접수와 이에 관한 상담, 성폭력피해로 인하여 정상적인 가정생활 또는 사회생활이 곤란하거나 그 밖의 사정으로 긴급히 보호할 필요가 있는 사람과 성폭력피해자보호시설 등의 연계, 의료 지원, 성폭력 예방을 위한 홍보 및 교육, 그 밖에 성폭력 및 성폭력피해에 관한 조사·연구 등의 업무를 수행하는 시설
- 성폭력피해자보호시설(성폭력방지 및 피해자보호 등에 관한 법률) : 성폭력피해자보호시설은 피해자 등의 보호 및 숙식 제공을 비롯하여 필요에 따라 피해자 등의 심리적 안정과 사회 적응을 위한 상담 및 치료와 자립·자활 교육의 실시와 취업정보를 제공하는 시설을 말함. 성폭력피해자보호시설은 일반보호시설, 장애인보호시설, 특별지원 보호시설(19세 미만의 피해자 대상), 외국인보호시설, 자립지원 공동생활시설, 장애인 자립지원 공동생활시설 등이 포함
- 통합지원센터(성폭력방지 및 피해자보호 등에 관한 법률) : 성폭력 피해상담, 치료, 법률상담 등 연계, 수사지원, 그 밖에 피해구제를 위한 지원업무를 종합적으로 수행

- 긴급전화센터(가정폭력방지 및 피해자보호 등에 관한 법률) : 피해자의 신고접수 및 상담, 관련 기관·시설과의 연계, 피해자에 대한 긴급한 구조의 지원, 피해자의 임시보호서비스 등을 제공
- 가정폭력상담소(가정폭력방지 및 피해자보호 등에 관한 법률) : 가정폭력을 신고받거나 이에 관한 상담에 응하는 일, 가정폭력을 신고하거나 이에 관한 상담을 요청한 사람과 그 가족에 대한 상담, 가정폭력으로 정상적인 가정생활과 사회생활이 어렵거나 그 밖에 긴급히 보호를 필요로 하는 피해자 등을 임시로 보호하거나 의료기관 및 가정폭력피해자 보호시설로 인도(引渡)하는 일, 행위자에 대한 고발 등 법률적 사항에 관하여 자문하기 위해 법률구조법인 등에 대한 필요한 협조와 지원의 요청, 경찰관서 등으로부터 인도받은 피해자 등의 임시 보호, 가정폭력의 예방과 방지에 관한 교육 및 홍보 등의 업무를 수행
- 가정폭력피해자 보호시설(가정폭력방지 및 피해자보호 등에 관한 법률) : 가정폭력피해자 보호시설의 경우 숙식의 제공, 심리적 안정과 사회적응을 위한 상담 및 치료, 의료지원, 수사·재판과정에 필요한 지원 및 서비스 연계, 자립자활교육 등의 실시와 취업정보 등의 서비스를 제공. 가정폭력피해자 보호시설은 단기보호시설, 장기보호시설, 외국인보호시설, 장애인보호시설 등이 포함
- 자활지원센터(성매매방지 및 피해자보호 등에 관한 법률) : 성매매피해자 등의 회복과 자립에 필요한 지원을 제공
- 성매매피해상담소(성매매방지 및 피해자보호 등에 관한 법률) : 상담 및 현장 방문, 지원시설 이용에 관한 고지 및 지원시설에의 인도 또는 연계, 성매매피해자 등의 구조, 성매매 예방을 위한 홍보와 교육 등의 서비스 제공

4. 장애인 분야

- 장애인 거주시설(장애인복지법) : 거주공간을 활용하여 일반가정에서 생활하기 어려운 장애인에게 일정 기간 동안 거주·요양·지원 등의 서비스를 제공하는 동시에 지역사회생활을 지원하는 시설
- 장애인 지역사회재활시설(장애인복지법) : 장애인을 전문적으로 상담·치료·훈련하거나 장애인의 일상생활, 여가활동 및 사회참여활동 등을 지원하는 시설
- 장애인 직업재활시설(장애인복지법) : 일반 작업환경에서는 일하기 어려운 장애인이 특별히 준비된 작업환경에서 직업훈련을 받거나 직업 생활을 할 수 있도록 하는 시설
- 장애인 의료재활시설(장애인복지법) : 장애인을 입원 또는 통원하게 하여 상담, 진단·판정, 치료 등 의료재활서비스를 제공하는 시설

5. 지역사회복지 분야

- 사회복지관(사회복지사업법) : 지역사회를 기반으로 일정한 시설과 전문인력을 갖추고 지역주민의 참여와 협력을 통하여 지역사회의 복지문제를 예방하고 해결하기 위하여 종합적인 복지서비스를 제공하는 시설
- 지역자활센터(국민기초생활 보장법) : 자활의욕 고취를 위한 교육, 자활을 위한 정보제공, 상담, 직업교육 및 취업알선, 생업을 위한 자금융자 알선, 자영창업 지원 및 기술·경영 지도, 자활기업의 설립·운영 지원 등의 서비스를 제공하는 시설

6. 정신건강복지 및 기타 분야

- 정신건강복지센터(정신건강증진 및 정신질환자 복지서비스 지원에 관한 법률) : 정신건강 관련 교육·상담, 정신질환의 예방·치료, 정신질환자의 재활, 정신건강에 영향을 미치는 사회복지·교육·주거·근로 환경의 개선 등을 통하여 국민의 정신건강을 증진시키는 사업을 비롯하여 정신질환자 복지서비스 지원사업을 수행
- 국가트라우마센터 : 재난이나 그 밖의 사고로 정신적 충격을 받은 트라우마 환자의 심리적 안정과 사회 적응을 지원
- 중독관리통합지원센터 : 알코올, 마약, 도박, 인터넷 등의 중독 문제와 관련한 종합적인 지원사업을 수행
- 자살예방센터(자살예방 및 생명존중문화 조성을 위한 법률) : 자살 관련 상담, 자살위기 상시현장출동 및 대응, 자살시도자 사후관리, 자살자의 유족 지원 및 관리, 자살예방 홍보 및 교육, 자살예방 전문 인력 양성 등의 업무를 실천하는 시설
- 노숙인 복지시설(노숙인 등의 복지 및 자립지원에 관한 법률) : 노숙인 복지시설은 노숙인일시보호시설(노숙인 등에게 일시보호 및 복지서비스 연계 등을 제공하는 시설), 노숙인자활시설(노숙인 등의 자립을 지원하기 위하여 전문적인 직업상담·훈련 등의 복지서비스를 제공하는 시설), 노숙인재활시설(신체 및 정신장애 등으로 자립이 어려운 노숙인 등에게 치료 및 재활서비스를 제공하는 시설), 노숙인요양시설(건강상의 문제 등으로 단기간 내 가정 및 사회복귀가 어려운 노숙인 등에게 요양서비스를 제공하는 시설), 노숙인급식시설, 노숙인진료시설 등이 있음
- 북한이탈주민지역적응센터(북한이탈주민의 보호 및 정착지원에 관한 법률) : 보호대상자의 심리안정, 어려운 사항 해소 및 그 밖에 자립능력의 제고를 위하여 심리·법률·직업·고충 분야 상담실 등을 운영하는 시설

7. 사회복지 행정 분야

- 사회복지협의회(사회복지사업법) : 사회복지에 관한 조사·연구 및 정책 건의, 사회복지 관련 기관·단체 간의 연계·협력·조정, 사회복지 소외계층 발굴 및 민간사회복지자원과의 연계·협력, 사회복지사업의 조성 등의 업무를 수행
- 사회복지공동모금회(사회복지공동모금회법) : 사회복지공동모금사업, 공동모금재원의 배분, 공동모금재원의 운용 및 관리, 사회복지공동모금에 관한 조사·연구·홍보 및 교육·훈련, 사회복지공동모금과 관련된 국제교류 및 협력증진사업, 다른 기부금품 모집자와의 협력사업 등의 업무를 수행

대부분의 사회복지실천영역에서는 사회복지사가 주요 업무를 수행하거나 혹은 사회복지사가 다른 전문가와 협업하여 복지서비스를 제공한다. 그런데 가족분야에서 가족센터의 경우 사회복지사가 아닌 건강가정사가 주요 업무를 수행한다. 그러나 사회복지사업법 시행령 개정에 따라 건강가정기본법이 사회복지사업법과 관련된 법으로 분류되고, 또한 가족센터에서도 사회복지현장실습이 가능하여 사회복지사를 양성할 수 있는 등 사회복지실천과 밀접한 연관성이 있기 때문에, 사회복지실천현장으로 분류하였다.

반면 영유아보육법의 경우 사회복지사업법에 따라, 사회복지사업 관련 법으로 규정되지만, 보육교사라는 별도의 전문가가 있으며 어린이집에서 보육교사가 수행하는 업무의 경우 사회복지사가 수행하는 업무와 차별성이 크며, 어린이집에서는 사회복지현장실습이 불가능하다는 점 등의 이유로 본 저서에서는 사회복지실천현장으로 포함하지 않았다. 또한 청소년활동진흥법에 따른 청소년수련관, 청소년수련원, 청소년문화의집, 청소년특화시설, 청소년야영장, 유스호스텔과 같은 청소년수련시설과 청소년이용시설도 있다. 그러나 청소년활동진흥법은 사회복지사업법 및 사회복지사업법 시행령에서 사회복지사업 관련 법으로 분류되지 않아서, 본 저서에서는 사회복지실천현장으로 포함

하지 않았다.

오늘날 다양한 사회복지현장들은 새롭게 만들어지고 있으며, 보건복지부에서는 매년 사회복지시설 관리안내를 통해 사회복지시설 현황을 비롯하여 공통 적용사항, 안전관리 등에 대한 정보를 제공하고 있다. 따라서 사회복지실천을 학습하는 학생들은 매년 사회복지시설 관리안내를 통해 소관부처에 따른 사회복지시설 분류 및 대상별 사회복지시설에 대한 정보를 확인할 필요가 있다.

이 외에도 사회복지시설로 분류되지 않더라도, 사회서비스를 제공하는 다양한 기관들이 나타나고 있으며, 예를 들어 청년의 활동을 지원하는 청년센터, 가족돌봄, 고립·은둔 청년을 전담지원하는 청년미래센터, 경계선지능인을 지원하는 경계선지능인 평생교육 지원센터 등이 속속들이 생겨나고 있다. 이러한 기관에는 사회복지사를 채용하므로, 지속적인 관심을 가지고 사회복지의 영역을 확장하여 실천할 필요가 있다.

제3절 | 사회복지사의 역할 분류

사회복지사는 개인, 가족, 집단과 지역사회의 문제를 해결하고, 이들의 복지수준, 즉 행복을 향상시키는 과정에서 다양한 역할을 수행한다. 사회복지사업법 시행령 제6조에서는 다음의 업무에 종사하는 자를 사회복지사로 채용한다고 명시되어 있어, 사회복지사의 업무를 통하여 그 역할을 제한적이나마 파악할 수 있다. 사회복지사업법 시행령 제6조에서 사회복지사는 사회복지 프로그램의 개발 및 운영업무, 시설거주자의 생활지도업무 그리고 사회복지를 필요로 하는 사람에 대한 상담업무를 수행한다고 명시되어 있다. 즉, 사회복지실천현장에서는 위의 세 가지 역할이 중심적인 역할이라 할 수 있다.

물론 실제 현장에서 사회복지사들은 훨씬 더 복합적이고 세부적인 역할을 수행한다. 그리고 하나의 문제를 해결하기 위해 한 대상에게만 개입하거나 혹은 한 가지 역할만 수행하는 것이 아니라, 한 대상에게 개입하기도 하지만, 둘 이상의 대상에게 동시 개입하기도 하고 혹은 시차를 두어 순차적으로 개입하기도 한다. 또한 한 가지 역할만 수행하는 것이 아니라, 동시에 다양한 역할을 수행하기도 한다.

오늘날 국가가 책임져야 하는 다양한 역할에 대해서, 복지기관이나 단체들이 그 역할을 수행하고 있으며, 앞으로 그 역할은 더욱 강화될 것이다. 노령, 질병, 실업과 산업재해와 같은 구사회위험에서 출생, 양육, 취업과 같은 신사회위험이 나타나고 있으며, 이에 따라서 사회복지사의 역할도 점차 확대·분화되고 있다. 사회복지사가 수행하는 다양한 역할을 파악하고, 사회복지실천에 있어서 개입수준에 따른 역할을 나누어 살펴보고자 한다.

1. 사회복지사의 역할

1) 조력자

조력자는 미시적 차원에서 개인, 가족의 문제를 확인하고 해결하도록 도우며 대처능력을 개발하는 역할을 말한다. 즉, 클라이언트가 스스로 문제를 해결할 수 있는 능력을 기르고, 필요한 자원을 찾아낼 수 있도록 돕는 것이다. 조력자는 흔히 조성자라고 부르기도 한다. 사회복지사는 클라이언트 체계 내부를 대상으로 수행하고, 클라이언트로 하여금 말을 하도록 격려하고 감정을 표출하도록 이끌며, 클라이언트의 대인관계양식에 대한 검토, 논리적인 토론 등을 사용할 수 있다(김융일·조흥식·김연옥, 1995).

2) 중개자

중개자는 미시적 차원에서 목표달성을 위하여 도움이 필요한 클라이언트(개인, 가족, 집단)를 지역사회의 자원과 연결하는 것이다. 이러한 역할을 수행하기 위해 사회복지사는 클라이언트에게 도움이 될 수 있는 기관이나 지역사회의 자원에 대해 충분한 지식과 정보를 파악하고 있어야 한다(김융일 외, 1995). 지역사회자원에 대해 철저하게 파악하고 있어야만 적절한 의뢰가 가능하다. 그뿐만 아니라 자원체계에 대한 정책파악과 핵심 관련자들과의 관계는 성공적인 의뢰에 필수적이라 할 수 있다(최해경, 2017). 따라서 지역사회자원에 대한 이해는 단순히 알고 있다는 사실을 넘어, 지역사회의 자원과 클라이언트를 연결하는 데 필요한 지식과 구체적인 기술을 갖추고, 실제 이를 수행할 수 있는 것을 의미한다.

3) 옹호자

옹호자는 미시적 차원에서 클라이언트를 대신하여 클라이언트의 이익을 대변해 주는 것이다. 따라서 대변자 혹은 변호자라고 부르기도 한다. 대변자의 경우 변호사처럼 클라이언트를 대신해서 그들의 상황이나 의견을 대신 말해주는 역할인 데 반하여, 옹호의 경우 더 적극적으로 클라이언트를 두둔하고 편들며 그들을 위해 투쟁하고, 사회환경을 긍정적으로 변화시키려는 적극적인 개념이 포함된다(노 혁, 2019). 따라서 오늘날 대변자 혹은 변호자라는 용어보다 옹호자라는 표현을 더 많이 사용한다.

옹호자는 클라이언트의 욕구에 기관이 반응하지 않거나, 서비스의 제공을 거부하는 경우 이를 변화시키기 위한 활동의 수행부터, 클라이언트의 욕구나 이익을 위해 정책 변화를 모색하기 위한 활동들을 수행한다. 이러한 활동은 클라이언트에게 필요한 자원과 서비스를 연결시키는 것과 관련되며, 클라이언트와 함께 혹은 클라이언트를 대신하여 서비스와 자원을 획득하는 과정을 포함한다(최해경, 2017). 중재자의 경우 양쪽의 모두의 입장을 고려하여 공동의 이해를 도출하는 데 반하여, 옹호자는 철저하게 클라이언트의 이해와 권리를 보호한다(김융일 외, 1995).

4) 교사 · 교육자

교사 혹은 교육자는 미시적 차원에서 클라이언트의 사회적 기능이나 문제해결능력을 향상시킬 수 있도록 교육하는 역할을 말한다. 일반적으로 클라이언트의 문제 중 상당수가 생활과업상의 어려움에서 비롯되며 따라서 이러한 생활과업의 효과적인 수행과 역할에 대한 정보를 제공하는 교육을 해야 한다(노 혁, 2019). 더불어 현재 문제뿐만 아니라 앞으로 클라이언트에게 다가올 문제를 해결하도록 강화해야 한다(노 혁, 2019). 이를 위해서 구체적으로 교육 프로그램을 제공하거나, 교육 관련된 정보 제공 혹은 직접적인 교육을 하기도 한다.

사회복지사는 클라이언트의 사회적 기능 향상이나 클라이언트가 경험하고 있는 문제를 해결하기 위한 전문 지식과 정보를 알고 있어야 한다. 그뿐만 아니라 직접적인 교육을 하는 경우에는 이러한 정보를 명확히 전달하고 이해시키기 위한 능력과 기술이 있어야 한다. 따라서 사회복지실천에서 교육자로서의 기능은 사회복지사가 교육, 훈련, 지역사회 확장, 조사연구와 학문적인 활동을 하는 것을 포함한다(전재일 외, 2016).

5) 상담 · 임상 · 치료자

상담 · 임상 · 치료자는 미시적 차원에서, 개인과 가족을 대상으로 개인의 내적 역동이나 가족관계 역동에 관심을 두어, 치료적 개입을 하는 역할을 말한다. 치료자 역할은 전통적으로 사회복지실천에서 가장 핵심적 위치를 차지하는 중요한 역할이었다. 특히 초창기의 사회복지실천은 조사-진단-치료의 의료모델의 관점을 가지고 도움이 필요한 클라이언트와의 직접 만남을 통해 그의 인성(personality)의 변화를 꾀하는 것이었다(전재일 외, 2016).

6) 촉진자

촉진자는 중범위 차원에서 다양한 조직 및 집단 내에서 긍정적인 변화가 일어나도록 하는 역할을 수행한다. 집단촉진자의 경우 집단 내의 지지를 자극하고, 집단 상호작용을 관찰하며, 체계적인 피드백을 제공하고, 집단 역동에 관한 정보를 공유함으로써 클라이언트들이 변화하려는 노력을 할 수 있도록 격려하는 것이다(전재일 외, 2016). 조직 촉진자의 경우 서비스 구성원 간의 정보교류 및 자원교류 등을 촉진하는 역할을 수행한다.

7) 중재자

중재자 역할은 중범위 차원에서 개인과 개인, 개인과 기관, 기관 간 혹은 기관 내 의사소통 갈등이나 차이를 중립적인 입장에서 조정하여 공동의 합의점에 도달하도록 돕는 역할을 말한다. 중재자는 어느 한쪽을 지지하지 않고 중립을 유지하는 공정성이 요구되며, 관련자들로 하여금 상대방의 입장과 정당성을 이해하도록 도우며 이를 통해 공동의 이해를 찾아내도록 이끄는 것이다(김융일 외, 1995).

8) 훈련가

훈련가는 중범위 차원에서 기관이나 조직의 차원에서 직원들의 전문적 능력을 개발하고, 역량을 강화하기 위한 교육이나 훈련을 실시하는 것이다. 이를 위하여 세미나, 워크숍, 수퍼비전 등을 통해 전문성을 강화할 수 있다. 효율적인 훈련가는 성인교육, 태도변화, 학습 양식에 관한 조사에 기초한 방법과 자료들을 선택하며, 성공적인 훈련을 위하여 직원의 욕구사정과 조직의 명확한 목표 그리고 적절한 훈련전략을 통한 정보전달 능력을 갖추어야 한다(전재일 외, 2016).

9) 조정자

조정자는 중범위 차원에서 다양한 자원과 서비스를 적절하게 배분, 배치, 정리, 조정하는 역할을 말한다. 다양한 복지시설이 양적으로 늘어나고, 또한 시설 유형이 다양해짐에 따라 복지시설 간 서비스의 중복 문제가 야기되었다. 이에 따라 여러 복지시설에서 제공되는 서비스를 조정할 필요성이 야기되었으며, 사회복지사가 조정자 역할을 수행함으로써 서비스의 중복과 사업대상 중복의 문제를 해결할 수 있다.

10) 협상가

협상가는 중범위 차원에서 다툼이 있거나 갈등 관계에 놓인 개인이나 집단이 화해하고 타협할 수 있도록 노력하는 것이다. 협상가는 중재자와 달리 어느 한 쪽의 입장에서 서서 개입한다. 이는 협상가의 역할을 수행할 때 대상자의 위임을 받기 때문이다.

11) 업무 관리자

업무 관리자는 중범위 차원에서 클라이언트와 기관, 모두에 관련된 업무의 균형을 이루는 것을 말한다. 이를 위해서 사회복지사는 업무 계획, 정보 처리 과정을 위한 활동에 참여해야 한다(신성자 외, 2017).

12) 행정가

행정가는 중범위 차원에서 관련 분야에 필요한 지식, 기술, 경험을 가짐과 동시에 일선 사회복지사를 지도・감독하는 업무를 수행한다(정영숙 외, 2019).

13) 자문가

자문가는 중범위 차원에서 진행 중인 특정 문제에 대해 구체적인 사항에 대해 조언할 수 있고, 사회복지기관 외의 곳에서 피드백을 받을 수 없는 대상자에게 피드백을 제공하는 역할을 한다(정영숙 외, 2019).

14) 계획가

계획가는 거시적 차원에서 지역사회나 이용대상 전체 등을 대상으로 이들의 욕구파악과 충족 그리고 문제해결을 위한 서비스의 개발, 기존의 서비스를 개선하는 데 필요한 정책이나 목표를 수립하며 프로그램을 계획하는 역할을 한다.

15) 행동가

행동가는 거시적 차원에서 지역사회나 거시적 차원에서 사회정의와 평등에 관심을 갖고, 클라이언트의 권리와 이익을 저해하는 사회불평등이나 문제점을 인식하고 인간으로서의 기본적 권리를 행사할 수 있도록 사회변화를 위한 행동 중심의 활동을 하는 역할이다.

16) 현장개입가

현장개입가는 거시적 차원에서 지역사회나 거시적 차원에서 서비스를 필요로 하는 개인들을 파악하고, 서비스 대상자가 적절한 서비스를 찾을 수 있도록 원조하기 위해 지역사회에 들어가서 활동하는 역할을 수행한다(김혜란 외, 2001).

17) 사회변화 대행자

사회변화 대행자는 거시적 차원에서 사회 프로그램이나 정책 분석, 지역사회의 관심고취와 필요한 프로그램과 서비스를 개발하기 위한 사회자원 개발 등의 기능을 수행한다. 사회변화 대행자로서의 역할은 타 원조 전문직과 구별되는 중요한 특성 중에 하나이다(신성자 외, 2017).

18) 동 료

전문가 차원에서 건전한 사회사업실무나 전문직의 발전을 위해 전문가로서의 윤리나 기준을 기키고 전문가 조직의 참여를 통해 동료 간의 지지를 제공하는 역할을 수행한다(김혜란 외, 2001).

19) 촉매자

촉매자는 전문가 차원에서 보다 효과적인 서비스 전달체계의 발전을 위해 사회복지전문직뿐 아니라 타 전문직에 협조를 구하며 전문가 조직을 통한 국가적 또는 국제적 활동을 수행하는 역할을 말한다(김혜란 외, 2001).

20) 연구자, 학자

연구자나 학자는 전문가 차원에서 조사, 분석, 평가 등을 통해 전문적 이론을 발전시키고 사회사업 실무나 프로그램을 향상시키는 역할을 수행한다(김혜란 외, 2001).

21) 전문가

전문가는 전문가 차원에서, 사회복지사라는 전문직의 향상과 강화를 위한 활동에 적극적으로 참여해야 한다. 이를 위해 가장 기본적으로 전문가 협회에 능동적으로 참여하는 것은 물론, 자기사정, 개인적·전문적 개발 그리고 사회복지전문직의 성장과 발전과 지식 기반의 확장을 위해 기여할 수 있는 기능을 하여야 한다(신성자 외, 2017).

참고문헌

김융일・조흥식・김연옥(1995). 사회사업실천론. 서울 : 나남출판.

김혜란・홍선미・공계순(2001). 사회복지실천기술론. 서울 : 나남출판.

노 혁(2019). 사회복지실천론. 서울 : 학지사.

신성자・고유나・김수정・박용권・성희자・이원준・전보경・정숙희・최은지(2017). 사회복지실천기술론. 경기 : 양성원.

전재일・이준상・이성희・이선자(2016). 사회복지실천론. 경기 : 공동체.

정영숙・서종수・한상일・이우구・이미영・김영호(2019). 사회복지정책론. 경기 : 지식공동체.

최해경(2017). 사회복지실천론. 서울 : 학지사.

제 6 장

사회복지실천의 관점 : 환경 속의 인간

CHAPTER 06

사회복지실천의 관점 : 환경 속의 인간

환경 속의 인간 관점(PIE : Person－In－Environment perspective)은 수년 동안 사회복지실천에서 사용된 개념이다(Rogge & Cox, 2002). 환경 속의 인간 관점이란 인간과 환경의 지속적인 상호교류에서 발생하는 과정 속에서 인간을 이해하려는 시각이다. 본 장에서는 환경 속의 인간 관점을 대표적으로 반영한 체계이론과 생태체계이론에 대해 살펴보고자 한다.

제1절 I 환경 속의 인간 관점

1. 발전과정

기존의 사회복지실천에서 클라이언트에 대한 개입은 주로 개인 또는 가족 및 집단 내의 인간관계 과정에서 발생하는 문제에 대해 접근하는 미시적 실천이었다. 환경이 개인에게 미치는 영향의 중요성을 처음 제시한 학자는 리치몬드(Richmond)이다. 1917년에 출판한 『사회진단(Social Diagnosis)』은 사회복지실천에 관한 이론과 방법을 최초로 체계화한 것으로 평가받는데, 지식과 실천을 통해 사회사업을 전문직으로 향상시키는 데 기여하였다. 리치몬드는 개인을 둘러싼 환경이 개인에게 미치는 영향을 중요하게 생각하고, 클라이언트의 문제와 환경을 체계적으로 조사하기 위한 틀을 제시하였다.

사회진단은 환경을 중요하게 평가하였으나 클라이언트의 과거 심리사회적 문제가 현재의 기능에 영향을 미친다는 심리역동적인 면을 강조하여, 개입의 중심을 개인·집단·가족에 두었다. 리치몬드를 통해 발전된 개별사회사업은 이후 프로이트(Freud) 정신분석학에 의존하는 진단주의 학파와 랭크(Rank)의 인격론에 근거한 기능주의 학파로 전환되었다.

진단주의 학자인 해밀턴(Hamilton)은 '상황 속의 인간(person in situation)'으로 개인의 문제를 바라봄으로써 환경의 중요성을 강조하였다(Hansan, 2015). 해밀턴은 『사회사업 이론과 실천(The Theory and Practice of Social Case Work)』의 제2쇄(1951)에서 두 가지 중요한 실천 초점을 제시하였는데, 바로 '인간-환경(person-situation)'과 '지식-가치(knowledge-value)'이다. 이 실천 초점은 클라이언트의 문제를 판단할 때, 그가 처한 상황에서 진단하는 것과 사회복지실천에서 과학적 지식과 사회적 가치를 통합하는 것을 중요하게 생각한다. 해밀턴은 환경 속의 인간은 개인의 심리와 사회의 관계가 연관되어 있다고 보았으며, 심리사회적 모델의 기틀을 마련하였다.

이후 홀리스(Hollis)는 1964년 출판한 저서 『케이스워크 : 심리사회적 치료(Casework : A Psychosocial Therapy)』를 통해 심리사회적 이론에 기반을 둔 실천이론과 접근방법을 구체화하였다. 리치몬드에서 홀리스에 이르기까지 사회복지실천은 클라이언트에 대한 진단과정을 중요하게 생각하였으나, 가족 속의 개인, 직장 내의 개인 등 클라이언트의 생활 상황에서 평가되었다.

1973년에 핀커스(Pincus)와 미나한(Minahan)이 체계모델을 사회복지실천에 적용하면서 인간과 그를 둘러싼 체계를 제시하고, 이들 간의 상호작용에 초점을 두면서 환경 속의 인간 관점은 사회복지실천에서 주류로 자리 잡게 되었다. 이후 저메인(Germain)과 기터맨(Gitterman)은 인적·물적·사회적 환경의 개념에 기초한 환경 속의 인간 분류체계로 '생활모델(life model)'을 제시하였다. 브론펜브레너(Bronfenbrenner)가 1979년 생태체계이론(ecological systems theory)을 발달

심리학에 도입하면서 미시－중간－외－거시 체계로의 구분은 사회복지에서도 널리 사용되었다. 마지막으로 콤튼(Compton)과 갤러웨이(Galaway)는 핀커스와 미나한의 체계모델을 확장하여 전문가 체계와 문제인식 체계를 추가한 6체계를 문제해결모델로 제시하여 환경 속의 인간 관점을 보다 체계화하였다.

2. 사회복지실천에서의 적용

전통적 관점 중 하나인 진단주의에서 보는 것과 같이 문제의 원인을 제거하면 문제를 해결할 수 있다고 보는 단선적 원인론에서 환경 속의 인간 관점은 여러 가지 원인에 의해 행동이 이루어진다는 순환적 원인론으로의 관점 전환을 이루었다.

환경 속의 인간 관점은 사회복지실천현장에서 개인과 환경 사이의 맥락적 적합성, 상호작용, 적응의 향상에 대한 지식과 기술을 강조한다. 개인을 총체적으로 바라보면서 가족이나 친구와 같은 미시적 환경에서 법과 자연환경과 같은 거시적 환경에 이르기까지 개인을 둘러싼 환경과 서로 영향을 주고받는 것을 고려한다. 이 과정에서 개인이 환경과의 상호작용 및 적응이 긍정적으로 이루어지지 못할 때 개인은 문제와 어려움을 경험하게 된다.

환경 속의 인간 관점은 생태적·생물학적 체계 이론의 개념적 적응에 초점을 두고 많은 사회복지실천 모델과 적용에 일반화되었다. 실천현장에서 환경 속의 인간 관점을 가지고 클라이언트에게 개입할 때, 사회복지사는 클라이언트뿐만 아니라 클라이언트를 둘러싼 환경과의 맥락을 이해하고, 개인과 환경 간의 관계에서 발생하는 단절 및 부적응에 개입함으로써 클라이언트가 경험하는 어려움을 도울 수 있다.

예를 들어, 청소년 복지 영역에서 인터넷 과몰입을 컴퓨터 사용시간을 줄이는 것으로 해결하는 것이 아니라 인터넷에 과몰입하게 되는 문화적 요인(정보통신기술의 발달, 여가시설의 부족 등)이나 가족적 요인(부모의 양육태도, 공유시간 등), 개인적 요인(자기통제력, 우울 등)을 모두 살펴보고 개입하는 것이다. 또한 청소년의 인터넷 과몰입을 해결하기 위해 부모의 양육태도가 변화하고, 정책적으로 청소년 여가시설을 설립하는 등 개인체계는 다른 체계에도 영향을 미친다.

제2절 I 체계모델

환경 속의 인간 관점은 개인과 그를 둘러싼 환경 사이의 상호작용을 중요하게 보는 관점으로, 환경을 어떻게 정의할 것인지, 어떠한 상호작용이 일어나는 것인지를 이해할 필요가 있다. 대표적인 이론인 체계모델로 베르탈란피의 일반체계이론, 핀커스와 미나한의 4체계모델, 저메인과 기터맨의 생활 모델, 브론펜브레너의 생태체계이론, 콤튼과 갤러웨이의 6체계모델이 있다.

1. 일반체계이론

1) 일반체계이론의 등장

체계모델에 대한 기본 개념은 1940년대에 베르탈란피(Bertalanffy)와 애쉬비(Ashby) 등의 생물학자로부터 처음 제안되었다. 이 당시 과학계는 논리실증주의가 등장하여 복잡한 자연현상을 설명하는 과학법칙들에 논리적 지위를 부여하였다. 원자가 원자핵과 전자(당시 미립자)로 결합되어 있다는 것을 발견한 것처럼 복잡한 자연현상도 쪼개다 보면 단순한 형태로 설명할 수 있다고 보았고, 학제 간에도 상위의 논리적 지위를 가진 학문이 하위의 논리적 지위를 가진 학문을 설명할 수 있다고 보았다. 이 흐름은 환원주의(reductionism)로 발전하였는데, 물리학이 높은 논리적 지위를 가지는 것으로 주류가 형성됨으로써 물리학이 다른 과학법칙들을 설명할 수 있다고 여겼다. 즉, 사회학이나 생물학 등에서 나타난 현상은 최종적으로 물리학을 통해 설명할 수 있다는 것이다.

오스트리아 출신의 이론 생물학자인 베르탈란피는 이와 같은 물리학적 환원주의에 반대하면서 각 학제는 각각의 수준에서 그 나름의 법칙이 있다고 보았다. 이와 함께 철학, 심리학, 사회과학 등 각 학제에서 나타나는 구조적 일치성, 즉 학제를 관통하는 구성 법칙이 있다고 보고 각 영역의 정체성과 상호성, 개방성을 설명하였다. 논리경험주의를 바탕으로 과학적 세계관을 대중화하는 과정에서 베르탈란피는 이에 대한 설명도구로 일반체계이론(general system theory)을 제시한 것이다.

베르탈란피는 1926년에 개방체계와 일반체계이론의 개념을 문헌으로 처음 제시하였고, 1928년 출판한 『형태 형성에 대한 비판 이론(Kritische Theorie der Formbildung)』에서 일반체계이론을 완성하였다(Hammon, 2010). 이후 1968년에 출판한 『일반체계이론 : 기초, 발달, 적용(General System Theory : Foundations, Development, Applications)』를 통해 일반체계이론을 집대성하였다.

2) 일반체계이론의 개념

베르탈란피는 생물학의 기반에서 생물학적 유기체에 적용되는 구성 법칙이 생물학이 아닌 다른 영역에도 적용될 수 있다고 보았다. 자연체계에서 유기체적 접근은 유기체를 위계적으로 인식하는 것이며, 물리화학에서 세포, 유기체, 심지어 개인을 초월한 수준에 이르기까지 모든 수준에서의 현상에 대한 조사가 요구된다. 그는 '모든 유기체는 하나의 체계'라고 주장하며, 체계를 '상호작용하는 요소들의 복합체(a complex of elements in mutual interaction)'로 정의하였다(Hammon, 2010). 유기체적 접근에 대입하면, 체계는 위계적 지위를 가지며 각각의 체계는 독특한 특성 및 다른 체계와의 연관성을 가진다.

3) 체계의 특성

일반체계이론의 개념에서 체계의 중요한 특성인 위계, 경계, 개방－폐쇄, 항상성, 변화를 발견할 수 있다. 더불어 유기체의 성장과 변화를 설명하기 위해 원인과 결과의 개념에서 체계의 상호작용의 과정을 의디하는 투입, 산출, 결과, 환류(Bradell, 2010)가 있다. 이상의 체계의 특성을 자세히 살펴보면 다음과 같다.

(1) 위계

세포와 같은 군체(colony)의 활동은 혈액순환, 내분비선, 신경계를 통하여 전체 유기체가 결정하므로 군체는 유기체의 하위 체계라 할 수 있다. 이처럼 위계(hierarchy)란 체계들이 상위와 하위의 지위를 갖게 되는 관계를 의미한다. 모든 체계는 서로 연결되어 있지만, 하위체계의 활동은 상위체계에 의존하게 된다.

(2) 경계

각각의 체계는 독특성을 가지는데 다른 한 체계와 다른 체계를 구분 짓는 것은 경계(boundary)이다. 경계는 물리적인 형태일 수도 있고 개념적인 형태일 수도 있다. 지역사회 체계를 어느 '시(市)'나 '구(區)' 같이 물리적(지리적) 공간으로 한정할 수도 있지만 '클라이언트가 인지하는 자신이 살고 있는 지역'처럼 개념적인 공간으로 정의할 수도 있다. 법과 규칙처럼 물리적 형태를 보이지 않고 개념적인 형태로만 존재하기도 한다. 즉, 경계는 체계의 독특성을 무엇으로 규정하느냐에 따라 달라질 수 있다.

(3) 개방체계

경계의 투과성이 높으면 체계 간 상호작용은 빈번하게 발생할 수 있다. 다른 체계와의 상호작용이 일어나는 체계를 개방체계라고 부른다. 하나의 체계는 독립적으로 존재할 수 없으며 다른 체계와의 교류를 통해 서로 에너지나 자원을 주고받는다. 개방체계는 자연스러운 생태계의 흐름이며, 본질적으로 상호교환

속에 위치한다(Backlund, 2000). 체계는 상호교류를 통해 정보나 에너지를 주고받으며 기능을 유지하거나 발전시킨다.

(4) 폐쇄체계

개방체계와 반대로 폐쇄체계(closed system)는 외부와의 상호교류가 줄거나 거의 없는 체계이다. 개방체계가 비평형 상태라면, 폐쇄체계는 변화가 더 이상 일어나지 않는 평형(equilibrium) 상태로 향한다. 폐쇄체계는 정보나 에너지의 공급이 없으므로 안정 상태를 벗어나 무질서로 전이되는데, 생물학에서 폐쇄체계에서의 무질서를 엔트로피(entropy)라 부른다. 개방체계는 엔트로피를 지연시키기 위해 지속적으로 외부 체계로부터 정보와 에너지를 주고받지만, 폐쇄체계는 주로 그 체계 안에서만 상호작용을 하고 다른 체계와는 상호작용을 하지 않아 체계의 엔트로피를 높이기 때문에 그 체계는 결국 소멸하게 된다.

(5) 항상성

유기체는 내부환경을 조절하는 메커니즘으로 항상성(homeostasis)을 사용한다(Diclemente & Dalahnty, 2016). 추위를 느낄 때 체온조절체계는 혈관을 수축하여 열손실을 감소시킨다. 이는 추위라는 외부 변화에 대응하여 자율적으로 조절(self-regulatory)된 신체의 반응이다. 이처럼 항상성이란 계속하여 변화하는 체계 외부의 환경의 영향에 대응하여 체계 내부 상태를 안정적이고 일정하게 유지함으로써 정상적으로 기능하려는 성질을 의미한다. 항상성은 체온조절체계와 같이 기계론적으로 행동할 수도 있지만 능동적이고 인지적인 것도 포함한다.

모든 체계는 외부 체계의 변화에 적절하게 대응하면서 체계 내부를 외부 환경의 영향을 받기 전의 상태로의 회복을 우선 시도한다. 체계는 일정한 범위 내에서 변화하려는 경향이 있기 때문에 체계 내 변화는 국소적(局所的)이다. 체계가 적극적으로 외부 변화를 받아들이면 외부 환경의 영향을 받기 전 상태로 회복하는 것이 아니라 기존의 체계 내부와 다른 형태로 변화되기도 한다.

(6) 안정 상태

안정 상태(steady state)는 정상 상태 또는 항정 상태로 불린다. 안정 상태는 변하지 않는 일정한 상태, 즉 계속적으로 외부 체계와 정보와 에너지를 상호작용하는 과정에서 항상성을 통해 현상이 유지되는 상태를 의미한다. 안정 상태는 건강한 상태일 수도 있고 그렇지 않을 수도 있다.

(7) 투입, 산출, 결과, 환류

베르탈란피는 체계의 성장과 변화를 투입과 산출, 결과, 환류의 과정으로 설명하였는데, 이는 원인－결과의 특징에서 파생된 개념이다. 부분들 간에 상호작용이 일어나고, 그 상호작용이 선형적으로 형성될 때, 즉 순차적(일방향)으로 일어나는 상황에서 적용될 수 있다. 투입, 산출, 결과와 환류가 일어나는 과정을 도식화하면 |그림 6－1|과 같다. 이 그림에서 체계는 사회 환경뿐만 아니라 다른 체계와도 상호작용한다는 것을 보여준다.

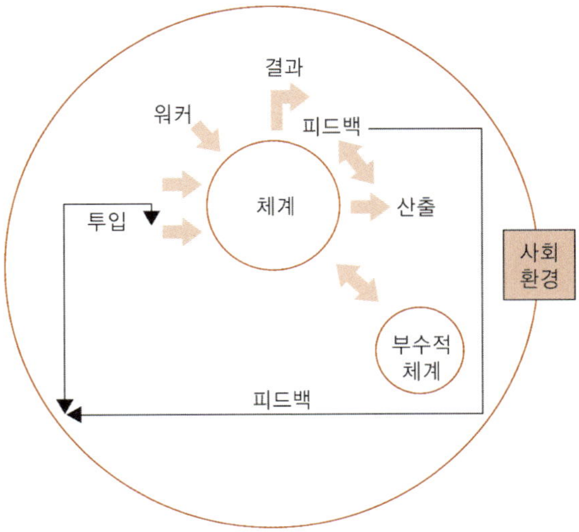

|그림 6-1| 체계의 투입-산출 도식

출처 : Brandell(2010). Theory & Practice in Clinical Social Work, p. 5.

투입(input)은 사회 환경으로부터 체계가 받는 어떤 것을 의미한다. 그것은 정보나 에너지가 될 수도 있고, 문제(matter)일 수도 있다. 산출(output)은 체계의 경계를 넘어 환경으로 나간 것이다. 체계는 수동적인 통로(tube)가 아니라 능동적인 프로세서(processer)로, 일반적으로 산출은 투입과 다른 형태로 나타난다. 결과(outcome)는 산출물을 통한 결과를 의미하며, 목표와 맞닿아 있어 성과로도 해석된다. 예컨대 실직한 생계부양자의 취업은 산출이며, 이를 통한 가계 안정성 도모는 결과가 된다.

이후의 체계이론에서는 체계 내에서 투입을 받아들여 체계를 유지하거나 변화시키는 데 사용하고 산출로 내보내는 과정인 전환(through-put)을 추가하기도 한다. 그러나 체계에서 발생된 일은 설명하기 힘든 점이 있고, 단지 산출을 관찰하는 것으로 변화를 측정할 수 있다고 본다.

산출물이 결과를 달성하는 데 충분한지 또는 투입 대비 산출이나 결과가 적절한지를 평가하는 환류(feedback) 단계를 거친다. 환류는 다시 투입에 영향을 미친다. 사회복지사는 그 과정에서 체계 내의 변화를 창출하기 위해 그 자신의 행동을 포함하여 투입을 달리하거나 변화시킬 수 있다.

2. 4체계모델

1) 사회복지실천으로의 체계이론 도입 배경

사회복지실천의 시작과 발전에서 일반사회사업가(generalist)와 전문사회사업가(specialist)에 대한 논의는 현재까지도 이어져 오고 있다. 사회복지사는 일반사회사업가가 되어야 하는가 아니면 전문사회사업가가 되어야 하는가? 미국사회복지교육협회(CSWE : Council on Social Work Education)는 두 용어를 사용하지 않도록 명시하지만, 많은 사회복지사들이 학위를 기준으로 이원화된 구분을 한다. 즉, 일반사회복지사는 기초수준의 지식과 기술을 가진 초심자(학사)로 정의하고, 전문사회복지사는 석사학위를 가진 전문가로 바라본다(Pincus & Minahan, 1977).

당시 의료모델과 같은 특정 모델을 바탕으로 한 개별사회사업이 활성화되고 전문사회사업가가 강조되는 상황에서 핀커스와 미나한(Pincus & Minahan, 1977)은 자원체계 및 개인과 사회 환경 간의 상호작용이라는 통합적 관점에서 사회복지실천을 바라보았다. 이 개념에서 일반사회사업가는 전체 사회적 상황에서 넓은 시각으로 개인을 바라보고, 개인과 자원 체계 간의 상호작용에 개입하며, 문제해결에 필요한 다양한 분야의 전문가를 결정하고, 많은 분야의 지식과 기술을 조정하고 동원시키는 역할을 수행하는 전문가이다. 전문사회복지사는 특정한 영역에서 더욱 전문화된 일반사회복지사로 자원체계의 상호작용과 관련된 평가, 지식, 기술의 향상된 숙련도를 가진 사회복지사이다.

사회복지실천현장에서 모든 사회복지사는 일반사회복지사가 되기를 요구받으며, 또한 많은 상황에서 전문화된 지식과 기술을 요구하므로 따라서 핀커스와 미나한은 사회복지를 일반사회사업가의 전문직(generalist profession)으로 보았다. 사회복지의 목적을 달성하기 위해 요구되는 기본적 역량(지식과 기술)이 있고 모든 체계에서 활용된다는 점은 베르탈란피가 모든 자연현상에서의 구조적 일치성을 발견한 것과 동일한 맥락으로 나타난다.

핀커스와 미나한은 자원체계 및 인간과 사회 환경 간의 상호작용을 설명하는 데 체계이론을 도입하였다. 사회복지실천에서의 체계이론 도입은 7장에서 소개하는 통합적 방법, 즉 단일모델이 아닌 다양한 이론과 기술을 활용하는 방법 중 하나이다. 핀커스와 미나한은 1973년에 출판한 『사회사업실천 : 모델과 방법(Social Work Practice : Model and method)』에서 체계이론을 사회복지와 접목하여 소개하였고, 사회복지실천에서 일반사회사업가모델을 확립하는 데 기여하였다. 이후 핀커스와 미나한의 체계이론을 발전시켜 2체계를 추가하여 6체계모델을 제시한 콤튼(Compton)과 갤러웨이(Galaway)의 모델과 구분하고자 4체계모델로 불리게 되었다.

2) 4체계모델의 주요 개념

베르탈란피가 체계를 '상호작용하는 요소들의 복합체'로 정의한 바와 같이 체계는 공통의 특성을 가진 요소들이 모여있고, 체계 내에서 요소 간 그리고 체계 외 다른 체계와 상호작용한다. 핀커스와 미나한은 사회복지영역에서 체계를 네 가지로 구분하였는데, 구체적으로 보면 클라이언트 체계(client system), 표적 체계(target system), 행동 체계(action system), 변화매개 체계(change agent system)이다(Johnson, et al., 1980).

(1) 클라이언트 체계

클라이언트 체계는 변화촉진자(change agent)에 원조를 허락하거나 요청하는 자, 서비스의 예상된 수혜자, 변화촉진자와 업무상 계약 또는 제휴를 한 자이다. 클라이언트 체계는 개인 수준의 원조를 찾는 사람뿐만 아니라 어려움을 경험하고 있고 원조를 요청하는 집단, 기능 개선을 탐색하는 조직, 사회적 문제에 직면하고 사회복지사의 원조가 요구되는 지역사회도 포함된다(Johnson, et al., 1980).

그리하여 개인뿐만 아니라 가족, 학교, 회사, 사회복지기관, 지역사회 등 모든 체계가 어떠한 지원이 필요하거나 필요하다고 인식하고 있다면 클라이언트 체계가 될 수 있다. 사회복지정책 달성을 목적으로 할 때, 클라이언트 체계는 국가나 지역사회가 되기도 한다. 이처럼 클라이언트 체계 자체가 원조를 희망할 수도 있으며, 다른 체계가 원조가 필요하다는 것을 인지하고 있을 때도 클라이언트 체계가 된다. 변화촉진자는 일반적으로 사회복지사 또는 사회복지기관이 되므로, 사회복지사에게 명시적이거나 암시적으로 원조를 요청한 체계가 클라이언트 체계가 되는 것으로 이해할 수 있다.

클라이언트 체계를 구성하는 사람들은 변화가 필요하거나 선천적으로 결핍되었다고 여겨지는 사람이 아니다. 반대의 명확한 증거가 없는 한 클라이언트는 문제의 사정에 참여하고, 목적과 목표를 설정하며, 개입전략에 대해 계약 및 공동이행을 협상할 수 있다고 간주된다. 즉, 사회복지사는 대부분의 경우 클라이언트 체계와 함께 사회복지실천을 수행한다.

(2) 표적 체계

표적은 개입의 대상이 되는 체계로, 목표와 목표 지향적 개입 전략을 합의한 클라이언트와 사회복지사에 의해 표적체계는 결정된다. 효과적인 개입이 요구되는 심각한 장애 요인이 있는 곳은 어디든지 잠재적인 표적 체계가 된다(Pincus & Minahan, 1973).

표적 체계는 클라이언트 체계와 일치할 수도 있고 그렇지 않을 수도 있다. 클라이언트 체계가 스스로에게 원조를 희망하는 경우 표적체계와 클라이언트 체계는 일치한다. 예를 들어, 자녀 양육의 어려움을 호소하는 부부가 양육방법에 대한 조언을 얻고자 사회복지사를 찾아온 경우, 클라이언트 체계와 표적 체계 모두 가족으로 일치한다.

(3) 행동 체계

클라이언트를 도우려는 개입은 표적 체계에 영향을 끼치기 위해 다른 사람들과 일치된 노력으로 함께 하는 것이 빈번하게 요구된다. 행동 체계는 변화촉진자와 표적을 달성하고 표적 체계에 영향을 끼치기 위해 함께 일하거나 관련된 사람들이다. 사회복지사 개입이 효과적이거나 효과적이지 못한 것은 종종 사회복지사가 행동 체계를 얼마나 잘 선택하고, 조직하고, 유지하는가에 달려있다.

변화매개 체계인 사회복지사가 행동 체계와 상호작용하지 못할 때, 즉 행동체계를 구성하거나 조직화하지 못하게 되면 사회복지사는 폐쇄 체계를 형성하여 엔트로피가 증가할 가능성이 있다. 사회복지사는 소진을 방지하기 위해 변화매개 체계를 적극적으로 활용해야 할 것이다.

(4) 변화매개 체계

일반적으로 사회복지사는 사회복지단체나 기타 조직에서 일한다. 따라서 변화매개 체계는 클라이언트와 함께 계획할 때 중요한 고려사항이 된다. 변화매개 체계는 사회복지사와 같은 변화촉진자와 그들이 속한 시설, 기관이나 부서의 구성원을 의미한다. 즉, 체계모델에서 변화매개 체계는 전문가로서 일반적으로 사회복지서비스를 제공하는 기관이나 사회복지사를 의미한다.

3. 생태체계이론

1) 생태체계이론의 배경

생태학(ecology)을 처음 사용한 것은 1868년 헤켈(Heackel)로, 생물학에서 출발한 용어이며, 앞서 소개한 베르탈란피의 체계이론에 기반을 둔다. 생태체계모델은 저메인(Germain)과 기터맨(Gitterman)의 생활모델, 메이어(Meyer)의 생태체계모델, 미누친(Minuchin)의 구조적가족치료를 통해 사회복지실천에 확산되었다(Unga, 2002). 또한 브론펜브레너(Bronfenbrenner)의 연구 또한 전문직으로서의 사회복지실천에 기여하였다. 본 절에서는 이 중 널리 알려진 저메인과 기터맨, 브론펜브레너에 대해 소개하고자 한다.

저메인과 기터맨은 1976년에 발표한 「사회복지실천 : 생활모델(Social Work Practice : A Life Model)」 및 1980년 저서 『사회복지실천에서의 생활모델(The Life Model of Social Work Practice)』을 통해 생태체계모델을 활용한 사회복지실천 모델인 생활모델을 제시하였다. 생활모델은 생태학적·상생적 관점(ecological/reciprocal perspective)에서 문제(스트레스)를 설명하였다. 삶에서 발생하는 문제에 대한 욕구와 이슈를 개인적 상태(personality states)와 환경적 상태(environmental states)로 개념화하였다. 이는 개인을 둘러싼 체계와 체계 간 상호작용, 즉 개인과 환경에 동시에 초점을 맞춘 관점이라 할 수 있다.

생태체계이론을 아동발달에 접목한 브론펜브레너는 발달심리학, 자녀양육, 인간생태학 분야의 석학 중 한 명으로, 가족에서 정책에 이르기까지의 환경 및 아동기와 성인기를 모두 포용한 인간 발달과 관련하여 생태학적 개념을 확장하였다(Germain & Gitterman, 2008). 그는 아동심리학을 주로 연구한 학자로, 1979년 저서 『인간발달의 생태학(The Ecology of Human Development)』을 통해 아동을 둘러싼 생태체계이론을 발달심리학에 소개하였고, 이후 사회복지학에서도 본 이론을 활용한 생태체계모델을 실천에 적용하였다.

2) 저메인과 기터맨의 생활모델

생활모델 실천의 목적은 개인과 그들의 환경 사이, 특히 개인의 욕구와 환경적 자원의 적합성을 향상시키는 데 있다. 저메인과 기터맨은 사회복지의 목적은 첫째, 효과적인 대처를 위해 개인적 자원과 환경적 자원을 동원하거나 이용하도록 사람들을 도움으로써 삶의 스트레스원이나 관련된 스트레스를 제거하거나 완화하는 것이며, 둘째, 개인의 욕구에 대응하기 위한 사회적·물리적 환경의 영향력(force)에 영향을 주는 데 있다고 보았다.

대부분의 사람들은 힘겨운 삶의 전환이나 트라우마 이벤트, 환경적 압력, 가족·집단·지역사회의 역기능과 같은 삶의 양상에서 하나 이상의 스트레스를 맞닥뜨린다. 스트레스가 일어났거나 그것이 성공적으로 관리되지 못할 때, 다른 측면에서 추가적인 스트레스가 분출될 수 있다.

각 측면의 스트레스는 서로 밀접한 관련이 있고, 상호적이기 때문에 A가 B를 변화시키면 B의 변화는 또 A의 변화를 이끈다고 보았다. 따라서 사회복지사는 개인과 가족, 환경적 수준 어느 부분에서도 개입할 수 있도록 충분한 능력을 가져야 한다. 이들은 개입과 관련하여, 개인, 가족, 집단, 사회관계망, 지역사회, 물리적 환경, 조직, 정책의 여덟 가지로 영역을 구분하였다.

사회복지사는 개인과 환경 사이의 교환을 중재하면서 개인의 욕구와 환경 사이의 적합성(fit)의 부족에 직면한다. 그래서 생활모델은 사회적 불공평과 부당함에 맞서는 전문적 책임성을 포함한다. 이는 지역 내에서 삶의 질에 영향을 미치는 지역사회자원을 활용하고, 책임감 있는 정책이나 서비스를 개발하도록 무책임한 기관에 영향을 미치며, 사회정의를 지지하기 위한 법과 규정에 정책적 영향력을 끼침으로써 달성할 수 있다(Germain & Gitterman, 2008). 즉, 사회복지사는 계획, 중재, 촉진, 옹호, 조직화의 역할을 수행한다고 볼 수 있다. 이와 같이 저메인과 기터맨은 생애과정에서 필연적으로 발생하는 스트레스와 개인과 환경의 상호교환에 집중하면서, 개인과 환경 사이의 적합성을 향상시키기 위해 대처기술을 습득하고, 자원을 동원하고, 환경개선에 영향을 주는 사회복지사의 전문성을 강조하였다.

3) 브론펜브레너의 생태체계이론

브론펜브레너는 개인과 환경 사이의 의존성에 관해 연구하였고, 인간발달의 현상에 초점을 두었다. 행동(B)을 사람(P)과 환경(E)의 상호작용의 결과(f)로 정의한 레빈(Lewin)의 공식(B=f(PE))을 발달에 적용하여 D=f(PE)를 만들었다. 즉, 발달(D)은 사람(P)과 환경(E)의 상호작용의 결과(f)라는 것이다. 그는 아동과 학생 등 성장 중인 개인의 인간발달에 사회구조가 영향을 미치며, 그들이 적합한 사회구성원으로 자라는 데 영향을 미치는 사회적 요인을 체계로 설명하였다.

생태체계이론(ecological systems theory)은 기본적인 미시환경으로서의 아동 자신의 생명현상(biology)이 발달의 동력이라는 것을 강조하여 이후 생물생태이론(bioecological systems theory)으로도 불리게 되었다.

생태체계이론은 세 가지 주요한 가정을 가진다. 첫째, 개인은 자신이 속한 환경에 영향력을 행사하며 능동적으로 활동한다(active player). 둘째, 환경은 개인이 상황(condition)과 제약(restriction)에 적응하게 만든다. 셋째, 환경은 다른 크기

의 독립체로 구성되어 하나의 환경이 다른 환경 안에 위치하고 있으며, 그 환경들은 상호보완적 관계를 가진다. 그 환경은 미시체계(microsystem), 중간체계(mesosystem), 외체계(exosystem), 거시체계(macrosystem)이다(Germain & Gitterman, 2008). 이를 도식화하면 다음의 |그림 6-2|와 같다(Kopp & Krakow, 1982).

생태체계이론은 처음에 세 번째 가정과 같이 미시체계, 중간체계, 외체계, 거시체계의 네 가지 체계로 구분하였으나 이후 시간과 관련된 개념인 시간체계(chronosystem)를 추가하여 5개의 체계를 소개하였다. 실천현장에서 생태체계이론의 4체계는 핀커스와 미나한의 4체계를 4체계모델로 부르는 것과 달리 일반적으로 생태체계모델 그대로 사용하고 있다.

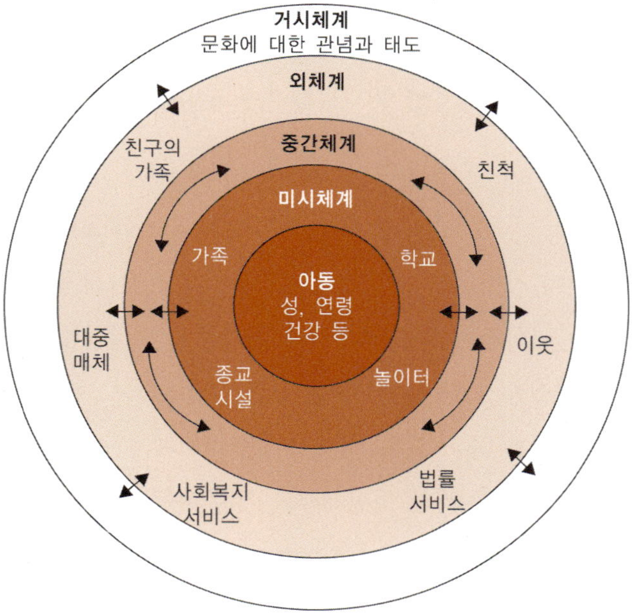

|그림 6-2| 생태체계이론의 도식

출처 : Miller(2016). Parenting and Theory of Mind, p. 62.

(1) 미시체계

미시체계는 개인과 가장 가까운 체계로 가족, 학교, 이웃 등 개인과 직접 접촉하는 구조를 포함한다. 관계는 상호 간의 영향력을 가지므로, 개인이 미시체계에 영향을 끼치는 동시에 미시체계도 개인에게 영향을 미친다. 모든 수준의 체계에서 이러한 양방향의 영향이 일어나지만, 미시체계에서 양방향의 영향력이 개인에게 가장 강력하고 큰 영향을 미친다고 본다.

(2) 중간체계

중간체계는 개인이 속한 둘 이상의 체계 간 발생하는 결합 및 과정으로 구성된다. 예를 들어, 가정과 학교, 학교와 직장 간의 관계가 중간체계가 된다. 다시 말해 미시체계의 복합체가 중간체계가 된다. 중간체계를 사정할 때, 인간발달의 영향요인에 대해 일치하는지 또는 반대하는지를 확인하는 것은 중요하다. 각각의 미시체계가 개인의 발달을 서로를 지원하는지 아니면 충돌하는지 살펴볼 필요가 있다.

(3) 외체계

외체계는 개인이 직접적인 역할과 관련 없는 더 큰 사회 체계로 정의된다. 외체계의 구조는 미시체계의 구조와 관련되어 개인의 발달에 영향을 미친다. 예를 들어, 생계부양자가 직장에서 높은 성과를 달성하여 보너스를 받게 되거나 경영위기로 실직을 하는 경우, 직장이라는 미시체계는 아동이 직접적으로 포함되지 않았지만 가족이라는 미시체계를 거쳐 아동에게 긍정적이거나 부정적인 영향을 미치게 된다.

(4) 거시체계

거시체계는 체계의 위계상 가장 바깥에 위치하게 되는 체계이다. 거시체계는 세부적으로 정의할 수 없으나, 문화, 관습, 법 등이 이 범주에 속한다고 본다. 거시체계는 다른 모든 체계와의 상호작용을 통해 단계적으로 영향을 미친다.

예를 들어, 자녀양육의 책임이 사회보다 부모에게 있다고 생각하는 문화적 환경에서는 공적 지원을 제공할 가능성이 적고, 이는 가족체계를 통해 아동에게 영향을 미친다.

(5) 시간체계

시간체계는 생애에 걸쳐 일어나는 변화와 역사적 환경을 말한다. 즉, 부모의 사망과 같은 외부 요소나 개인의 성장에 따른 신체적 변화와 같은 내부 요소가 될 수 있다. 아동이 성장하면서 환경변화에 다르게 반응할 수도 있고, 그 변화가 얼마나 영향을 미칠지 결정할 수 있게 된다.

참고문헌

Backlund, A.(2000). The definition of system. Kybernetes. *The International Journal of Systems & Cybernetics, 29*(4), 444-451.

Brandell, J. R.(2010). *Theory & Practice in Clinical Social Work.* Thousand Oaks, CA : SAGE.

Ceci, S. J.(2006). Urie Bronfenbrenner(1917-2005). *American Psychologist, 61*(2), 173-174.

DiClemente, C. C., & Delahanty, J.(2016). Homeostasis and change : A commentary on Homeostatic Theory of Obesity by David Marks. *Health Psychology Open, 3*(1), 2055102916634366.

Germain, A., & Gitterman, C. B.(2008). *The Life Model of Social Work Practice : Advances in Theory and Practice.* New York : Columbia University Press.

Hammon D.(2010). *The Science of Synthesis : Exploring the Social Implications of General Systems Theory.* Boulder : University Press of Colorado.

Hansan, J.(2015). (Amy) Gordon Hamilton(1892-1967) : Social work educator, relief administrator, author. Social Welfare History Project. Retrieved 6 March 2020 from http://socialwelfare.library.vcu.edu/eras/great-depression/hamilton-amy-gordon-1892-1967/.

Johnson, C. H., Knight, P. S. Krumper, M. W., & Rademaker, J. H.(1980). A Generalist approach to social work practice : model and synthesis. Dissertations and Theses. Paper 3578.

Kopp, C. B., & Krakow, J. B.(1982). *The Child : Development in Social Context.* Pearson Education, Inc.

Miller, S. A.(2016). *Parenting and Theory of Mind.* Oxford : Oxford University Press.

Pincus, A., & Minahan, A.(1973). *Social Work Practice : Model and method.* Itasca, IL : FE Peacock Publishers.

________________(1977). Conceptual framework for social work practice. *Social Work, 77*(22), 347-352.

Rogge, M. E., & Cox, M. E.(2002). The person-in-environment perspective in social work journals : A computer-assisted content analysis. *Journal of Social Service Research, 28*(2), 47-68.

Unga, M.(2002). A Deeper, More Social Ecological Social Work Practice. *Social Service Review, 76*(3), 481-497.

제 7 장

사회복지실천의 관점 : 통합적 접근

CHAPTER 07

사회복지실천의 관점 : 통합적 접근

사회복지실천에서 클라이언트가 가진 어려움은 진단주의나 기능주의, 심리사회적 모델과 같은 단일모델에 기초한 전통적 접근방법을 활용한 개입만으로 해결하기 어려워지면서 기존의 실천이론과 기술을 통합한 접근방법이 주류(主流)가 되었다. 통합적 접근 방법은 어느 하나의 모델을 의미하는 것이 아니라 전통적 접근 방법(진단주의, 심리사회적 모델 등)에서 환경 속의 인간 관점에 이르기까지 사회복지실천의 다양한 이론과 기술을 통합하여 활용하는 방법이라고 할 수 있다.

통합적 접근으로 알려진 대표적인 실천 모델은 체계모델, 문제해결모델(problem solving models), 역량강화모델(empowerment models)이 있다. 본 장에서는 6장에서 살펴본 체계모델 외에 문제해결모델과 역량강화모델을 살펴보고자 한다.

제1절 | 문제해결모델

1. 펄만의 문제해결모델

펄만(Helen Harris Perlman)은 철학자인 윌리엄 제임스(William James)와 존 듀이(John Dewey)가 실용주의 관점에서 사용한 문제해결(problem–solving)이라는 용

어를 사회복지에 처음 적용한 학자이다. 펄만은 인류학 교수를 목표로 하였다가, 여성이고 특히 유대인이기 때문에 대학에서 고용되지 않을 것이라는 말을 듣게 되었다. 그래서 펄만은 시카고 유대인 사회서비스국에서 사회복지사로 일하게 되었다. 이것이 사회복지사업을 하는 첫 걸음이었으며, 이후 사회복지실천에서 문제해결모델이라는 혁신적인 실천모델을 개발하면서 국제적인 사회복지전문가로 널리 알려졌다. 문제해결모델은 1957년에 발간된 펄만의 저서인 『개별사회사업 : 문제해결모델(Social Casework : A Problem-Solving Process)』에서 제시되었다.

진단주의에서 말하는 증상-진단-치료 공식은 사례관리 전문성과 모순되며, 클라이언트의 내부에서 스스로를 돕는 것이 아닌 클라이언트 외부에서의 치료에 의존하는 것이라 생각하였다. 반면 기능주의 접근 방식은 개인 성장과 긍정적 변화를 추구하기 위해 클라이언트의 개인의 자기결정권에 대한 역량을 키우는 데 역점을 둔다. 따라서 펄만은 진단주의와 기능주의를 종합하여 사회복지개입을 인지지향적이고 고객지향적인 문제해결과정으로 구조화하였다. 초점(focus)과 부분화(partialization)를 통해 클라이언트가 작은 문제를 먼저 해결하면서 어려움을 극복하도록 하고, 더 도전적인 목표로 나아가기 위한 자신감을 쌓도록 한다.

사회복지에서 펄만의 문제해결모델은 흔히 4Ps 모델이라고 불리는데, 문제해결과정의 네 가지 구성요소인 사람(Person), 문제(Problem), 장소(Place), 과정(Process)의 머리글자에서 따온 것이다. 펄만은 사례관리의 핵심을 '문제를 가진 사람이 주어진 과정에 따라 전문적 대변인이 클라이언트를 돕는 장소에 오는 것'으로 보았다. 즉, 문제로 인해 고통을 호소하는 클라이언트가 문제를 해결하기 위한 도움을 줄 수 있는 기관에 도움을 요청하는데, 기관의 도움은 효과적인 문제해결방법을 통해 클라이언트에게 변화를 일으킬 수 있는 전문성을 가진 사회복지사에 의해 수행된다. 이후 문제해결모델의 4Ps에 보다 세분화된 체계로 전문가(Professional)와 제공자원(Provision)을 추가하여 6Ps로 확대되었다(이윤로, 2006). 전문가는 사회복지사와 같이 전문적인 능력과 기술, 가치를 갖추고 개입 과정을 진행하는 자로, 주로 사회복지기관, 연계기관 등 장소에 속해있다. 제공자원은 물질적인 재화를 포함하여 관계, 사회적 지지 등 클라이언트에게 제공되는 유무형의 서비스를 의미한다. 본 절에서는 4Ps 구성요소와 문제해결 과정을 상세하게 살펴보고자 한다.

1) 구성요소[1)]

(1) 사람

문제해결모델에서 사람은 남성이나 여성, 아동 등 누구든지 도움이 필요하다고 생각하는 사람을 의미하며, 이러한 도움을 받기 원하는 사람을 클라이언트라 한다. 사회복지 지원의 본질은 사회적 존재로서 클라이언트의 사회적 적응을 가능하게 하고, 회복 및 재형성 또는 사회적 기능을 강화하는 데 있다. 이러한 사회복지 지원은 개인의 행동에 영향을 주므로, 개인행동에 대한 역량과 의미를 분명히 이해하는 것은 모든 사회복지사에게 필수적이다.

(2) 문제

문제란 어떤 필요성, 절박함, 좌절 또는 부적응의 누적, 그리고 때로는 이 모든 것들의 복합적인 것으로부터 발생하며, 이는 개인 생활상황의 적절성이나 문제에 대처하는 개인 노력에 대한 효과성(effectiveness)을 위협한다. 클라이언트는 빈곤, 건강, 실업, 자녀양육, 대인관계 등 다양한 신체적·정서적 생존과 관련된 문제를 가지고 사회복지기관을 방문한다.

---

1) 펄만의 문제해결모델에서의 구성요소는 Perlman(1957)의 저서 『Social Casework : A Problem-Solving Process』의 챕터 2에서 챕터 7까지의 내용 중 주요 내용을 발췌한 것이다.

(3) 장소

장소는 문제를 가진 클라이언트가 도움을 요청하고자 오는 곳으로, 사회복지서비스를 제공하는 기관이나 부서가 된다. 기관은 물질적 지원, 교육적 변화, 심리적 도움 또는 이러한 서비스를 조합한 개별화된 사례관리를 제공한다. 기관은 주로 자금이나 전문적 권위가 어디서 나오는지, 특별한 기능과 관심영역에 따라 분류된다. 각 기관의 차이에도 불구하고, 사회복지사가 자신의 기관을 더 확실하게 알고 클라이언트 개입에 더 효과적으로 사용하는 데 도움이 될 수 있는 모든 사회복지기관에 관한 일반적인 사고방식이 있다.

(4) 과정

과정은 사회복지사라는 전문적인 조력자와 클라이언트 간 진행되는 거래로, 의미 있는 관계에서 수행된 일련의 문제해결 활동으로 구성된다. 클라이언트가 자신의 문제를 다루는 효과성을 발달시키고, 문제를 없애거나 영향을 줄임으로써 과정은 종결된다.

2) 펄만의 문제해결모델 개입 단계

펄만은 사회복지실천에 대한 개입으로 총 3단계를 제시(Perman, 1957)하였는데, 그 과정은 ① 문제의 사실(fact) 확인 및 명확화, ② 사실관계 파악, ③ 선택 또는 결정하기이다.

첫 번째 단계인 문제의 사실 확인 및 명확화는 사건, 삶의 질, 대인관계, 상황, 반응 및 행동과 같은 주관적이고 객관적인 현실의 사실들(facts of reality)을 관찰, 문서화 그리고 추론을 통해서 규명하는 것이다. 이는 주변 환경, 사실에 대한 클라이언트의 느낌과 행동 반응, 찾고 이용할 수 있는 수단이나 목표를 포함한다. 또한 사회복지사와 클라이언트가 모두 지각하는 문제의 본질에 대한 것으로, 사회복지사와 클라이언트는 그들이 사용하는 단어가 같다는 것을 통해 신체적 또는 정신적으로 같은 것에 대해 이야기하고 있다는 것을 알 수 있다. 첫 번째 단계를 통해 도움과 해결책이 집중되고 적절할 수 있도록 어려움과 문제는 실재적이고 구체적인 형태가 된다.

두 번째 단계는 사실에 대해 충분히 생각하는 것이다. 생각하는 것은 알 수 없는 곳에서의 지적 메커니즘을 냉정하게 관찰한다는 의미가 절대 아니다. 일종의 심사숙고이거나 심사숙고로 가는 발상 작용으로서 문제에 대해 생각하는 것과 문제를 받아들이고, 탐구하고, 자극되거나 격양되는 감정을 마주하고, 문제에 통달하기 위해 마음, 정신, 신체를 작업 대상으로 하는 것으로 문제를 생각하는 것 사이에는 약간의 차이가 있다. 추상적인 문제를 다룰 때조차 자아 전체에 대한 개입이 요구된다. 이 단계에서는 관계에 대한 생각을 뒤집거나 문제의 어떤 면에 집중하고 다른 측면은 배제하는 등 자아를 의식적으로 통제하는 기능을 연습한다.

세 번째 단계인 선택 또는 결정하기는 내적인 변화나 명시적인 행동이 진행되는 선택과 결정을 내리는 것이다. 이 단계에서는 사회복지사가 클라이언트를 돕기 위해 욕구 등에 대한 질문을 통해 클라이언트를 지속적으로 살펴본다. 질문으로 클라이언트가 무엇을 원하거나 바라는지, 현실적으로 무엇을 얻거나 가질 수 있는지, 그리고 얻기 위해 클라이언트가 기꺼이 투자하려고 하는 것이 무엇인지 등이 고려된다. 무턱대고 결정할 수 없기 때문에 대안의 선택과 결과에 대한 사회복지사와 클라이언트 공동의 검토를 포함한다.

2. 콤튼과 갤러웨이의 문제해결모델

1970년대 콤튼(Compton)과 갤러웨이(Galaway)는 펄만(Perlman)의 문제해결모델의 개념을 정교화하고 확장하였다. 이후 체계이론과 생태학적 관점을 추가하여 저서 『사회복지 과정(Social Work Processes)』을 통해 사회복지실천과정을 소개하였다. 콤튼과 갤러웨이는 사회복지실천에서 문제해결모델을 두 단계로 정의했는데, 첫 번째 단계에서 개입방법을 발견하기 위해 문제 정의를 확립하여야 하며, 두 번째 단계에서 인적·사회적·물리적 환경에 의해 정의된 문제의 맥락에 기반을 두고 개입을 수행하는 것이다. 그래서 이들이 제시한 모델은 환경과 다른 개인과의 인간관계에 기반을 두고, 문제 그 자체보다 개입에 초점을 둔다.

콤튼과 갤러웨이는 사회복지실천에서 체계모델의 확장으로 보다 널리 알려져 있다. 핀커스와 미나한의 4체계모델에서 2체계를 추가한 실천모델을 제시하였고, 흔히 6체계모델이라 불리고 있다. 6체계는 클라이언트 체계, 표적 체계, 행동 체계, 변화매개 체계 외에 전문 체계(professional system)와 문제인식 체계(problem identification system)로 구성된다(Compton, Galaway & Coumoyer, 2005). 이를 정리하면 다음의 <표 7-1>과 같다.

〈표 7-1〉 콤튼과 갤러웨이의 6체계

체 계	요 소	기 능
변화매개 체계	사회복지사 기관	• 계획된 사회변화를 가능케 함 • 사회복지사에게 전문적 행동을 인도함
클라이언트 체계	개인, 집단, 지역사회	전문 사회복지사에게 서비스를 요구함
표적 체계	클라이언트 그 외 체계	• 클라이언트에 긍정적 변화를 가져옴 • 환경을 변경함
행동 체계	동료집단, 가족, 기타 사회적 기관	원하는 결과를 얻기 위해 표적 체계와 상호작용하는 행위자를 변화시킴
전문 체계	사회복지사 교육제도, 사회복지사 전문협회	사회복지사에게 전문적 가치와 신념을 심어줌
문제인식 체계	개인, 집단, 기타 사회적 기관	변화매개 체계에 접촉하는 클라이언트를 끌어들이는 도구로 행동함

4개의 체계는 챕터 6에서 설명하였으므로, 추가된 두 체계를 살펴보자. 우선 전문 체계는 사회복지사에게 전문적 가치와 신념을 심어주는 교육제도나 전문협회를 의미한다. 예컨대 공식적 교육제도로 사회복지사 자격을 취득하기 위해 필수·선택 교과목을 이수하면서 전문적 가치와 신념은 예비 사회복지사에게

자연스럽게 내재된다. 실천현장에서 보수교육이나 기관 내 직무교육을 통해 강화될 수 있다. 전문협회인 한국사회복지사협회는 사회복지사 윤리강령이나 사회복지사선서문 등을 통해 사회복지사에게 전문적 가치와 신념을 공유한다. 사회복지사 윤리강령은 전문가로서의 자세 등 기본적 윤리기준과 클라이언트·동료·사회·기관에 대한 윤리기준을 포함한다. 또한 사회복지사는 전문가 체계의 지원을 통해 변화에 필요한 자원을 동원할 수 있다.

변화매개 체계에 접촉하는 클라이언트를 끌어들이는 도구로 기능하는 문제인식 체계는 의뢰－응답체계라고도 불린다. 문제를 인식하여 변화매개 체계에 접촉, 서비스를 요청하는 체계인 의뢰 체계(referral system)와 의뢰 체계로 인해 이끌려 온 문제를 가진 클라이언트인 응답체계(response system)의 관계를 의미하기 때문이다. 다시 말해 자발적으로 원조를 요청한 클라이언트는 클라이언트 체계에 속하지만, 다른 사람의 요청이나 공공기관, 교육기관 등에 의해 강제적으로 개입하게 되는 클라이언트와 이를 의뢰한 기관은 문제인식 체계가 된다. 예를 들어, 학교폭력 가해자로 사회봉사를 명령받은 청소년을 생각해 보면, 사회봉사를 명령한 법원은 의뢰 체계가 되고, 어떠한 청소년은 응답 체계가 된다.

제2절 ❙ 역량강화모델

1. 역량강화모델 개관

역량강화모델(empowerment model)은 계층화되고 억압적인 사회적, 정치적 그리고 경제적 환경의 맥락에서 사회적인 우위가 가장 낮은 클라이언트의 문제를 이해하는 모델로(East, 2016), 번역에 따라 권한부여모델이나 임파워먼트 모델로 도 불린다. 'em'은 역량(power)을 얻고, 개발하고, 유지하고, 발휘하는 과정으로 개념화할 수 있다(Compton, et al., 2005). 따라서 역량강화(empowerment)는 역량의 부족 상태, 즉 무력감(powerlessness) 상태의 클라이언트가 역량을 성취할 수 있도록 돕는 사회복지 측면에서의 개입을 의미한다.

1970년대 당시 복지 실천은 대상자를 수동적 수혜자로 보는 경향이 강했는데, 이는 오히려 무력감을 심화시키고 자립을 저해한다는 비판을 받았다(Rappaport, 1981). 이에 따라 개인과 집단이 자신의 삶을 스스로 통제하고 권리를 행사할 수 있도록 힘을 부여하는 접근이 필요하다는 문제의식 속에서 임파워먼트 패러다임이 발전하였다.

무력감은 사회경제적 수준이 낮은 집단, 여성, 노인, 장애인 등 사회적으로 차별받는 집단뿐만 아니라 모든 사람에게서 보이는 일반적인 상태이다. 사람들은 자신이 속한 경제적·정치적·종교적·교육적·사법적 체계와 관련하여 무력감을 경험한다. 또한 가족이나 또래집단과 같은 근접한 체계로부터 영향을 받는다(Parsons, 1991). 사회복지사는 특정한 기술이나 지식, 충분한 역량을 가질 수 있도록 지원함으로써 클라이언트가 무력감을 이겨낼 수 있게 돕는다.

퍼킨스와 짐머만(Perkins & Zimmerman, 1995)은 역량강화의 기본 요소를 목표를 달성하기 위해 타인과 참여하는 것, 자원에 접근하기 위한 노력, 사회정치적 환경에 대한 비판적 이해라고 정리하였다. 역량강화를 위한 조직적 수준과 지역사회 수준을 살펴보면, 조직수준에서 역량강화는 구성원의 참여를 증대시키고 조직의 목표 달성을 향상시키기 위해 조직적 과정과 구조를 포함한다. 지역사회 수준에서 역량강화는 지역사회에서의 삶의 질 향상과 지역사회 조직 간의 연결을 위한 집단적 행동과 관련이 있다.

2. 역량강화의 영역과 과정

1) 역량강화의 영역

역량강화 모델은 클라이언트를 소비자로 본다. 역량강화 모델에서 클라이언트는 자신이 처한 환경과 능력을 가장 잘 알고 있는 사람으로 개입의 객체가 아니라 주체로 간주한다. 따라서 클라이언트는 기존의 수혜자, 환자, 도움을 받는 사람들이 아닌 소비자라는 개념으로 전환되며 자기결정권을 반영한다(Miley et al., 2016). 역량강화 모델은 임파워먼트 접근에서 클라이언트의 문제를 클라이언트 체계의 결점으로 보기보다는 개인적 역량과 환경적 요구 사이의 불일치로 인하여 발생한다고 본다(Miley et al., 2016). 따라서 마일리와 동료들(Miley et al., 2004)은 역량강화를 위한 개입 영역을 세 가지로 나누어 설명하였다.

첫째 영역은 개인 차원의 역량강화로 자신의 감정 통제력 등 주관적 감정에 대한 것을 말한다. 개인 차원의 역량강화는 자신의 역량에 대한 자신감은 개인의 목표달성에 긍정적인 영향을 미치고 타인 및 주변 환경과의 원활한 상호작용을 가능하게 하는 역할을 한다.

둘째 영역은 대인관계 차원의 역량강화이다. 대인관계의 차원은 클라이언트가 다른 사람들에게 영향을 미치는 능력을 말한다. 즉, 대인관계에서 일방적으로 주고받기만 하는 것이 아니라 타인과의 관계에서 효율적인 상호작용을 하는 역할을 한다.

셋째 영역은 사회구조적 차원의 역량강화로 개인이 가지고 있는 자원을 향상시킴으로써 자신의 역량을 강화하고 변화를 촉진하는 것을 말한다. 즉, 구조적 변화를 통해 자원을 평등하게 재분배하고, 사회적 자원에 대한 접근을 쉽게 하며, 지역사회 변화 노력을 통해 공명정대한 사회정책을 개발하며, 새로운 기회구조를 창출하는 능력을 의미한다.

2) 역량강화의 과정

로드와 허치슨(Lord & Hutchison, 1993)은 역량강화모델을 개별 사회복지실천에 적용하면서 다섯 가지의 역량강화 과정을 소개하였다. 첫 번째 과정은 클라이언트가 사회적 고립이나 묵묵부답인 서비스 및 체계, 가난, 중독 등의 경험에서 무력감을 느끼는 상태이다. 예컨대 대부분의 장애인들은 생애 초기부터 집, 학교, 지역에서 사회적 고립을 경험한다. 문제 그 자체를 다루는 것이 아니라 문제로 인한 영향을 다루는 부적절한 서비스 체계의 개입에서 잘못된 진단이나 과도한 약물사용, 빈번한 기관방문 등을 야기하는 것이다. 또한 개별 클라이언트가 외로움이나 무력감에서의 진짜 문제를 다룰 수 있는 부가적인 비의료적 지원이나 자조모임을 찾도록 권고하지 않는 것이다.

두 번째 과정은 역량강화로의 유인(impetus), 즉 역량강화 개입을 시작하는 것이다. 역량강화는 언제 과정을 시작할지 짚어내는 것은 어렵고 마찬가지로 고정된 종료시점을 가지지 않는다. 클라이언트는 역량강화로 유인을 의도적으로 결정하는 대신에, 위기나 생애 전환과 관련되는 것, 분노나 좌절에 따라 행동하는 것, 새로운 정보를 얻거나 이에 반응하는 것, 고유한 강점과 역량을 쌓는 것에서 유도되어 시작하였다. 즉, 외부의 변화나 외부에 대한 반응으로부터 역량강화가 필요하다고 인지하는 것이다.

세 번째 과정은 사람들로부터 지지를 받는 것으로, 의미 있는 타인이 보내는 지지는 역량강화의 확장에 필수적이다. 사람들로부터의 지지는 세 유형이 있는데, 실질적 지지(practical support)와 정신적 지지(moral support) 그리고 멘토링(mentoring)이다. 실질적 지지는 타인으로부터 받은 실질적이고 구체적인 도움으로, 정보를 받거나 의사결정 능력을 향상시키는 것 등을 의미한다. '잘하고 있다', '할 수 있다'와 같이 자조모임 집단이나 가족, 친구, 전문가로부터 받는 무형의 지지는 자신의 직감을 확인하고, 스스로에 대한 믿음을 증가시키며, 강점과 역량을 인식하는 기회를 제공한다. 멘토링은 동일한 성별이나 유사한 경험을 가진 유의미한 역할모델이나 멘토가 격려하거나 강점을 긍정해 주는 것이다.

네 번째 과정은 가치 있는 자원에 접근하는 것으로, 역량강화과정에서 가장 중요한 측면이라 할 수 있다. 클라이언트가 무력감을 경험했을 때, 대다수는 재활이나 복지에 대한 색다르거나 특별하게 인식되는 자원에만 접근한다. 권한을 가진 사람들은 부, 재산, 직업, 명성, 상품과 서비스에 대한 접근을 가지는 사회에서 무력감을 경험하는 클라이언트는 이러한 자원들에 거의 접근할 수 없다. 역량강화 과정에서는 지역사회 내 다른 구성원들과 같은 가치를 가진 자원과 기회에 접근하는 것이 중요하다.

다섯 번째 과정은 지역사회에서의 역할 참여로, 참여의 과정 자체가 권한을 부여한다. 지역사회 활동에 대한 참여는 결국 클라이언트의 자신감과 개인적인 통제력을 향상시킬 수 있다. 클라이언트는 사회적 집단 또는 사회적 활동에 참여하면서 사회적 상호작용의 중요성과 사회적 고립 감소를 경험한다. 또한 지역사회 활동 및 기관 참여는 클라이언트가 새로운 것을 시도하고 참여적 역량을 넓힐 수 있게 한다. 이러한 참여는 레크리에이션, 문화적 관심사, 지역사회 서비스 등 매우 다양한 범위의 지역사회 단체 및 활동이 있다.

이를 요약하면 다음의 <표 7-2>와 같다.

〈표 7-2〉 사회복지실천에서의 역량강화과정별 요소

과 정	요 소
무력감 경험	사회적 고립, 묵묵부답인 서비스 체계, 가난, 중독
역량강화 과정으로 유인	위기나 생애전환과 관련되기, 분노나 좌절에 따라 행동하기, 새로운 정보를 얻거나 반응하기, 고유한 강점과 역량 쌓기
사람들로부터의 지원받기	실질적 지지, 정신적 지지, 멘토링
가치 있는 자원에 접근하기	재활이나 복지 등 특별하게 인식되는 자원뿐만 아니라 다른 지역사회 구성원 같은 가치를 가진 자원과 기회에 접근하기
지역에서의 역할 참여	참여를 통한 고립 감소, 참여 역량 확대 및 기여하기

강점관점

흔히 강점관점은 역량강화 모델과 유사하거나 하나의 분파로서 이해하기 쉽다. 강점관점과 역량강화 모델 둘 다 인간에 대한 신뢰와 가능성에 기반을 두기 때문에 같은 철학적 배경을 두고 있으며, 따라서 마치 강점관점의 구체적 실천방안이 역량강화 모델처럼 느껴지기도 한다.

그러나 강점관점은 1980년대 미국 캔자스대학의 Dennis Saleebey에 의해 개발된 것으로, 긍정심리학, 인간중심 이론, 생태체계이론 등에 기반을 둔 '문제 중심(problem-focused)'이 아닌 '자원 중심(resource-focused)'에 초점을 두는 실천방법이다. 반면 역량강화 모델은 비판이론, 페미니즘 등에 기반을 둔 "힘(power)"의 재분배, 의사결정 참여, 사회구조 변화에 초점을 맞추는 실천방법으로 두 방법론은 다르다고 할 수 있다.

강점관점의 기본 시각 및 원칙은 다음과 같다(Saleebey, 1996 : 298).

① 개인은 고유한 존재로, 개인은 특성, 재능, 자원과 같은 강점을 지닌 존재이다. (↔개인은 사례로 정의, 즉 진단에 따른 증상을 가진 자이다.)
② 치료는 가능성(possibility)에 초점을 둔다. (↔치료는 문제에 초점을 둔다.)
③ 개인의 진술(personal accounts)은 그 사람을 이해하고 존중하는 핵심 방법이다. (↔개인의 진술은 전문가의 재해석을 통해 진단에 활용된다.)
④ 실천가는 클라이언트를 인정하고 이해한다(inside-out). (↔실천가는 개인적 이야기에 회의적이며 이를 합리화한다.)
⑤ 아동기 외상은 개인을 약화시킬 수도 있고 오히려 강하게 만들 수도 있다. (↔아동기 외상은 성인기의 병리를 예측하는 전조이다.)
⑥ 실천의 핵심은 개인, 가족, 공동체의 열망(aspirations)이다. (↔치료적 실천의 중심은 실천가가 설계한 치료계획이다.)
⑦ 전문가는 사례관리자나 상담자가 아닌, 개인・가족・공동체(자신)이다. (↔실천가는 클라이언트 삶의 전문가이다.)
⑧ 선택, 통제, 헌신, 개인적 발달의 가능성은 열려 있다. (↔선택, 통제, 헌신, 개인적 발달의 가능성은 병리에 의해 제한된다)
⑨ 실천의 자원은 개인, 가족, 공동체가 가진 강점・역량・적응적 기술이다. (↔실천의 자원은 전문가의 지식과 기술이다)
⑩ 원조(help)는 삶을 이어가고, 가치와 헌신을 확인・발전시키며, 공동체의 일원으로서 소속감을 찾고 형성하는 데 초점을 둔다. (↔원조(help)는 증상의 효과와 행동, 감정, 사고, 관계의 부정적 개인 사회적 결과를 줄이는 데 초점을 둔다)

참고문헌

국립국어원 우리말샘. https://opendict.korean.go.kr.

이윤로(2006). 최신 사회복지실천론. 서울 : 학지사.

Compton, B. R., Galaway, B., & Coumoyer, B.(2005). *Social Work Processes.* Pacific Grove : Brooks/Cole Publishing.

East, J. F.(2016). Seventeen : Empowerment Theory. In Coady, N., & Lehmann, P. (Eds.), *Theoretical Perspectives for Direct Social Work Practice : A gen-eralist-eclectic approach.* New York : Springer Publishing Company.

Lord, J., & Hutchison, P.(1993). The process of empowerment : Implications for theory and practice. *Canadian Journal of Community Mental Health, 12*(1), 5-22.

Miley, K. K., O'Melia, M. W., & DuBois, B. L.(2016). *Generalist social work practice : An empowering approach*(8th ed.). Pearson.

Parenti, M.(1978). *Power and the Powerless.* London : Palgrave Macmillan.

Parsons, R.(1991). Empowerment : Purpose and practice principle in social work. *Social Work with Groups : A Journal of Community and Clinical Practice,* 7-21.

Perkins, D. D., & Zimmerman, M. A.(1995). Empowerment theory, research, and application. *American Journal of Community Psychology, 23*(5), 569-579.

Perlman, H. H.(1957). *Social Casework : A Problem Solving Process.* Chicago : University of Chicago Press.

Rappaport, J.(1981). In praise of paradox : A social policy of empowerment over prevention. *American Journal of Community Psychology, 9*(1), 1-25. https://doi.org/10.1007/BF00896357

Saleebey, D.(1996). The strengths perspective in social work practice : Extensions and cautions. *Social Work, 41*(3), 296-305.

제 8 장

사회복지실천의 전문적 관계

CHAPTER

08 사회복지실천의 전문적 관계

제1절 | 전문적 관계의 개념 및 특성

사회복지실천은 휴먼서비스로, 사회복지사와 클라이언트의 관계가 실천 개입의 핵심이며, 성과를 결정하는 주요 요인 중 하나이다(Coady, 1993). 사회복지사와 클라이언트 간의 '관계'에 대해 리치몬드(Richmond, 1917)는 '마음과 마음이 만나는 것으로 클라이언트의 최선의 이익을 위해 원조하는 데 영향을 미치는 것'이라고 정의하였고, 비에스텍(Biestek, 1957)은 '사회복지사와 클라이언트 간의 역동적인 상호작용으로, 클라이언트가 환경에 보다 잘 적응할 수 있도록 클라이언트 개인의 능력과 지역사회 자원을 적절히 동원하고 활용할 수 있게끔 사회복지사가 돕는 것'이라고 정의하였다. 펄만(Perlman)은 관계를 사회복지실천에서 촉매제로 작용하여 사회복지사가 클라이언트를 원조하는 과정에 활력을 주고, 문제해결에 대한 클라이언트의 에너지와 동기를 고취시키는 요인으로 보았다.

사회복지사와 클라이언트가 맺는 전문적 관계는 일반적인 인간관계와는 구별되는 강조점과 특성이 있다. 펄만(Perlman, 1979)은 전문적 관계의 특성을 다음과 같이 다섯 가지로 제시하였다.

첫째, 전문적 관계는 사회복지사와 클라이언트 간에 서로 인정하고 합의된 목적을 위해 형성된다. 인정하고 합의된 목적이란 클라이언트가 필요로 하고 성취하기를 기대하는 것에 대해 사회복지사와 클라이언트가 서로 분명히 하고,

또한 다음 단계에서 무엇이 기대되며 각자 무슨 일에 관여할지를 이해하고, 분명히 하는 것을 의미한다.

둘째, 전문적 관계는 시간 제한적이다. 클라이언트의 문제가 해결되어 목적이 달성되었거나 클라이언트가 원조를 받고자 하는 동기나 능력 등이 한계에 도달할 경우 종결된다. 또한 원조자의 자원이 한도에 도달하는 경우 종결될 수 있다. 전문적 관계에서의 시간 제한적 특성은 사회복지사와 클라이언트 각자 제한된 시간 내에 문제해결을 위해 최선의 노력과 집중을 하도록 하는 효과를 가져온다.

셋째, 전문적 관계는 클라이언트를 위한 것이다. 일반적인 인간관계는 상호 이익을 위해 관계가 형성되고 유지되지만, 전문적 관계에서는 사회복지사 자신의 욕구와 이익보다 클라이언트의 욕구와 이익을 위해 헌신해야 한다.

넷째, 전문적 관계는 권위를 지닌다. 전문적 관계에서 사회복지사의 권위란 전문적 지식과 기술을 의미한다. 전문가의 권위에는 책임이 따른다. 따라서 사회복지사는 클라이언트의 상황을 잘 이해하고, 보다 나은 결과를 창출할 수 있는 방법이 무엇인지 잘 판단해야 하며, 이를 위해 전문성을 개발하기 위한 노력을 지속해야 한다.

다섯째, 전문적 관계는 통제된 관계다. 통제란 클라이언트에 대한 것이 아니라 사회복지사 자신과 원조 방식에 대한 통제를 의미한다. 전문적 관계는 현재 진행 중인 사례에 객관성을 유지하고, 자신의 감정, 반응, 충동을 자각하고 그에 대한 책임을 진다는 의미에서 통제된 관계이다.

제2절 | 전문적 관계의 기본 요소

사회복지사와 클라이언트 간의 전문적인 원조 관계를 효과적으로 형성하기 위한 여섯 가지 기본 요소를 살펴보고자 한다.

1. 타인에 대한 관심

타인에 대한 관심은 사회복지사의 인간적 자질 중 하나로, 클라이언트에게 어떤 어려움이 있는지에 대해 진심 어린 관심을 가지고, 호감, 친절, 지지를 나타내는 태도를 말한다. 로저스(Rogers, 1961)가 원조 관계 형성에 핵심적 요소로 제시한 클라이언트에 대한 '무조건적인 존중'은 클라이언트를 어떠한 조건에 따라 존중하는 것이 아닌 있는 그대로 그 모습을 존중해 주는 것을 뜻하며, 클라이언트를 진심으로 돌보고 격려하고자 하는 마음 없이 전문가로서의 인위적인 연습과 훈련만으로 표현될 수 없는 요소이다. 사회복지사는 타인을 돕고자 하는 온정적인 마음이 있어야 하며, 기본적으로 인간에 대한 사랑과 따뜻한 태도를 갖추고 있어야 한다.

2. 헌신과 의무

헌신과 의무는 전문적 원조 상황에서의 책임감을 의미하고, 행동의 일관성을 포함하는 개념이다. 또한 사회복지사는 고통과 좌절, 기쁨과 행복이 공존하는 클라이언트의 세계로 들어가려는 의지가 있어야 하며, 전문적 관계 형성을 위해 헌신을 다할 때 클라이언트는 사회복지사에 대해 믿음이 생기고 안전하다는 느낌을 가지게 된다. 이러한 관계 변화는 클라이언트가 관계 초기에 주로 보이는 사회복지사에 대한 저항과 시험적인 행동을 줄이고, 자기 자신에 대한 보호 및 방어보다 사회복지사와 함께 현재 주어진 과업에 관심과 에너지를 쏟게 한다. 전문적 관계에서 궁극적인 목적 달성을 위해서는 사회복지사와 클라이언트 모두 각자의 역할에서 헌신과 의무를 다해야 한다. 사회복지사의 헌신과 의무에 해당하는 역할은 시간 약속을 철저히 지키고, 클라이언트의 욕구 및 문제에 대한 초점을 유지하며, 클라이언트의 성장과 변화를 가져올 수 있는 관계를 지속적으로 유지하는 것이 있을 수 있다. 클라이언트의 헌신과 의무에 해당하는 역할은 자신의 문제, 전반적 상황, 욕구 등을 정직하고 개방적인 태도로 사회복지사에게 알려주는 것과 원조 관계에서 최소한의 절차상의 조건에 따르는 것이 해당된다.

3. 수 용

수용은 클라이언트에 대한 믿음을 의미하며, 클라이언트의 조건, 행동, 감정과 상관없이 무조건적 가치를 지닌 한 사람으로서, 고유한 한 인간으로서 존중하는 것을 의미한다. 따라서 클라이언트와 그의 상황에 대해 사사로이 판단하지 않고, 비판하지 않아야 하며, 클라이언트의 감정과 욕구를 존중하는 태도를 지녀야 한다. 또한 사회복지사의 인간관은 모든 인간이 성장과 자기 증진을 위하여 끊임없이 노력하며, 그 노력의 와중에 마주하게 되는 고통이나 성장의 방해요인에 대해서도 직면하여 극복할 수 있는 성장 지향적 본성을 가진 존재여야 한다. 이에 클라이언트 또한 사회복지사의 도움 없이는 어떠한 어려움도 해결하지 못하는 사람이 아니라 자신의 문제를 해결할 수 있고 자신의 인생을 자신의 힘으로 이끌어 나갈 수 있다고 보아야 한다. 이러한 클라이언트에 대한 신뢰를 기반으로, 클라이언트의 어려움에 대해 사회복지사가 직접 모든 것을 다 해결해 주는 것이 아니고, 클라이언트가 자신의 성장 경향성을 적절하게 발휘할 수 있도록 건강한 환경을 만들어 주고, 클라이언트가 모를 수 있는 다양한 방법을 활용할 수 있도록 원조해 주는 것이다.

4. 공 감

공감은 클라이언트의 생각과 감정, 가치관, 어려움 등을 이해하는 것을 말한다. 이때 클라이언트의 현상학적 장에서 클라이언트에게 일어난 일을 이해하고 반응해야 한다. 클라이언트의 다양한 경험에 대해 사회복지사 자신의 주관적 경험과 입장으로 이해하는 것이 아니라 클라이언트의 환경과 경험, 입장에서 이해해야 하는 것이다. 이렇게 이해한 것을 토대로 사회복지사는 언어적 · 비언어적으로 클라이언트에게 반응해야 한다. 공감적 의사소통은 사회복지사가 클라이언트의 삶에 정서적으로 중요한 존재가 될 수 있도록 하며, 이는 곧 원조관계를 더욱 탄탄히 발전시키게 된다. 로저스(Rogers, 1961)는 공감적 의사소통이 클라이언트의 소외감을 해소하고, 자신의 있는 모습 그대로 가치 있고 존중받으며, 수용받는다는 느낌을 갖게 한다고 보았다. 또한 어떠한 평가 없이 자신의 이야기를 공감하며 들어준다는 느낌은 강력한 치유적 작용을 하여 결과적으로 클라이언트가 자신의 성장을 위해 더욱 노력하는 힘을 갖게 한다.

5. 진실성과 일치성

진실성은 자기 자신과 자신의 감정에 대해 솔직하고, 진실되게 표현하는 것이며, 일치성은 자신이 경험하고 있는 것과 표면적으로 드러나는 행동이 일치하는 것이다. 진실성과 일치성을 가진 사회복지사는 생각, 행동, 감정표현이 일치하며, 솔직해야 함과 동시에 클라이언트에게 전하는 행동과 내용이 전문가로서의 가치체계에 부합해야 한다. 진실성과 일치성의 목적은 사회복지사의 정직성을 보여주려는 것이 아니라 클라이언트의 성장을 촉진시키기 위함이다. 클라이언트의 이야기가 너무 불편하고 답답하다고 경험하면서 겉으로는 인자한 미소를 짓고 클라이언트에게 격려를 해주는 것은 진솔한 사회복지사의 모습이 아니며 일치성 또한 떨어지는 모습이다. 간혹 기관의 관료주의적 결정이나 법원

명령으로 내려진 결정을 사회복지사가 클라이언트에게 전달해야 할 상황에서, 전달할 내용이 클라이언트에게 실망스러울 경우 사회복지사 자신의 감정에 대해 솔직하게 인정하면서 전한다면 진실성이 전달될 수 있다(Bogo, 2006).

사회복지사의 경험과 드러난 행동이 일치하지 않는 경우 클라이언트와의 깊이 있는 소통이 힘들며, 함께 있는 순간에도 불편함을 경험하게 된다. 또한 클라이언트는 일치성을 가지는 사회복지사와 함께 있을 때 자신의 내면을 쉽게 들여다볼 수 있고, 자신의 이야기를 하는 것에 불편함을 느끼지 않아 내면을 잘 통찰할 수 있다.

6. 권위와 권한

사회복지사는 전문적 지식과 경험을 기반으로 권위를 가지며, 사회복지실천 전반에 영향력을 미칠 수 있는 권한을 가지고 있다. 사회복지사의 권위와 권한은 클라이언트를 통제하고 지배하기 위함이 아니며, 클라이언트의 욕구와 클라이언트 주변 사람들의 욕구가 상호 간에 긍정적이고, 유익한 방식으로 충족되도록 돕기 위한 것임을 알아야 한다. 또한 사회복지사는 클라이언트에게 자신의 권한의 종류와 범위에 대해 알려주고, 어떻게 사용될지에 대해서도 알려주어야 한다.

제3절 | 전문적 관계의 원칙 : 비에스텍의 7대 원칙

비에스텍(Biestek, 1957)은 자신의 저서 『개별사회사업의 관계(Casework Relationship)』에서 클라이언트와 긍정적인 관계를 형성하기 위한 일곱 가지 원칙을 소개하였다. 비에스텍은 도움을 구하는 모든 사람들에게서 공통적으로 보이는 기본 감정 및 태도 유형이 있다고 보았으며, 그러한 클라이언트의 욕구에 대해 사회복지사들은 반응을 보이게 되고, 클라이언트는 사회복지사의 반응을 인식하게 되는 일련의 과정을 거치면서 핵심적인 일곱 가지 원칙이 나오게 된다고 설명하였다. 비에스텍이 제시한 관계 원칙은 처음에는 개별사회사업의 원칙으로 제시하였으나 점차 모든 체계에 적용 가능한 보편적인 관계 원칙으로 자리매김하고 있다.

1. 개별화

모든 클라이언트는 각각의 개별적인 특성을 가지고 있는 특별한 개인으로 이해받기를 원한다. 개별화(individualization)란 이 세상의 모든 인간은 저마다의 독특한 특성을 가지고 있음을 의미하며, 따라서 사회복지사는 클라이언트와 관계를 형성하고, 원조함에 있어서 상이한 원리나 방법을 활용하여 각 클라이언트의 개성과 개인차를 존중해 주어야 한다. 즉, 사회복지사가 클라이언트를 대할 때 보편적인 인간 중 하나의 존재로 보는 것이 아니라 저마다의 개인적인 독특한 차이점을 지니고 있는 인간으로 보아야 하는 것이다(Biestek, 1957). 개별화의 원리를 바탕으로 원조관계를 형성하게 되면 긍정적 관계를 수립하고 유지하는 데 도움이 되고, 클라이언트는 자신의 모습 있는 그대로 존중받는 느낌을 가지며, 자신의 문제를 해결하기 위한 에너지를 얻고, 자존감이 강화된다.

현장에서 경험이 많은 사회복지사의 경우 특정한 대상을 반복적으로 만나다 보면 간혹, 클라이언트들을 자신의 경험에 근거하여 유형화하고 한 번의 만남으로 결과를 예측하며 진행 과정을 판단하기 시작하는 경우가 생길 수 있다. 이는 개별화의 원리가 지켜지지 않은 경우로 사회복지사는 비슷한 유형의 클라이언트들처럼 보일지라도 각 클라이언트에 대한 조사, 사정, 개입이 이루어질 때 클라이언트 개개인의 문제가 개별적으로 사정되고, 개입목표와 개입전략도 각 클라이언트의 특성 및 자원, 환경 등에 맞추어 개별적으로 결정되어야 한다.

개별화의 원리를 기반으로 클라이언트를 대하기 위한 사회복지사의 역할은 다음과 같다(Moxley, 1989). 첫째, 사회복지사는 인간에 대한 편견이나 선입견으로부터 자유로워야 한다. 둘째, 인간행동과 발달에 관한 전문지식에 근거하여 클라이언트를 이해해야 한다. 셋째, 클라이언트가 자신의 문제와 욕구에 대해 충분히 이야기할 수 있도록 도와야 하고, 사회복지사는 클라이언트의 표정, 몸짓, 침묵 등의 비언어적인 표현을 세심히 관찰하며, 경청하여야 한다. 넷째, 클라이언트에게 보조를 맞추면서 원조하는 능력이 있어야 한다. 다섯째, 클라이언트의 감정을 민감하게 알아차리고, 적절하게 반응해 주어야 한다. 여섯째, 사회복지사는 균형 있는 관점을 유지하여 클라이언트가 속한 환경을 포함한 전체적인 상황을 이해하고 관여할 수 있어야 한다.

개별화를 위한 구체적인 방법으로는 다음과 같은 것이 있다. 인터뷰 시간이나 인터뷰 장소의 환경, 분위기 등 사소한 것에도 세밀한 배려를 해야 한다. 독립된 장소 등을 이용함으로써 프라이버시를 존중하고, 사회복지사와 기관에 대한 신뢰감을 가질 수 있도록 해야 한다. 약속시간을 엄수해야 하며, 인터뷰를 위한 충분한 사전 준비를 해야 한다. 전체 과정에 클라이언트를 적극적으로 참여시켜야 하며, 사회복지사는 적절한 융통성을 가지고 있어야 한다.

2. 의도적인 감정표현

모든 클라이언트는 자신의 긍정적 감정, 부정적 감정을 자유롭게 표현하고 싶어 하는 욕구를 가지며, 이에 사회복지사는 클라이언트가 자신의 감정을 자유롭게 표현할 수 있도록 원조해야 한다. 의도적인 감정표현(purposeful expression of feelings)의 원리는 자신이 비난받게 될지도 모르는 부정적인 감정들을 솔직하게 표현하는 것을 포함한 모든 감정을 자유롭게 표현하는 것이다.

클라이언트로 하여금 의도적인 감정표현을 북돋는 목적은 여러 가지가 있다. 우선 클라이언트가 가지고 있는 긴장감과 압박감으로부터 해방되어 자신의 문제를 보다 명확하고 객관적으로 보게 한다. 지금까지 속 시원히 표현할 수 없었던 감정을 쏟아내는 것뿐만 아니라 긍정적이고 건설적인 행동을 위해 나아갈 수 있도록 돕는다. 또한 의도적인 감정표현은 사회복지사로 하여금 클라이언트를 원조하는 전체적인 과정에서 클라이언트를 보다 더 깊고, 정확하게 이해하도록 돕는다. 클라이언트는 자신의 감정을 솔직하고 자유롭게 표현하는 과정에서 사회복지사와의 관계가 더욱 깊고, 견고하게 만들어져 유익한 원조관계가 형성된다.

클라이언트의 감정표현을 돕기 위한 사회복지사의 역할은 다음과 같다. 첫째, 클라이언트가 자신의 감정을 자유롭게 표현할 수 있도록 안정된 환경을 조성해야 한다. 둘째, 클라이언트가 자유롭게 감정을 표현할 수 있도록 허용적인 태도와 편안한 분위기를 마련해야 한다. 셋째, 자유로운 감정표현을 위해서는 감정표현의 방법과 수단의 적절한 활용이 필요하다. 넷째, 자유로운 감정표현을 위하여 클라이언트에게 정서적 지지(emotional support)를 제공해야 한다.

3. 통제된 정서적 관여

통제된 정서적 관여(controlled emotional involvement)는 사회복지사가 클라이언트의 감정을 민감하게 알아차리고, 그 감정들이 의미하는 것에 대해 공감적 이해를 하며, 그러한 감정에 대해 적절히 반응해 주는 것을 의미한다. 사회복지사가 통제된 정서적 관여를 하기 위해서는 인간행동에 대한 폭넓은 전문 지식을 가지고 있어야 하고, 사회복지실천에서의 전문적 경험을 적극 활용해야 한다. 또한 사회복지사는 자신의 욕구, 동기, 감정, 그리고 자신의 경험이 자신에게 미치는 영향 등을 끊임없이 분석하여 자아인식 훈련을 해나가야 하며, 그로 인해 클라이언트의 감정을 왜곡하지 않도록 주의하여야 한다.

통제된 정서적 관여를 위한 사회복지사의 역할은 다음과 같다(Moxley, 1989). 첫째, 민감성(sensitivity)을 가져야 한다. 둘째, 공감적 이해(empathetic understanding)를 해야 한다. 셋째, 적절한 반응(response)을 해야 한다.

4. 수 용

모든 클라이언트는 있는 그대로의 자기 모습으로 수용되기를 원한다. 수용(acceptance)이란 클라이언트가 가지고 있는 장·단점을 있는 그대로 인정하고 한 인간으로서 존중해 주는 것이다. 사회복지사가 클라이언트를 수용함으로써 클라이언트가 불필요하게 방어하고 저항하는 것을 줄일 수 있고, 이는 효과적인 원조 관계 형성에 큰 도움이 된다. 또한 클라이언트는 수용의 경험을 통해 자신의 모습을 꾸밈없이 표현하면서 안정감을 느낄 수 있고, 자신의 문제를 보다 객관적이고, 현실적으로 마주할 수 있으며, 바람직하지 못한 방어로부터 자신을 자유롭게 하여 올바른 대처방안을 찾아갈 수 있다.

그럼에도 불구하고 실천현장에서 사회복지사는 사회적으로 비난을 받는 아동학대, 성폭력, 가정폭력 등의 문제를 가진 클라이언트를 진심으로 수용하는 것이 어려울 수 있다. 그러므로 전문가로서 사회복지사는 자신의 가치관을 초월하여 클라이언트의 인간적인 모습 그대로를 존중하며 받아들일 수 있도록 끊임없는 훈련을 해야 한다.

클라이언트를 진정으로 수용하기 위한 사회복지사의 역할은 다음과 같다. 첫째, 인간의 잠재력과 성장 가능성에 대한 믿음을 가져야 한다. 둘째, 사회복지사는 클라이언트와의 가치관 차이를 인정해야 한다. 셋째, 사회복지사는 클라이언트의 감정과 사고는 수용하되 올바르지 않은 행동은 허용하지 않아야 한다. 넷째, 사회복지사가 클라이언트를 수용하는 데 방해되는 요인을 인식해야 한다.

5. 비심판적 태도

비심판적 태도(non-judgmental attitude)란 사회복지사가 클라이언트의 가치관, 인격, 특성, 행동 등에 대해 판단하고, 비판하지 않는 태도이다. 사회복지사는 클라이언트를 심판하여 문제의 유무를 가려내거나 문제의 원인에 대한 책임을 지우는 전문가가 아니다. 클라이언트의 행동에 대해서 사회복지사 자신의 기준대로 옳고 그름 등을 지적할 필요가 없으며, 비난이나 책망, 힐난 등을 하지 않아야 한다. 즉, 클라이언트에게 죄가 있다, 책임져야 한다, 나쁜 행동이었다는 식의 말이나 비언어적인 표현을 삼가야 한다. 사회복지사는 클라이언트의 삶의 질을 향상시키기 위해 원조하는 전문가로 클라이언트를 비난할 의사가 없다는 것을 언어적, 비언어적으로 전달하여 클라이언트가 알 수 있도록 해야 한다. 클라이언트가 사회복지사의 비심판적 태도를 느낄 때 비로소 자기방어로부터 벗어나 자신의 문제와 욕구들을 편안하게 표현하고 문제 해결을 향해 나아갈 수 있다.

비심판적 태도를 위한 사회복지사의 역할은 다음과 같다. 첫째, 사회복지사는 기관에 오는 클라이언트의 두려움을 이해해야 한다. 둘째, 사회복지사는 어설픈 확신을 하거나 유사한 문제를 가진 다른 클라이언트에 대한 언급을 하지 않아야 한다.

6. 클라이언트의 자기결정권

원조과정에서 사회복지사는 나아갈 방향을 스스로 결정하고 선택하려는 클라이언트의 자기결정(self-determination)을 존중하며, 그 같은 욕구를 충분히 발휘할 수 있도록 잠재적인 힘을 북돋아 줄 수 있어야 한다. 인간은 누구나 자기결정 능력을 가지고 있고, 자신의 일을 자기가 결정하고자 하는 욕구를 지니고 있다. 클라이언트는 원조과정에서 모든 의사결정 과정에 참여하여 스스로 선택하고 결정해야 하며, 사회복지사는 클라이언트가 자신의 욕구와 문제에 대해 분명한 관점을 가지고 올바른 판단을 할 수 있도록 돕고, 적절한 지역사회 자원들을 알려주는 역할을 할 수 있다. 간혹 클라이언트가 사회복지사에게 자신의 일에 대한 판단과 결정을 내려주기를 바라거나 의존하는 경우, 사회복지사는 결정에 영향을 미칠 수 있는 조언을 하거나 더 나아가 클라이언트를 대신해서 결정을 내리는 행동을 해서는 안 된다. 직간접적으로 클라이언트를 조종하거나 강제적으로 설득하는 것도 피해야 한다. 사회복지사는 원조과정에서 클라이언트의 자기 결정권을 인정해 주고, 클라이언트가 자신의 강점과 역량을 충분히 활용할 수 있도록 도와야 한다. 다만, 인지적인 결함 등으로 올바른 판단이 어렵거나 자신이나 타인의 생명에 위협적인 행동을 할 것이 예측되는 경우는 자기결정의 원칙이 제한될 수 있고, 사회제도나 법률, 윤리적인 규범 그리고 사회복지기관의 기능 등에 따라서도 제한받을 수 있다.

클라이언트의 자기결정을 위한 사회복지사의 역할은 다음과 같다. 첫째, 사회복지사는 클라이언트가 자신의 문제나 욕구를 분명하고, 장기적으로 보고 이해할 수 있도록 돕는다. 둘째, 사회복지사는 지역사회에서 클라이언트가 적절한 자원을 획득하도록 돕는다. 셋째, 클라이언트가 자신의 잠재된 자원을 적극적으로 개발하고 활용할 수 있도록 사회복지사는 자극을 주어야 한다. 넷째, 사회복지사는 클라이언트가 사회복지실천 전 과정에 적극적으로 참여할 수 있도록 도와야 한다.

7. 비밀보장

비밀보장은 클라이언트의 허락 없이 클라이언트에 관한 정보를 공개하지 못하는 것을 말한다. 비밀보장은 법에도 명시되어 있는 클라이언트의 기본적 권리이고, 사회복지사의 윤리적인 의무이며, 성공적인 원조관계를 형성 및 유지하기 위해 반드시 필요한 책임이다. 따라서 사회복지사는 윤리강령을 충분히 숙지하고 이해하고 있어야 하며, 민감성을 가지고 클라이언트의 비밀을 지켜야 한다. 원조과정에서 클라이언트가 자신에 대한 정보가 언제든 타인에게 알려질 수 있다고 생각한다면 자신의 솔직한 욕구와 감정을 말하기 힘들 수 있다. 비밀보장 원칙이 지켜진다는 믿음을 가질 때, 클라이언트는 불필요한 방어나 저항을 하기보다 원활한 의사소통에 임할 수 있다.

다만 모든 상황에서 클라이언트의 비밀이 보장되는 것은 아니며, 비밀보장 원칙을 지킬 수 없는 예외상황에 대해서는 클라이언트에게 서비스 계약을 하는 시점에 미리 고지가 되어야 한다. 비밀보장 원칙을 지킬 수 없는 예외상황으로는 자신과 타인의 생명이나 안전을 저해할 우려가 있는 경우, 법적 요구에 의해 클라이언트에 대한 정보가 공유되어야 하는 경우, 위법행위에 연루된 경우 등이 있다. 이와 같은 경우에는 클라이언트에게 다시 한번 비밀보장 예외원칙을 설명하면서, 불가피하게 공개해야 함을 알리고 문제와 관련된 정보만을 공개해야 한다. 클라이언트를 돕기 위해 하는 사례회의 등을 진행할 때도 반드시 클라이언트에게 허락을 구한 후 진행해야 하며, 이때 비밀보장의 책임은 사례회의에 참석한 모든 전문가들에게 동일하게 부여된다.

제4절 ❙ 관계형성의 방해 요소

사회복지실천과정에서 사회복지사와 클라이언트 간의 원활한 관계형성을 방해하는 요소들이 여러 가지 있으며, 사회복지사는 이에 대해 미리 인지하여 대처할 수 있어야 한다. 관계 형성을 방해하는 요소 중 전이와 역전이, 클라이언트의 저항에 대해 살펴보고자 한다.

1. 전이와 역전이

전이(transference)란 클라이언트가 인생 초기의 의미 있는 대상과의 관계에서 발생했으나 억압되어 무의식에 묻어두었던 감정, 신념, 욕망 등을 자기도 모르게 사회복지사에게 표현하는 현상을 뜻한다(김춘경 외, 2010). 원조관계에서 전이 현상이 발생하면 클라이언트는 사회복지사에 대한 지각이 왜곡되어 상황에 맞지 않는 행동양식과 태도를 보일 수 있으며, 이는 원활한 원조관계 형성을 방해한다. 전이에는 긍정적 전이와 부정적 전이 두 가지 형태가 있다. 긍정적 전이는 클라이언트가 사회복지사를 이상적인 인물로 보고 과도하게 좋아하고 이상화하는 것을 뜻하며, 부정적 전이는 클라이언트가 사회복지사를 이유 없이 미워하거나 두려워하게 되는 것을 뜻한다. 두 가지 형태의 전이 모두 해결되지 않은 아동기의 갈등이 재현되고 있는 것으로 볼 수 있다. 이러한 전이 반응은 클라이언트가 사람들과 관계 맺는 방식에 대한 정보를 주며, 사회복지사는 원조관계에서 재현되는 클라이언트의 전이 반응을 잘 다루어 클라이언트의 왜곡된 신념, 과잉 일반화된 투사 등을 통찰할 수 있도록 도울 수 있다.

사회복지사는 클라이언트의 전이 반응에 대처하기 위해서 우선 클라이언트가 전이 반응을 보이고 있다는 것을 식별할 수 있어야 한다. 사회복지사에 대한 클라이언트의 감정이나 태도를 무조건 전이로 생각해서는 안 되며, 클라이언트의 반응행동이 현재 상황에 비추어 보아 실제적인 이유가 있는 행동일 경우에는 전이라고 해석해서는 안 된다. 클라이언트의 행동이 전이라고 해석이 될 때에는, 클라이언트의 전이반응이 언제, 어떤 방식으로 나타나는지 탐색하여 왜곡된 지각과 행동 결과를 클라이언트가 인식할 수 있도록 돕는 것이 좋다. 이때 사회복지사가 한발 앞서서 클라이언트의 전이 반응들을 해석해 주며, 잘못된 부분을 콕콕 집어 설명해 주는 것이 아니라 클라이언트로 하여금 문제가 되는 감정들을 탐색해 봄으로써 스스로 왜곡된 행동양식을 인식할 수 있도록 돕는 것이 좋다. 흔히 전이 반응으로 인해 나타나는 감정들은 과거 경험에 근거하여 잘못된 의미부여를 하게 하며, 과잉 일반화를 이끌고, 타당하지 않은 가정들을 하게 하므로 이런 부분에 초점을 맞추어 관찰하는 것이 도움이 될 수 있다. 클라이언트가 스스로 자신의 전이 반응들을 인식했다면, 사회복지사는 클라이언트의 전이 반응에 대한 자신의 감정을 클라이언트에게 전하며 대화를 깊이 있게 이끌어 나갈 수 있고, 또한 클라이언트가 다른 관계에서 이와 유사한 반응을 경험했는지 물어보면서 클라이언트의 전반적인 대인관계를 탐색하고 왜곡된 대인관계 패턴을 재정립할 수 있다(Hepworth, et al., 2017).

역전이(countertransference)는 사회복지사가 인생 초기의 의미 있는 대상과의 관계에서 느꼈던 감정을 내담자에게 느끼는 현상을 말한다. 사회복지사가 클라이언트에게 역전이를 느낄 경우, 올바른 판단이 어렵거나 비합리적인 감정 혹은 반응을 보일 수 있기 때문에 자신이 클라이언트에게 역전이 감정을 느끼고 있음을 민감하게 식별할 수 있는 것이 가장 중요하다. 역전이 감정을 느끼고 있음을 민감하게 식별했다면, 수퍼비전, 자문, 교육분석 등을 통해서 자신의 역전이를 다루고 관리할 수 있도록 도움을 받아야 한다. 전문가로서 사회복지사는 자신의 역전이 위험에 대해 어느 정도 인지하고 있어야 하며, 지속적인 자기분석을 통해서 전이반응에 대한 식별능력을 높이고, 다룰 수 있어야 한다.

2. 클라이언트의 저항

클라이언트의 저항(resistance)이란 클라이언트가 사회복지실천과정에 협조하지 않는 모든 행위를 뜻한다. 사회복지사와의 약속시간을 어긴다거나, 특정한 생각, 감정, 의견 등을 드러내지 않거나, 면접 과정에서 의미 없는 말만 되풀이하거나, 중요한 내용을 제외하고 사소한 이야기만 하는 등의 행동이 모두 저항의 한 형태다(김춘경 외, 2010). 클라이언트의 저항은 깊이 있는 원조관계 형성을 방해한다. 클라이언트가 이러한 저항을 보이는 이유는, 사회복지 서비스에 대해 잘못 이해하고 있거나 사회복지기관이나 사회복지사에 대해 부정적 감정을 가지고 있는 경우, 법원명령에 의해 비자발적으로 참여한 경우, 또는 변화에 대한 두려움, 평가받는 것에 대한 두려움 때문이다. 사회복지사는 클라이언트가 보이는 저항의 이유를 정확히 인지하여 그에 상응하는 대처를 할 수 있어야 하고, 앞서 살펴본 전문적 관계의 기본 요소들과 전문적 관계의 원칙들을 바탕으로 클라이언트와의 관계형성에 힘써야 한다. 또한 클라이언트로 하여금 두려움, 회피하고 싶은 마음 등의 부정적인 감정들을 표현할 수 있도록 돕고, 그러한 감정들을 수용해 주어야 하며, 구체적인 서비스 방법, 내용 등에 대해 정확하고, 진실한 정보를 제공함으로써 신뢰감을 제공해 주고, 함께 해낼 수 있다는 의지를 심어주어야 한다. 클라이언트가 서비스를 더 이상 받지 않기 위해서는 자신이 변화해야 한다는 것을 인식시켜 주어야 하고, 변화를 위해 사회복지사와 협력적인 원조관계를 형성해야 함에 대한 필요성을 인식시켜 주어야 한다(Shebib, 1997). 특히 클라이언트가 매우 단답형으로 대답을 하거나 비꼬면서 혹은 적대적인 태도로 대답을 하는 경우 등에서도 사회복지사가 포기하지 않고 클라이언트의 저항을 직접적으로 다루면서 동맹을 맺어나가는 것이 중요하며, 이는 곧 유익한 원조관계 형성으로 이어질 수 있다.

참고문헌

김춘경 · 이수연 · 이윤주 · 정종진 · 최웅용(2010). **상담의 이론과 실제**. 서울 : 학지사.

Biestek, F. P.(1957). *The Casework Relationship.* Chicago : Loyola University Press.

Bogo, M.(2006). *Social Work Practice : Concepts, processes, and interviewing.* New York : Columbia University Press.

Coady, N.(1993). The Worker−client relationship revised. *Families in Society, 74*(5), 291−298.

Hepworth, D. H., Rooney, G. D., Strom−Gottfried, K., & Larsen, J. A.(2017). *Direct Social Work Practice : Theory and skills*(10th ed). Pacific Grove, CA : Brooks/Cole Publishing.

Moxley, D. P.(1989). *The Practice of Case Management.* 김만두 역(1993). **효과적인 복지서비스를 위한 사례관리실천론**. 서울 : 홍익재.

Perlman, H. H.(1979). *Relationship : The heart of helping people.* Chicago, IL : The University of Chicago Press.

Richmond, M. E.(1917). *Social Diagnosis.* New York : Rusell Sage Foundation.

Rogers, C. R.(1961). *On Becoming a Person : A therapist's view of psychology.* Boston : Houghton Mifflin.

Shebib, B.(1997). *Counseling Skills.* Victoria : Probince of British Columbia, Ministry of Education, Skills and Training.

제 9 장

면접

CHAPTER

09 면 접

제1절 | 면접의 개념 및 특성

사회복지면접은 인간의 행동과 반응에 대한 전문적 지식과 인간관계 기술을 가진 사회복지사가 클라이언트와 그의 문제를 이해하고 원조한다는 목적을 가지고 의도적으로 이끌어 나가는 전문적 대화를 의미한다(Garrett, 1942). 면접은 사회복지사와 클라이언트가 특정한 목적을 가지고, 서로 규정된 역할을 통해 구조화된 의사소통을 하는 것으로, 사회복지실천의 가장 기본적 기술이자 중요한 활동이다(우국희 외, 2019).

사회복지사는 클라이언트와의 대면관계 대부분의 시간을 면접으로 보낸다고 할 수 있으며, 면접은 그 자체로 치료적 효과를 가지기도 한다(김혜영 외, 2014). 면접을 통해 사회복지사가 클라이언트의 현재 상황과 어려움 등에 대해 이야기를 들으면서 진심으로 공감해 주고, 걱정해 주며, 어려움을 헤쳐 나가기 위해 함께한다는 것만으로도 클라이언트는 감정의 정화를 느끼고, 문제해결에 대한 의지를 다질 수 있기 때문이다. 면접에는 정서와 인지라는 두 가지 차원의 개입이 요구된다(엄명용 외, 2019). 사회복지사는 클라이언트와 라포를 형성하면서 클라이언트가 당면한 어려움, 정서적 고통을 공감해 주는 정서적 차원과 클라이언트가 처한 상황과 문제를 정확히 인지하고 전문적 지식과 기술, 자원을 동원해 문제를 해결해 나가는 인지적 차원의 개입이 요구된다.

사회복지면접의 궁극적 목적은 클라이언트 삶의 질적인 향상과 성장으로, 문제를 해결하고 이에 필요한 전략이나 행동을 모색하기 위해 정보를 주고받는 것이다(Hepworth, et al., 2013). 브라운(Brown, 1992)은 사회복지면접의 목적을 자료의 수집, 치료관계의 확립과 유지, 클라이언트에게 적절한 정보 제공, 원조과정에서 장애요소를 파악하고 제거하는 것, 목표달성을 위한 활동을 파악하고 행하는 것, 원조과정을 촉진하는 것이라고 보았다.

사회복지면접은 일반 면접과 구별되는 특징을 가지고 있는데, 콤튼과 갤러웨이(Compton & Galaway, 1994)는 다음과 같이 네 가지로 정리하였다. 첫째, 맥락(context)이나 장(setting)이 있는 상태에서 이루어진다. 클라이언트에게 서비스를 제공하기 위하여 면접을 하는 특정한 기관이 있고, 면접의 내용은 특정 상황에 한정되어 있기 때문에 관련되지 않는 요인들은 제거된다. 특정 클라이언트에게 규정된 서비스를 제공하는 특정한 기관의 상황이 세팅되어 있으며, 시간제한적이다. 둘째, 목적과 방향이 있다. 면접은 클라이언트와 사회복지사가 특정 목적을 달성하기 위해 수행되는 과정으로 문제해결을 위한 방향성이 분명하다. 셋째, 계약에 의해 이루어진다. 면접은 사회복지사와 클라이언트가 목적을 달성하기 위해 일련의 과정을 상호 합의한 상태에서 기간을 정해서 진행함을 말한다. 넷째, 사회복지사와 클라이언트의 특수한 역할관계가 규정된다. 사회복지사와 클라이언트가 면접자와 피면접자로서, 서로 다른 규정된 역할을 수행한다는 것을 나타낸다.

제2절 | 면접의 유형

사회복지사는 클라이언트를 원조하는 과정에서 면접을 통해 달성하고자 하는 목적에 따라 다른 방식의 면접을 진행하게 된다. 일반적으로 면접의 종류는 정보 수집을 위한 면접, 사정을 위한 면접, 치료를 위한 면접으로 구분된다. 각각의 면접방법을 살펴보면 다음과 같다.

1. 정보 수집을 위한 면접

정보 수집을 위한 면접은 클라이언트의 문제와 관련된 사회적 배경이나 개인의 성장력, 발달사에 관한 정보를 얻는 과정이다. 정보 수집을 위한 면접의 목적은 클라이언트에게 적절한 서비스를 제공하기 위해 관련된 자료를 수집하는 것이다. 수집된 자료는 클라이언트의 어려움을 해소하는 데 필요한 것으로, 클라이언트가 도움을 청할 때는 클라이언트가 겪고 있는 심리사회적 어려움과 관련된 맥락을 이해하는 것이 매우 중요하다. 클라이언트의 문제 상황은 그의 내적인 요소만으로 만든 것이 아니며, 환경적 요소, 가정환경 등이 모두 영향을 미치기 때문이다. 그러므로 클라이언트에 대한 인구사회학적 요인과 함께 가족력, 개인력, 문제와 관련된 사회적 배경 등에 대해 구체적이고 사실적인 정보들을 수집해야 한다. 또한 클라이언트가 자신의 문제를 어떻게 인식하고 있는지, 어떤 서비스를 이용해 본 적이 있는지, 그리고 어떤 도움을 받기를 원하는 지 등을 파악하기 위해 면접을 실시한다. 면접에서 사회복지사는 클라이언트가 말하는 객관적 사실과 주관적 감정 및 태도를 구별하여 파악할 수 있어야 한다. 클라이언트 외에 의미 있는 주변인인 가족, 친구, 친척, 이전에 클라이언트가 이용한 기관과의 면접도 필요하다.

정보를 수집할 때 파악해야 할 항목들은 다음과 같다(Zastraw, 1995).

- 일반적 사항 : 나이, 성별, 학력, 결혼상태, 주소 등의 인구사회학적 정보
- 현재 문제 : 현재 문제 상황, 과거력 등(과거에도 유사한 문제가 있었는지, 치료받은 적이 있는지 등)
- 가족력 : 클라이언트의 원가족과의 관계, 부모－형제 관계, 부부관계, 자녀 관계 등
- 개인력 : 성장과정, 발달단계상의 문제, 학교생활, 교우관계, 직장생활, 결혼생활 등
- 사회적·직업적 기능 : 직업경력, 사회활동 경력 등

2. 사정을 위한 면접

사정(assessment)을 위한 면접은 클라이언트의 문제를 해결하기 위해 어떤 서비스가 필요한지 구체적인 실천방향을 결정하는 면접이다. 사정은 클라이언트의 구체적인 문제가 무엇인지, 어떤 원인 때문인지, 그 문제를 해결하거나 줄이기 위해 변화되어야 할 것은 무엇이며, 지원해 줄 수 있는 것은 무엇인지 등에 대해 평가하는 것이다. 사회복지실천과정에서는 '문제 상황'에만 초점을 두지 않고 클라이언트의 활용 가능한 자원, 동기, 장점, 능력 등을 모두 보기 때문에 '진단'이라는 용어보다 '사정'이라는 용어를 사용한다. 사정을 위한 면접의 목적은 클라이언트가 호소하는 어려움을 해결하기 위해 어떤 서비스를 제공할지 결정하는 것으로, 클라이언트에게 특정한 서비스를 제공할 것인지 여부를 결정하는 것과 관련된 질문을 많이 하게 된다. 클라이언트의 정보를 수집하는 면접보다 더욱 목적지향적인 활동으로, 예를 들어 아동학대 접수를 받은 아동보호전문기관의 사회복지사는 실제 아동학대 상황이 맞는지, 얼마나 오래 자주 학대행위가 발생했는지, 학대 환경으로부터 벗어나게 하기 위해서 어떤 서비스를 제공하는 것이 효과적일지 등을 결정하기 위해 진행하는 면접이 사정면접이다.

3. 치료를 위한 면접

치료를 위한 면접은 클라이언트가 더 나은 사회적 기능을 수행할 수 있도록 개인의 변화와 환경적 변화를 모두 돕는 과정을 말한다. 따라서 치료를 위한 면접의 목적은 면접 과정을 통해 클라이언트 개인의 변화를 돕는 것과 클라이언트 환경의 변화를 돕는 것이다. 클라이언트 개인의 변화를 돕기 위한 치료 면접은 주로 클라이언트의 인지, 정서, 행동의 변화를 일으켜서 클라이언트의 자신감과 자기효능감 증진, 문제해결능력 강화 등을 목적으로 한다. 클라이언트 환경의 변화를 돕기 위한 치료 면접은 주로 클라이언트와 관련된 중요한 사람들과 이루어지기도 하고, 클라이언트의 권리와 이익을 옹호, 대변하기 위해 사회복지기관, 지역사회, 관련 공무원들과 이루어지기도 한다. 치료 면접을 통해 클라이언트의 역기능을 개선하고, 부정적인 환경적 요소들을 제거하여 궁극적으로 클라이언트의 사회적 기능을 향상시켜 사회적응을 돕는다.

제3절 | 면접의 구조적 요소

면접이 이루어지는 장소, 면접 시간, 면접 기록과 같은 구조적 조건들은 사회복지면접의 효과성에 영향을 미치는 중요한 요소이다. 사회복지면접은 전문적 관계를 바탕으로 이루어지는 전문적 과정이기 때문에 면접을 진행하는 형식 또한 중요하다. 시간과 공간이라는 물리적 환경에 대한 형식을 살펴보면 다음과 같다.

1. 면접 장소

효과적인 면접이 진행되기 위한 면접 장소로는 클라이언트에게 안정감을 주는 따뜻한 분위기, 사회복지사와 클라이언트가 서로에게 집중할 수 있는 적절한 공간, 프라이버시가 보장되는 환경이어야 한다. 면접 중에 사회복지사는 휴대전화 사용을 하지 않아야 하고, 면접 중임을 알리는 표시를 문 앞에 걸어두는 등 클라이언트가 배려받고 존중받는 분위기 속에서 면접을 진행하는 것이 좋다. 면접 장소는 정리정돈이 잘 되어있어야 하며, 전반적 실내장식은 따뜻함과 안정감을 줄 수 있어야 한다. 이러한 환경들이 적절히 마련되어 있는 사회복지기관의 면접실에서 면접을 진행하는 것이 가장 안정적이나 상황에 따라서 전화면접이나 클라이언트 가정을 방문해서 면접을 진행하기도 한다. 가정 방문 면접의 장점은 클라이언트의 생활환경을 이해할 수 있고, 가족 간의 상호작용을 관찰할 수 있기 때문에 풍부한 비언어적 자료를 단기간에 얻을 수 있다. 가정 방문 면접의 단점은 가정이 면접에 적합한 장소는 아니기 때문에 다른 사람들의 들락거림, 소음 등 일상생활의 다양한 방해 요소가 있을 수 있으며, 쉽게 산만해질 수 있다. 가정 방문 면접에 대한 필요성과 장단점을 잘 고려하여 선택하는 것이 좋다.

2. 면접 시간

면접 시간은 사회복지사와 클라이언트가 약속에 의해 날짜와 시간을 정한다. 시간 약속을 정하는 것은 그 시간만큼은 온전히 클라이언트만을 위해 쓴다는 것을 의미하는 것이다. 면접을 위한 적정 시간은 면접의 목적과 상황에 따라 다를 수 있기 때문에 일률적으로 말할 수 없지만 일반적으로 성인을 기준으로 할 때 면접은 주 1회 1시간 정도가 적당하다. 이유는 한 시간을 초과하면 면접의 집중력이 떨어질 수 있고, 시간제한을 둠으로써 클라이언트로 하여금 자신이 하고 싶은 이야기를 효율적으로 할 수 있도록 하는 동기를 부여할 수 있다. 또한 주 1회 정도 진행하면서 면접 과정에서 나눈 이야기들을 클라이언트가 스스로 탐색해 보는 시간을 가지고, 실생활에 적용해 보는 시간을 한 주 동안 가지는 것이 매일 면접을 진행하는 것보다 훨씬 유익하고, 사회복지사도 다음 면접을 준비하는 시간을 가지기에 적당한 기간이 된다. 면접 약속을 지키기 어려운 상황이 발생한 경우에는 상호 간에 합의한 규칙에 따라 미리 연락하도록 함으로써 신뢰를 잃지 않도록 주의해야 한다.

제4절 | 면접의 기법

사회복지사가 클라이언트와 면접을 할 때 활용되는 기술은 관계수립과 문제해결 과정에 도움이 된다. 즉, 면접을 잘 진행하기 위해서는 클라이언트를 이해하고 도우려는 진정한 마음과 함께 다양한 기술도 요구된다. 본 절에서는 주요 면접 기술 중 경청하기, 관찰하기, 반영하기, 명료화하기, 질문하기, 직면하기, 해석하기에 대해서 살펴보고자 한다(Gambrill, 2013; Johnson, 1989; Zaki & Mangold, 1972).

1. 경청하기

경청(listening)하기는 클라이언트의 이야기를 주의 깊게 귀담아듣는 태도로 말의 내용뿐 아니라 말하려는 의도와 심정을 주의 깊게 정성 들여 듣는 것이다. 클라이언트의 몸짓, 표정, 음성 등에서 나타나는 미묘한 변화를 알아차리고 그 저변에 깔려있는 심층적인 의미와 감정까지 이해해야 하며, 이해한 것을 토대로 클라이언트에게 표현하는 과정까지 포함한다. 따라서 경청하기는 면접의 가장 기본적 요소이자 가장 중요한 기술이 된다.

경청하기 기술을 통해 클라이언트는 사회복지사가 현재 문제 상황을 함께 해결해 나가기 위해서 진심으로 걱정하고, 도와주고자 노력하는 마음을 느낄 수 있다. 이로 인해 클라이언트는 사회복지사와 신뢰 관계 형성이 쉬워지고, 마음을 조금씩 열게 되며, 자기개방이 증진되어 자신의 생각이나 감정을 자유롭게 표현할 수 있게 된다. 클라이언트는 자신의 경험, 감정, 억압된 정서에 대해 말하는 그 자체로 감정의 정화와 마음의 안정을 느낄 수 있다. 또한 경청하기 기술은 클라이언트로 하여금 면접 과정 및 문제해결 과정에 적극적으로 참여하게 만들며, 자신의 문제 상황을 다시 한번 탐색하게 하고, 문제해결에 대한 책임감을 가지게 한다. 사회복지사는 경청하기를 통해서 클라이언트가 가지고 있는 행동 양식, 사고의 준거틀을 이해할 수 있고, 클라이언트에 대한 성급한 판단이나 평가를 보류하고 심도 있게 내면을 들여다볼 수 있다.

사회복지사는 경청하기를 잘하기 위해서 클라이언트의 언어적 반응뿐만 아니라 비언어적 반응에 대해 민감하게 지각할 수 있어야 하며, 사회복지사도 언어적 반응과 비언어적 반응을 통해 관심을 기울이고 있다는 것을 나타내야 한다. 앉는 자세부터 클라이언트를 향해 있고, 대화 중에 클라이언트를 향해 몸을 기울이며, 관심 어린 표정을 보이면서 클라이언트의 말을 경청하고 있다는 것을 전할 수 있다. 클라이언트의 이야기 중간중간에 고개를 끄덕이며, 클라이언트의 속상한 이야기에는 미간을 찌푸리며 공감을 표현하고, 희망찬 이야기에는 미소를 보이며 다양한 얼굴 표정으로도 경청하고 있음을 전달할 수 있다. 또한 “아”, “네”, “그랬군요” 등과 같은 단순한 음성 반응으로도 경청하고 있음을 전달할 수 있다. 이를 통해 사회복지사는 클라이언트의 이야기를 정확하게 받아들이고 진심으로 이해하고 있음을 클라이언트에게 전달해 주어 클라이언트가 자신이 이해받고 있다는 생각을 가질 수 있도록 하는 것이 중요하다.

2. 관찰하기

관찰(observation)하기는 클라이언트가 이야기하고 행동하는 모든 것에 주의를 기울여 클라이언트와 그의 문제를 이해하는 데 필요한 정보를 얻는 기술이다. 사회복지사는 실천과정 동안 클라이언트가 말하고 표현하는 모든 것들을 끊임없이 관찰한다. 따라서 관찰은 클라이언트가 상담실 문을 열고 들어오면서부터 시작되며, 초기 면접 이전에 대기실에서의 모습은 클라이언트의 감정 상태, 일상생활 속 모습 등의 정보를 확인할 수 있다. 주의 깊게 관찰해야 할 비언어적 요소들은 클라이언트의 옷차림과 외양, 표정, 손놀림, 눈 맞춤, 자세와 몸동작 등이 있고, 언어적 요소들은 자주 쓰는 언어, 반복적인 대화 주제, 처음 하는 말과 종결하는 말 등이 있다. 이때 가장 중요한 관찰 요소는 클라이언트가 보이는 언어적 요소와 비언어적 요소 간의 일치성 여부이다. 만약 클라이언트의 진술 간에 차이가 난다면 면접 내용이 클라이언트 자신에게 매우 위협적인 것이거나 아직 공개하고 싶지 않다는 것을 시사할 수 있다.

비언어적 표현 중에 초보 사회복지사가 가장 다루기 힘든 것은 침묵(silence)이다. 면접 과정에서는 간혹 클라이언트가 말을 하지 않아서 침묵이 지속되는 경우가 있다. 이러한 침묵이 언제 발생했느냐와 클라이언트와 사회복지사 중 누구에 의해서 시작되었는지 등에 따라서 그 의미가 다를 수 있기 때문에 사회복지사는 클라이언트의 침묵을 잘 관찰할 수 있어야 한다. 면접 초기에 일어난 침묵은 대개 클라이언트의 당황과 저항을 의미할 수 있다. 면접이 진행됨에 따라 침묵은 클라이언트의 여러 가지 감정과 생각을 간접적이면서도 분명하게 전달하는 의미를 가진다. 면접 중 클라이언트가 무슨 말을 해야 좋을지 고민하는 경우, 사회복지사에 대한 적대감이나 저항, 불안 때문에 침묵하는 경우, 클라이언트는 자신의 느낌을 최대한 표현하려고 노력하는데도 말로 잘 표현이 되지 않는 경우, 클라이언트가 사회복지사에게서 반응을 바라거나 사회복지사의 해석 등을 기대하는 경우, 클라이언트가 좀 전에 이야기 나눈 것에 관해서 계속해서 생각하고 있는 경우, 클라이언트가 좀 전에 표현했던 감정 상태에서 생긴 피로를 회복하고 있는 경우 등 매우 다양하다. 각각의 경우에 따라 사회복지사는 다른 반응을 보일 수 있어야 하기 때문에 클라이언트의 침묵의 의미를 분별할 수 있어야 한다.

3. 반영하기

반영(reflection)하기는 클라이언트의 말과 행동에서 표현된 감정과 생각 및 태도를 사회복지사가 다른 말로 되돌려주는 기술이다. 반영하기에는 내용 반영하기와 감정 반영하기가 있는데, 먼저 내용 반영하기는 재진술(paraphrasing)과 일맥상통하는 의미로, 클라이언트의 메시지에 표현된 핵심 인지 내용을 되돌려주는 기술이다. 클라이언트의 본질적인 생각을 보다 짧고, 명확한 말로 되풀이하는 것으로, 클라이언트가 어렵게 표현하거나 혼란 속에서 표현하는 말들을 사회복지사가 명료하게 정리하여 되돌려주는 것이다. 특히 클라이언트가 한 말 중 중요한 단어를 강조하면서 되돌려주는 것이 도움이 된다. 내용 반영하기는 클라이언트에게 자신의 말이 제대로 이해되고 있는지 판단할 수 있는 정보를 제공한다. 자신이 의도한 내용과 맞아떨어지면 안심하고 이야기를 계속 전개해 나가고, 의도한 내용이 잘못 전달된 경우에는 사회복지사의 이해 내용을 교정함으로써 대화의 맥을 잡아나갈 수 있다(김춘경 외, 2010). 또한 내용 반영하기 기술은 사회복지사와 클라이언트의 대화를 발전 및 확장시키고, 클라이언트로 하여금 자신이 표현하는 내용을 사회복지사가 정확히 이해하고 있다고 느끼게 만들어 자기 탐색을 북돋고, 보다 자유로운 내면세계를 탐색하도록 한다.

감정 반영하기는 클라이언트가 말한 내용 자체보다는 그 뒤에 숨어있는 감정을 파악하고 되돌려주는 기술이다. 감정 반영하기의 목적은 클라이언트가 애매하게 표현하는 감정들을 보다 분명한 의식 수준으로 끌어올리는 것이며, 클라이언트의 감정을 정확하게 이해하고 이를 공감하고 있다는 것을 전달하는 것이다. 감정 반영하기는 클라이언트로 하여금 자신이 표현하고 싶은 깊은 속내를 이해받고 있다는 느낌을 주어서 사회복지사에 대한 친밀감을 높이고, 클라이언트의 자기개방 수준을 심화시켜 보다 적극적으로 자신의 내면을 드러내게 한다. 클라이언트가 추상적이고 모호하게 표현하는 정서에 구체적인 이름을 붙여준다거나 클라이언트가 숨기려는 정서를 드러내 밝혀줌으로써 클라이언트가 자신의 정서에 대한 인식을 새롭게 할 수 있도록 만든다.

4. 명료화하기

명료화(clarification)하기는 클라이언트의 말에 내포되어 있는 뜻을 클라이언트에게 명확하게 말해주는 것, 또는 분명하게 말해달라고 요청하는 기술이다(김춘경 외, 2010). 클라이언트의 표현에서 나타난 감정이나 생각 속에 암시되어 있거나 내포된 의미를 클라이언트에게 보다 분명히 말해주거나 사회복지사가 클라이언트의 반응을 명확히 이해할 수 없을 때 분명하게 다시 말해줄 것을 요청하는 것이다.

클라이언트가 말하는 의미가 모호해서 분명하게 다시 말해줄 것을 요청하는 상황의 예는 다음과 같다. "부정적인 감정이 들었다고 표현하셨는데, 부정적인 감정 중 구체적으로 어떤 감정이셨나요?", "어떤 상황이었을까요? 사례를 들어서 말해주시겠습니까?" 이와 같은 질문을 통해 클라이언트는 모호하게 표현하던 자신의 생각과 감정에 대해 보다 구체적이고, 세세하게 생각해 보고 표현함으로써 미처 생각하지 못했던 측면을 생각해 볼 수 있게 된다. 즉, 명료화의 자료는 클라이언트 자신은 미처 충분히 자각하지 못했던 생각, 감정, 의미, 관계성 등이 된다.

명료화 기법이 효과적으로 활용되려면 네 가지 단계를 고려해야 한다(Cormier & Cormier, 1985). 첫째, 클라이언트가 언어적 혹은 비언어적으로 표현한 실제 메시지의 내용을 확인한다. 둘째, 클라이언트가 표현한 메시지 중에서 애매한 부분, 혼란스러운 부분, 더 확인할 필요가 있는 부분을 찾아낸다. 셋째, 명료화해야 할 내용을 적당한 말로 표현한다. 상황에 따라 다르나 보통은 의문형으로 표현하는 것이 좋다. 넷째, 클라이언트의 반응을 듣고 관찰함으로써 명료화의 효과를 평가한다.

5. 질문하기

질문(question)하기는 주로 구체적으로 필요한 정보를 얻고자 할 때 사용하는 기술이다. 클라이언트의 표현을 북돋울 때, 어긋나고 있는 대화의 초점을 바로잡을 때도 사용한다. 질문하기 기술을 통해 사회복지사는 클라이언트가 말하는 내용이나 생각, 감정에 관심을 기울이고 있다는 것을 표현할 수 있고, 적극적인 참여를 독려할 수 있다. 질문하기 기술은 클라이언트의 속도에 적절히 맞추어 행해져야 하고, 적절한 시점에 이루어져야 하며, 질문하는 태도나 어조가 질문의 내용을 전달하는 단어보다 더 중요할 수 있다.

일반적으로 질문의 유형은 크게 개방형과 폐쇄형으로 구분된다. 두 질문 유형 각각의 장점과 단점이 있으므로 적절한 때에 선택적으로 사용할 수 있어야 한다. 먼저 개방형 질문은 클라이언트로 하여금 자신의 생각대로 질문에 답하도록 하는 것으로 자유롭게 생각과 감정을 표현할 수 있도록 하는 질문이다. 예를 들어, "가장 걱정되는 부분은 어떤 부분인가요?", "그때 기분이 어떠셨나요?", "지금은 어떠신가요?" 등과 같은 질문에 클라이언트는 자신이 원하는 대로 광범위한 표현을 할 수 있다. 개방형 질문은 클라이언트가 자신이 말하고 싶을 때, 말하고 싶은 만큼의 자신의 생각과 감정을 표현할 수 있는 자유를 준다. 사고의 유연성을 방해하지 않기 때문에 클라이언트의 기분과 클라이언트가 중요시하는 것을 가장 잘 느낄 수 있다. 클라이언트 상황에 대해 거의 아는 부분이 없을 때, 주로 면접 초기에 사용하여 클라이언트에 대해 많은 정보를 얻을 수 있다. 하지만 자신의 감정이나 생각을 언어로 표현하는 것이 익숙하지 못한 클라이언트에게는 개방형 질문은 오히려 위협이 되거나 불안감을 형성시킬 수 있다. 또한 심도 있는 개방형 질문은 듣는 사람에 따라서 약간 모호한 요소를 가지고 있을 수 있기 때문에 클라이언트로 하여금 혼란을 줄 수 있고, 정확히 이해하지 못하고, 분명히 표현하지 못하는 자신을 탓하게 만들 수 있다.

폐쇄형 질문은 클라이언트의 대답의 폭을 제한시키는 질문 유형으로 "예", "아니요"와 같이 짧게 대답할 수 있는 질문이다. 예를 들어, "이전에 동일한 서비스를 지원받은 적 있나요?", "자살을 생각한 적 있나요?", "자녀가 몇 명인가요?"와 같은 질문 유형으로 구체적 정보가 필요하거나 보다 확실히 이해하기 위해, 그리고 상세한 내용을 부각시키기 위해 사용할 수 있다. 폐쇄형 질문은 시간이 제한되어 있는 상황에서 사실에 근거한 명확한 정보를 얻을 때 매우 유용하다. 또한 자신의 생각이나 감정을 조리 있게 표현하는 표현력이 부족한 경우, 자신감이 결여되어 있는 경우, 심각한 정신적 외상이나 사고를 경험한 경우 등의 클라이언트에게는 개방형 질문보다 폐쇄형 질문이 쉽게 대답할 수 있어 마음의 부담감을 줄여주고, 면접이 수월하게 진행될 수 있다. 하지만 폐쇄형 질문을 통해서는 클라이언트의 내면 깊숙한 마음과 욕구를 이해하기 어렵고, 클라이언트 또한 자신의 생각과 감정을 표현함으로써 얻을 수 있는 감정의 정화를 경험하지 못할 수 있으며, 상담이 깊이 있게 진행되지 않을 수 있다.

면접에서 질문하기를 사용할 때의 유의점은 클라이언트에게 유도성 질문을 하지 않아야 하고, 이중, 삼중으로 너무 많은 질문을 한꺼번에 하지 않아야 하며, '왜'라는 질문을 많이 하지 말아야 하고, 단순한 호기심을 가지고 질문해서는 안 된다. 유도성 질문은 클라이언트의 응답을 일정한 방향이나 특정한 관점에 동의하도록 편향되어 묻는 질문으로 클라이언트가 자신의 솔직한 생각과 감정을 표현하기 어렵게 만든다. 질문을 할 때 한 번에 여러 가지를 질문하는 것은 클라이언트로 하여금 혼란을 줄 수 있고, 결과적으로 질문에 대한 대답을 모두 듣지 못하게 될 수 있다. '왜'라는 질문은 클라이언트에게 책임을 추궁하거나 잘못을 따지는 것 같은 인상을 주게 되고, 클라이언트를 방어적으로 만들기 때문에 가급적 피하는 것이 좋다. 마지막으로 단순한 호기심을 가지고 질문을 해서는 안 되는데, 사회복지사가 클라이언트에게 하는 질문에는 항상 합당하고 전문적인 이유가 있어야 한다.

6. 직면하기

직면(confrontation)하기는 문제를 지속시키는 클라이언트의 감정, 행동, 사고를 사회복지사가 직접 지적해 주는 기술로 매우 조심스럽게 사용되어야 한다. 직면하기는 주로 클라이언트가 인식하지 못하거나 인정하기를 거부하고 있는 감정이나 생각, 사고를 직접 인식하도록 지적해 주는 것이기 때문에 클라이언트의 방어기제를 높일 수 있다. 직면하기의 목적은 클라이언트가 자신의 고통스러운 감정과 행동을 직면할 수 있도록 함으로써 불안을 해결하고 자신의 행동과 감정에 대한 이해를 촉진시키는 것이며, 궁극적으로 클라이언트의 성장을 방해하는 방어들을 제거하고, 클라이언트의 문제를 해결하기 위함이다. 직면하기는 클라이언트가 새로운 통찰을 할 수 있도록 이끌어 바람직한 변화를 일으키는 강력한 힘을 가지고 있다. 하지만 직면하기는 클라이언트의 감정, 행동, 사고의 모순적인 면을 지적하는 것이므로 이것을 받아들이기 어려운 클라이언트는 방어적인 반응을 일으켜 신뢰 관계가 깨질 수 있고, 심리적 위협과 상처를 받을 수 있다. 따라서 직면하기 기술을 사용하기 전에 사회복지사는 반드시 클라이언트가 받아들일 준비가 되었는지, 충분한 신뢰 관계가 형성되었는지 면밀히 고려하여 적절한 시기에 사용하여 긍정적인 효과를 창출할 수 있도록 해야 한다.

직면하기 기술의 예로는 언어와 비언어적 행동 간의 모순이 있을 때 다음과 같이 사용할 수 있다. 클라이언트가 "저는 현재 편안합니다"라고 말하면서 다리를 떨고, 손톱을 뜯고 있을 때, 사회복지사는 "말로는 편안하다고 하시지만 다리를 떨고, 손톱을 뜯으시네요"라고 모순을 지적할 수 있다. 또한 언어 메시지와 취하는 행동 간의 모순이 있을 때 다음과 같이 사용할 수 있다. 클라이언트가 "다음 주부터는 정말로 청소를 할 거예요"라고 말하고 다음 주에 와서 청소를 하지 못했다고 보고하는 일이 잦을 때, 사회복지사는 "청소를 하겠다고 여러 번 이야기만 하시고 지금까지 한 번도 한 적이 없네요"라고 모순을 지적할 수 있다. 이 외에도 두 가지 언어나 두 가지 행동 사이의 모순이나 불일치를 맞닥뜨리게 하는 것도 직면에 포함된다. 직면하기 기술은 클라이언트로 하여금 자신의 행동 패턴을 돌이켜 보고, 새로운 모습을 꾀할 수 있는 좋은 계기가 될 수 있다.

7. 해석하기

해석(interpretation)하기는 클라이언트가 겉으로 나타내는 문제가 자신의 내부적 정신작용과 관련되어 있는데도 이를 의식하지 못하거나 깨닫지 못할 때 그 관련성을 설명해서 이해시키는 기술이다. 해석하기 기술은 겉으로 보기에는 따로따로 분리되어 있는 말이나 사건들의 관계를 사회복지사가 연결지어 새로운 가설을 설정하고, 클라이언트의 방어, 감정, 저항 또는 전이를 설명해 주고, 클라이언트의 사고방식, 행동, 성격, 인간관계 패턴을 지적해 주는 형태로 이루어진다(천성문 외, 2009). 따라서 사회복지사는 면접 시 클라이언트가 행동과 대화를 통해 보여주는 상황 저변에 대한 많은 단서들을 해석할 수 있어야 한다. 클라이언트가 의식하지 못하는 의미까지 지적 및 설명해 준다는 면에서 면접기술 중 가장 어려운 기술이며, 무의식에 관한 분석적 전문성이 요구되는 기술이다.

해석은 클라이언트에게 어떤 의미를 전달하고자 하는 상담자의 시도라고 볼 수 있는데, 만약 클라이언트가 아직 새로운 지각과 이해를 받아들일 준비가 되지 않았는데 사회복지사가 섣불리 해석을 시도한다면, 저항이 일어나 클라이언트의 자기 탐색을 더 감소시키는 결과를 가져올 수 있다. 받아들일 준비가 되지 않았을 때의 많은 해석은 클라이언트의 심리적 균형을 깨고, 불안을 불러일으킬 수 있다. 따라서 해석은 클라이언트가 받아들일 준비가 되어있다고 판단될 때 조심스럽게 하는 것이 중요하다. 원칙적으로는 클라이언트 스스로 자신의 속도대로 결론에 도달하는 것이 가장 좋다. 사회복지사가 근원적 요인들을 해석한 후 그 해석에 기초한 질문과 의견 전달을 통해 클라이언트가 스스로 깨닫도록 돕는 것이다. 또는 클라이언트에게 좀 더 상세하게 충분히 말하도록 격려함으로써 클라이언트 스스로 깨닫도록 도울 수도 있다. 사회복지사와 클라이언트 간의 전문적 원조 관계가 안정된 경우에는 클라이언트에게 직접 해석을 전달할 수 있다. 이때는 클라이언트가 거의 깨닫고는 있지만 확실하게 개념화하지 못하고 있는 부분을 해석해야 효과적이다. 면접 초기 단계에서는 감정의 반영을, 중·후반기에는 클라이언트의 성격과 태도를 명료화하는 해석을 사용하게 된다. 해석 기술을 사용할 때 유의점은 클라이언트의 성격을 정확히 파악하지 못했거나 해석의 실증적 근거가 없을 때는 해석을 하지 말아야 한다는 것이다. 해석하기 기술이 적절한 때에 잘 사용되면, 클라이언트로 하여금 지금까지의 생각과는 다른 각도에서 자기의 행동과 내면세계를 파악하게 하여 강력한 깨달음과 행동 변화를 이끌지만 그만큼 클라이언트의 저항과 방어를 불러일으킬 수 있으므로 잘 사용되어야 한다.

해석하기 기술은 클라이언트에게 자신의 사건들 간의 관계를 이해하고, 문제가 되는 감정과 행동을 다른 관점에서 고려하도록 만들며, 실제 상황에서 더 효과적으로 행동하도록 도울 수 있다. 사회복지사의 통찰력을 통해 이루어지는 해석하기 기술은 궁극적으로 클라이언트의 통찰력을 길러준다.

제5절 ❙ 면접의 기록

사회복지면접에서는 모든 과정을 기록으로 남겨야 한다. 면접 기록에는 다양한 유형이 있는데, 개입과정 전체를 있는 그대로 기록하기도 하고, 중요 사항만 기록하기도 한다. 이때 중요한 것은 기록 자체가 면접보다 중요한 위치를 차지해서는 안 된다. 기록은 사회복지실천현장에서 중요한 기술 가운데 하나이지만 면접의 부차적 요소이므로, 면접의 흐름을 깨지 않도록 주의해야 한다. 사회복지사가 클라이언트의 말을 기억하고자 하는 의도에서 간간이 몇 단어를 적어 내려가면, 사회복지사도 클라이언트의 관점을 이해할 수 있고 클라이언트도 면접에서 편안한 느낌을 가질 수 있다. 하지만 기록에만 너무 집중하다 보면 클라이언트로 하여금 말하고자 하는 주제에서 벗어나게 하거나 집중하지 못하게 하며, 자신의 말을 다 받아 적는 듯한 사회복지사의 모습에 더 이상 말을 하지 않는 결과를 초래하기도 한다. 따라서 기록 시에는 클라이언트에게 기록이 왜 필요한지를 설명하고 사전에 양해나 동의를 구해야 한다.

기록은 객관성과 논리성을 유지하여야 하며, 가급적 면접 이후 바로 이루어져야 한다. 논리적으로 분명하게 기록된 클라이언트의 문제, 의견, 목적, 치료계획 등은 클라이언트와 사회복지사 모두 초점을 유지하는 데 도움을 주고, 문제해결의 효과성을 증진시킨다.

1. 기록의 목적

기록의 일차적 목적은 책무성(accountability)에 있다(김혜영 외, 2014). 책무성이란 개인, 그룹, 조직이 수행한 특정한 활동이나 결과에 대하여 책임질 수 있는 영역을 의미하는 것으로 사회복지사는 기관, 클라이언트, 지역사회에 대한 윤리적, 법적 책무성을 가지고 자신이 행하는 서비스를 기록하고 설명하며 평가해야 한다.

캐글(Kagle, 1991)은 사회복지실천에서 기록의 목적에 대해 여덟 가지를 제시하였다(남연희 외, 2012). 첫째, 사회복지사는 클라이언트와의 첫 만남에서부터 종결에 이르기까지 클라이언트에게 제공되는 서비스의 내용과 과정, 클라이언트의 욕구 등을 기록으로 보관한다. 또한 지역사회기관들과의 회의, 사회복지기관 내에서의 사례회의 등에 대해서도 기록으로 남긴다. 문서화된 기록을 통해 사회복지기관이 약속한 프로그램 및 정책적 지침을 실제로 행하고 있다는 것을 보여주며, 사회복지 프로그램에 대한 재정적 지원을 정당화하고, 사회복지사의 전문활동을 입증할 수 있는 자료가 된다.

둘째, 사회복지사가 사실에 대한 정보와 관찰을 체계적으로 기록하는 과정에서 보다 심층적인 사정과 계획이 나오기 때문에 문서화된 기록은 클라이언트에게 제공한 서비스를 효과적으로 모니터할 수 있다. 문서화된 기록을 통해 사회복지사와 조직은 클라이언트의 욕구를 종합적으로 분석함으로써 보다 적절한 서비스 방향을 제시할 수 있고, 클라이언트와 클라이언트의 주변 환경에 미친 영향을 분석하여 서비스를 지속할 부분과 변경해야 할 부분 등을 정할 수 있다.

셋째, 기록은 사회복지사가 부득이하게 교체되어 다른 사회복지사가 해당 사례를 넘겨받게 되었을 때, 해당 사례에 대해 진행사항을 파악할 수 있도록 해주어서 서비스의 지속성을 유지할 수 있도록 한다. 또한 한 기관에서 같은 사례가 종결되었다가 다시 개시되는 일도 있기 때문에 사례의 지속성을 위해 이전의 기록이 중요하다.

넷째, 사회복지실천현장에서는 다른 전문가들과 연계해서 일하는 경우가 많기 때문에 문서화된 기록은 전문가 간의 의사소통을 원활하게 한다.

다섯째, 기록은 클라이언트의 상황과 서비스 과정 및 진행에 대한 정보를 수퍼바이저, 자문가, 동료들에게 제공하여 수퍼비전을 받을 수 있고, 궁극적으로 클라이언트에 대한 서비스의 질을 향상시킬 수 있다.

여섯째, 기록은 클라이언트와 사회복지사 간의 의사소통 도구로 활용될 수 있다. 기록의 일부나 기록과정을 클라이언트에게 공유하여 기관에서 하는 일이 무엇인지, 어떤 서비스가 제공되고 있는지, 어떤 치료과정이 포함되는지를 개방하여 알릴 필요가 있기 때문에 사회복지사는 이러한 부분을 염두에 두고 기록해야 한다.

일곱째, 클라이언트에게 제공된 서비스에 대한 기록은 사회복지실천을 위한 실무와 행정상의 결정을 위한 정보를 제공하여 행정적 문제 등을 처리하는 데 중요한 자료가 된다. 기록은 해당 기관의 서비스 수급자격을 입증할 수 있고, 사회복지사와 사회복지기관이 행정 절차상의 규정이나 기준들을 준수했음을 입증할 수 있다.

여덟째, 기록은 조사연구를 위한 자료를 제공할 수 있다. 기록을 통해 클라이언트의 유형이나 사회복지 활동, 정서적 문제 등의 자료를 제공하여 사회복지기관이나 사회복지계 전체에 도움이 되는 귀중한 연구를 진행할 수 있다.

2. 기록의 내용

기록은 사회복지기관의 기능과 업무에 따라, 유형이나 용도에 따라 다양할 수 있다. 사회복지기관마다 서비스의 강조점이 다르고 서비스 전달방식, 기록하는 방법 등이 다양하기 때문이다. 그럼에도 불구하고 어떤 기관이든, 어떤 유형이든 공통적으로 포함되는 기본적인 기록 내용은 다음과 같다. 클라이언트의 이름, 주소, 생년월일, 직업, 결혼 여부 등과 같은 인구사회학적 정보, 사회복지서비스를 요청하게 된 동기에 관한 정보를 기록한다. 또한 클라이언트 문제의 과거와 현재에 대한 사회생활력(social history) 정보를 수집하고 기록한다. 사회생활력이란 클라이언트의 사회적 측면을 이해하기 위한 정보를 의미하며, 클라이언트와 그의 문제에 대해서 현재 상태를 이해하는 데 필요한 정보를 다루고, 과거의 선행사건, 반복되는 주제, 패턴을 찾을 수 있다. 문제해결을 위해 이용 가능한 모든 자원에 대한 정보를 수집하고 기록한다. 클라이언트가 이용 가능한 지역사회 자원, 클라이언트는 인식하지 못하는 자신의 심리적 자원 등에 대해서도 기록한다. 이 외에도 서비스의 목적, 서비스의 계획, 서비스의 특성, 서비스 종결의 방법과 사유, 서비스 활동과 결과에 대한 요약, 추후관리계획 등에 대해 기록해야 한다.

3. 기록의 유형

면접기록은 사회복지사가 강조하고자 하는 내용 혹은 면접의 목적에 따라 다양한 기록 유형을 활용할 수 있다. 여기에서는 사회복지실천현장에서 가장 많이 사용되는 유형인 과정기록, 문제중심 기록, 요약기록에 대해 살펴보고자 한다(남연희 외, 2012; 엄명용 외, 2019; 우국희 외, 2019).

1) 과정기록

과정기록(process recording)은 사회복지실천에서 가장 오랜 역사를 가지고 있는 기록법으로, 면접 과정 중에 일어난 모든 언어적・비언어적 요소를 꼼꼼하게 있는 그대로 기록하는 방법이다. 최근에는 과정기록에 포함되는 정보의 양을 줄여나가는 추세이기도 하지만, 면접 과정에서의 모든 요소를 적는 방법은 사회복지사의 교육과 훈련에 매우 유용하다. 수퍼바이저가 사회복지사와 클라이언트 사이에 실제 주고받은 상호작용을 분명하게 파악할 수 있다. 특히 과정기록의 방법은 클라이언트에 대한 사회복지사의 느낌이나 논리적 사고도 기술을 하고, 기록의 끝에는 '전문가 의견'을 적어서 사회복지사의 생각을 정리하고 다음 면담 계획도 간략히 기록한다. 이런 기록들을 수퍼바이저가 검토하면서 지적과 조언, 격려 등을 제공하기 때문에 교육적 기능이 크다.

과정기록의 장점은 사회복지사 스스로 자신이 수행한 사회복지실천과정과 결정한 내용들을 분석하고 개념화하고 조직화하는 것이 용이하다는 것이다. 따라서 개입의 목적을 명확하게 하고, 면접 기술능력을 향상하는 데 도움이 된다.

하지만 기록하는 데에 시간이 너무 많이 소요되고, 모든 내용을 적다 보면 실제 내용을 불완전하게 왜곡하여 기록할 수도 있다.

2) 문제중심 기록

문제중심 기록(problem-oriented recording)은 병원 또는 정신보건센터에서 가장 많이 활용되는 기록 방법으로, 여러 전문직이 함께 일할 때 광범위하게 사용되는 비교적 최신형태의 기록 방법이다. 문제중심 기록은 현재 핵심적인 문제를 중심으로 구성되며, 문제영역을 규명하고, 시정하고, 각 문제에 대하여 무엇을 할 것인지에 대한 계획을 기록하는 것이다.

문제중심 기록의 장점은 다양한 전문가들 간의 의사소통을 원활하게 하고, 여러 분야 간 공조를 쉽게 만든다는 것이다. 또한 기록 방법이 간결하고 형식이 통일되므로 기록감독자, 조사연구자, 외부 자문가 등이 모두 쉽고 질 높은 기록 검토를 할 수 있다. 하지만 클라이언트의 욕구, 자원, 강점보다는 문제를 강조함으로써 사회복지실천의 관심의 폭을 한정시킬 수 있고, 개인과 환경의 상호작용보다는 개인에 대해 집중하기 때문에 통합적이며 체계적인 부분을 간과할 수 있다.

문제중심기록은 흔히 SOAP 방식으로 기술된다. S(Subjective information)는 클라이언트 또는 클라이언트와 관련된 사람들의 주관적 보고내용을 의미한다. O(Objective information)는 사회복지사가 직접관찰, 체계적 자료수집에 근거하여 얻어진 객관적 자료를 의미한다. A(Assesment)는 주관적, 객관적 정보를 토대로 한 판단, 평가, 분석을 의미한다. P(Plan)은 앞으로의 개입 계획을 의미한다. <표 9-1>은 SOAP 양식을 활용하여 기록한 자료이다. 11장에 제시된 |그림 11-4|의 사례와 함께 살펴보길 권한다.

〈표 9-1〉 SOAP 기록 예시

S	• "저희 엄마는 저희를 돌볼 정신이 없는 것 같아 보여요. 학교에서 돌아오면 엄마는 늘 잠이 들어 있거나 멍하니 있어요. 숙제 같은 거도 엄마한테 물어보면 잘 해결이 되지 않아요." (출처 : Ct) • "남편과 최근에 별거를 했어요. 남편은 이전에 거의 경제활동을 하지 않았어요. 자주 술에 취해 있었어요. 술에 취할 때면 저를 때리거나 욕을 해서 그때마다 너무 힘들었어요. 지금은 같이 살지를 않으니 이전보다 좋아요.", "지금 월세가 밀려 있는데, 우선 이것부터 해결되면 좋겠어요." (출처 : Ct의 친모) • "남편과 같이 살 때, 한 번씩 남편 때문에 저희 집에 피해 있을 때가 있었어요. ○○엄마는 참 착해요. 조금만 누가 도와주는 사람이 있으면 더 좋을 텐데... 제가 가끔 챙겨주기는 하지만 어렵네요. (출처 : 통장)
O	• 월세가 약 3개월가량 밀려있음 • 지역사회 여러 기관(복지관, 교회, 주민센터, 언어치료실, 학교 등)에서 원조를 받고 있음 • 친부와 현재 동거하지 않음 • 언어장애로 언어치료를 받고 있음 • 친오빠는 교내 상담 교사로부터 상담을 정기적으로 받음 • 그동안 여러 생활의 어려움을 지역 기관의 도움으로 겨우 해결해 옴
A	• 클라이언트는 부모로부터 안정적인 양육 환경에서 성장하지 못한 것으로 보임. 불안정한 양육 환경은 후천적인 언어장애에 영향을 준 것으로 판단됨. 현재 이 가정은 빈약한 가족 자원들이 현재의 어려움을 가중시키는 것으로 보이며, 특히 친모의 양육자로서의 역할에 있어서 제한이 가족체계의 어려움을 심화시키고 있음 • 외부 자원들과 상호 교환에 있어서 친모는 일방적으로 이루어지고 있어, 문제해결의 주체적 역할로서 친모의 역할 강화가 중요할 것으로 보임. 하지만 친모의 사회력을 볼 때, 친모의 역할에 있어서 한계가 예상됨 • 현재 클라이언트의 문제(언어 장애 및 양육 환경)의 개선을 위해 유일하게 친모와 상호관계를 가지고 있는 통장의 역할이 중요할 것으로 보임 • 현재 클라이언트를 포함한 가족체계의 문제에 접근함에 있어서, 여러 자원들의 유기적 협력과 클라이언트 가족 체계 중 친모의 적극적 참여가 필요할 것으로 보임
P	• 자원기관 통합 사례회의(친모 및 통장 포함 : 동의가 필요함)을 통해 사정 회의 실시 • 사례 지원을 위한 통장 추가 면담

3) 요약 기록

요약 기록(summary recording)은 면접 과정에서 준비된 모든 자료를 제시하기보다 중요성에 근거하여 사회복지사가 취사선택하여 클라이언트의 상황을 정확하고 요점적으로 기록하는 방법이다. 과정 기록이나 문제중심 기록이 상당한 시간과 노력이 요구되고 사회복지실천현장에서는 기록의 간소화를 요구하는 움직임이 많아지면서 생긴 기록 방법으로 최근 사회복지기관에서 가장 많이 활용하는 방법이다.

요약 기록은 임상 실무를 문서화하는 데 적합한 기록 방법으로, 특히 사회생활력이나 사정과 같은 특정 내용 요소들을 문서화하는 데 효과적이다. 또한 중요한 부분에 대해 포괄적으로 기록할 수 있는 융통성이 있다. 하지만 요약 기록 방법은 사회복지사의 재량에 많이 의존하기 때문에 기록 내용이 지나치게 단순할 수도 있고, 초점이 분명하지 않을 수도 있는 불안 요소가 있다.

참고문헌

김춘경・이수연・이윤주・정종진・최웅용(2010). 상담의 이론과 실제. 서울 : 학지사.

김혜영・석말숙・최정숙・김성경(2014). 사회복지실천론. 경기 : 공동체.

남연희・박영국・도기봉(2012). 사회복지실천론. 경기 : 공동체.

엄명용・김성천・오혜경・윤혜미(2019). 사회복지실천의 이해. 서울 : 학지사.

우국희・성정현・좌현숙・장연진・최승희(2019). 사회복지실천론. 서울 : 신정.

천성문・박명숙・박순득・박원모・이영순・전은주・정봉희(2009). 상담심리학의 이론과 실제(제2판). 서울 : 학지사.

Brown, J. A.(1992). *Handbook of Social Work Practice.* Springfield III. : Charles C. Thomas Publisher.

Comton, B. R., & Galaway, B.(1994). *Social Work Processes*(5th ed.). Belmont : Wadsworth.

Cormier, W. H., & Cormier, L. S.(1985). *Interviewing Strategies for Helpers : Fundamental skills and cognitive behavioral intervention*(2nd ed.). Monterey, CA : Brooks/Cole.

Gambrill, E.(2013). *Social Work Practice : A critical thinker's guide*(3rd ed.). New York : Oxford University Press.

Garrett, A. M.(1942). *Interviewing : Its principles and methods.* 김연옥・최해경 공역(2006). 사회사업면접의 이론과 사례. 서울 : 한울아카데미.

Hepworth, D. H., Rooney, R. H., Rooney, G. D., Strom−Gottfried, K., & Larson, J. A.(2013). *Direct Social Work Practice : Theory and skills.* Belmont, CA : Brooks/Cole Cengage Learning.

Johnson, L. C.(1989). *Social Work Practice*(3rd ed.). Boston, MA : Allyn and Bacon.

Kagle, J. D.(1991). *Social Work Records.* Prespect Height : Waveland Press.

Zaki, E. P., & Mangold, M. M.(1972). *Interviewing : Its principles and methods*(2nd ed.). New York : Family Service Association of America.

Zastraw, C. H.(1995). *The Practice of Social Work*(5th ed.). Pacific Grove, CA : Brooks/Cole Publishing Company.

제 10 장

사회복지실천과정 : 접수와 자료수집

CHAPTER 10

사회복지실천과정 : 접수와 자료수집

제1절 | 접 수

1. 접수의 개념

사회복지실천과정은 클라이언트의 문제를 해결하고, 욕구를 충족시키는 과정으로, 사회복지실천은 접수과정에서 시작된다. 사회복지실천이 성공적으로 이루어지기 위해서는 접수 단계부터 충실히 이행되어야 하는데, 접수과정이 서비스 제공의 전 과정에 큰 영향을 미치기 때문이다.

접수(intake)는 잠재적 클라이언트와 처음 만나는 과정이다. 일반적으로 방문을 통한 대면 접촉 외에도 전화나 타 기관으로부터의 의뢰 등과 같은 문서를 통한 접수 등도 포함될 수도 있다. 잠재적 클라이언트라고 표현하는 이유는 접수과정을 통하여 클라이언트를 평가하고, 클라이언트가 가진 문제의 해결과 욕구 충족이 기관의 목적과 내용에 적합한지를 평가한 후에 클라이언트에 대한 서비스의 제공 여부가 이루어지기 때문이다. 사회복지기관들은 각 기관별로 사업의 내용이나 서비스의 수준이 정해져 있기 때문에, 그 기관에 속한 사회복지사는 기관의 목적과 서비스의 내용에 부합하여 실천해야 한다. 다만, 기관의 목적성과 기능성에 부합하는 클라이언트가 아니라 하더라도 즉각적인 종결을 하는 것이 아니라 신청자가 클라이언트가 되기까지 도와야 한다. 기관의 목적, 정책과 서비스 내용에 부합하지 않는 경우는 기관에서 다른 기관으로 의뢰가 이루어지기 때문에, 접수가 이루어졌다고 해서 반드시 모든 클라이언트가 기관의 클라이언트가 되는 것은 아니다. 따라서 잠재적 클라이언트라고 칭한다.

잠재적 클라이언트가 가진 욕구가 기관의 목적, 정책과 서비스 내용에 부합하는 경우, 클라이언트로 전환되며 서비스가 제공된다. 따라서 접수의 주요 목적은 잠재적 클라이언트의 문제 혹은 욕구와 원조에 대한 기대가 기관의 목적과 기능에 부합하는지를 판단하여 서비스 제공 여부를 결정하고, 클라이언트가 서비스 제공과정에 적극적으로 참여할 수 있도록 기반을 조성하는 것이다.

일선 현장에서 접수 담당업무가 실제 서비스를 전달하는 과정이 아니라, 서비스의 대상 여부에 대한 적합성 평가의 과정이므로 초보 사회복지사에게 배정하는 경우가 있다. 그러나 접수 담당업무는 기본적으로 이론적 지식과 기술 그리고 풍부한 실무 경험이 있는 사회복지사가 담당해야 한다. 초보 사회복지사의 경우 잠재적 클라이언트가 서비스 대상에 해당되지 않음에도 클라이언트로 접수하여 혼란을 초래할 수 있기 때문이다. 그로 인하여 접수를 취소하거나 철회하는 등의 문제를 초래할 수 있으며 이는 클라이언트의 문제해결에 부정적 영향을 미칠 수 있기 때문이다. 또한 기관의 대상자가 아니라면 타 기관으로 의뢰를 해야 하는데, 그 지역사회의 자원에 대한 풍부한 지식이 있어야 하므로, 초보 사회복지사보다는 실무 경험이 있는 사회복지사가 담당하는 것이 바람직하다 할 수 있다.

산격종합사회복지관(2017)의 지역사회 주민욕구조사에 따르면, 정신건강복지센터, 자활센터, 노인복지관, 자원봉사센터, 청소년상담복지센터, 가족센터(구 건강가정지원센터 및 다문화가족지원센터)의 이용의향은 20%를 넘지 않는 것으로 나타났다. 반면 도서관은 22.0%, 보건소는 48.5%로 복지시설보다 이용의향이 높게 나타났으며, 이러한 결과를 고려할 때 복지시설의 경우 심리적 거리감이 일반적인 공공시설보다 높다고 볼 수 있다. 이는 지역사회복지기관에 대한 정보 부족으로 생각할 수 있다. 그러나 다른 측면으로는 사회복지기관에 대해 알고 있으나, 지역사회복지기관에 대한 부정적 고정관념으로 인하여 이용을 꺼리는 것으로도 해석할 수 있다. 클라이언트는 사회복지기관을 찾아오기 전에 주변의 가능한 모든 자원, 즉 가족, 친구, 심지어 다른 전문직으로부터 도움을 구하고자 노력을 하며 모든 원조자원이 불가능한 뒤에야 비로소 사회복지기관을 찾아온다고 볼 수 있다(김융일 외, 1995).

사회복지현장에서의 접수는 크게 자기 의뢰, 비공식체계에 의한 의뢰, 공식체계에 의한 자발적 의뢰, 공식체계에 의한 비자발적 의뢰, 아웃리치를 통한 발굴 등의 다섯 가지 유형으로 나누어 볼 수 있다(박지영 외, 2020). 첫째는 자기 의뢰로, 클라이언트가 스스로 도움이 필요하다고 판단하여 기관으로 직접 방문하거나 사회복지사를 찾아와서 직접 서비스 이용을 신청하거나 의뢰하는 경우를 말한다. 둘째는 비공식체계에 의한 의뢰로, 가족 구성원, 친구, 이웃, 주변 동료 등이 클라이언트의 문제 해결을 위해 서비스 이용을 대신 신청하거나 의뢰하는 경우를 말한다. 자기 의뢰에 비해 문제인식 수준이나 개선의지가 낮을 수 있으며, 서비스 이용을 거절하는 등의 저항이 높을 수 있다. 셋째, 공식체계에 의한 자발적 의뢰로 클라이언트가 정부기관이나 공공기관 혹은 사회복지기관 등에 서비스 이용을 신청하였으나 해당기관에서 서비스 이용이 어렵거나, 혹은 제공하지 않는 서비스에 대한 욕구를 가진 경우가 있다. 이때 다른 적절한 기관으로 클라이언트를 공식적으로 의뢰하여 접수가 이루어지는 경우이다. 넷째, 공식체계에 의한 비자발적 의뢰로, 정부나 공공기관이 클라이언트의 문제 해결이나 욕구충족을 위하여 사회복지기관에 서비스를 신청하는 경우이다. 다섯째, 아웃리치를 통한 발굴로, 직접 도움을 필요로 하는 클라이언트를 찾아 나서 사례를 발굴하는 경우이다. 이처럼 접수의 경로는 다양하며, 몇 가지 방식이 혼합되어 접수가 이루어질 수도 있다.

쉐퍼와 호레이시(Sheafor & Horejsi, 2006)는 사회복지실천이 성공적으로 이루어지기 위해서는 클라이언트가 접수하기 이전부터 미리 준비하는 것이 중요하다고 강조하였다. 따라서 사회복지 서비스가 성공적으로 이루어지기 위해서는 접수 이전에 사전 준비가 매우 중요하다. 김혜란 등(2013)은 클라이언트와 효과적인 만남을 위해 사회복지사가 사전에 준비해야 할 사항들에 대해 다음과 같이 정리하였다. 첫째, 외부기관으로부터 클라이언트가 의뢰되었을 때 사회복지사는 기관으로부터 받은 자료와 정보를 사전에 점검해야 하되, 클라이언트에 대한 선입견과 편견을 가져서는 안 된다. 둘째, 이전에 클라이언트를 담당했던 담당자로부터 기본적인 정보를 수집하고 클라이언트를 만나기 전에 수퍼바이저나 동료 사회복지사에게 조언을 구해야 한다. 셋째, 클라이언트와 초기 면접을 위해 사회복지사는 외모와 감정상태 그리고 면접시간 및 장소 등을 세심하게 준비해야 한다. 넷째, 클라이언트의 감정과 문제 그리고 현실에 대해 공감적 이해가 있어야 한다. 다섯째, 첫 만남을 미리 예상하고 면접에 관한 계획을 세워야 한다. 그러나 이 같은 부분은 사전에 내방에 대한 정보가 있을 때 가능한 부분들이다. 사회복지현장에서는 전화 통화 후 기관을 내방하거나 다른 기관으로부터 사전 연락 후에 기관을 내방하거나 내담자의 집으로 방문하는 경우와 같이, 사전에 접수를 위한 준비를 할 수 있는 시간적 여유가 있어 유연하게 대응할 수 있는 사례가 있는 반면, 사전 연락 없이 즉흥적으로 방문하여 서비스에 대한 이용문의를 하는 경우도 있다. 따라서 사회복지사는 언제든지 서비스의 접수과정을 진행할 수 있도록 준비되어 있어야 한다.

2. 접수단계의 과제

접수단계의 과업은 크게 세 가지로 나뉘게 된다. 우선 문제를 확인하는 것이다. 이후 클라이언트의 문제와 욕구 해결이 기관의 정책과 목적 서비스 내용에 부합하는 경우, 서비스 제공을 위하여 관계 형성 및 참여를 유도하게 된다. 그러나 기관의 정책과 목적 그리고 서비스 내용에 부합하지 않는 경우 다른 기관으로 의뢰하게 된다. 각 과업을 구체적으로 살펴보면 다음과 같다.

1) 문제 확인

접수단계에서의 첫 번째 과제는 잠재적 클라이언트의 문제와 욕구를 파악하는 것이다. 접수단계에서의 문제 확인은 심층적 분석이 아니라 현재 명백하게 드러난, 클라이언트가 호소하는 문제를 중심으로 확인한다. 문제에 대한 심층적 분석은 서비스의 적격성을 평가한 후 클라이언트가 된 이후 진행과정에서 사정을 통하여 지속적으로 이루어지게 된다. 접수단계에서는 클라이언트가 호소하는 문제를 중심으로, 그 문제가 얼마나 중요하며 왜 발생했는가에 대해서 파악하게 된다.

잠재적 클라이언트가 복지기관에 대해 사전조사를 통해 충분히 이해하고 오는 경우는 드물다. 따라서 기관에서 제공될 수 있는 서비스에 대한 내용을 충분히 안내하고, 또한 기관에서 제공되기 어려운 서비스에 대해서도 그 이유를 충분히 설명해야 한다. 단순히 서비스 제공이 안 된다고만 하는 경우 잠재적 클라이언트는 거부당했다고 느끼기 때문이다.

2) 관계형성 및 참여유도

접수단계에서는 사회복지사와 잠재적 클라이언트와의 관계형성이 중요하다. 사회복지사와의 관계가 원활하게 형성되어야만 자신의 문제를 솔직하게 표현할 수 있고 개입과정에 적극적으로 참여할 수 있게 된다. 사회복지사는 클라이언트와의 신뢰적 관계를 형성하기 위해 감정이입(empathy), 온화함(warmth), 진실성(genuineness)의 태도를 갖추어야 한다. 비에스텍(Biestek)은 성공적인 사회복지실천을 위하여 클라이언트의 자기결정, 비밀보장, 개별화, 수용, 비심판적 태도, 의도적 감정표현, 통제된 정서적 반응의 태도를 보여야 한다고 하였다. 이윤로(2008)는 클라이언트와의 긍정적인 관계형성을 위해 다음과 같은 사항을 고려해야 한다고 하였다.

- 클라이언트에 대해 긍정적이고 확신 있는 태도를 유지한다.
- 클라이언트가 자신의 관심사와 상황을 분명히 이야기하도록 적극적으로 경청한다.
- 클라이언트가 친숙한 환경(가정 등)에서 면담을 검토한다.
- 클라이언트의 행동이나 대인관계 활동에 대해 솔직하게 이야기한다.
- 비심판적 태도를 유지한다.
- 클라이언트를 돕겠다는 의지를 표현한다.
- 클라이언트가 희망하는 목표에 따라 행동계획을 수립한다.

잠재적 클라이언트가 가진 문제나 욕구가 기관의 목적과 서비스에 부합하는 경우 클라이언트가 된다. 클라이언트가 된 경우 서비스의 효과성을 위하여 동기를 부여할 필요성이 있다.

클라이언트가 다른 복지기관을 여러 번 방문해 본 경우, 기관 이용 및 서비스 문의에 대한 어려움이나 두려움이 없을 수 있다. 반대로 다른 기관에서 이용에 대해 거부당한 경우 클라이언트는 지치고 자신감을 잃어서 자신의 문제가 해결될 수 있을지에 대한 부정적인 생각을 갖고 있을 수 있다. 또한 대부분의 잠재적 클라이언트는 초기에 기관을 이용하는 데 있어서 낯선 환경에 대한 두려움과 불안 그리고 양가감정 등을 지니고 있을 수 있다. 따라서 이러한 동기유발, 불안과 저항, 양가감정에 대해서 다룰 수 있어야 한다. 이를 구체적으로 살펴보면 다음과 같다.

첫째, 접수단계에서 사회복지사는 클라이언트의 문제와 욕구를 해결하기 위하여 클라이언트의 적극적 참여가 요구되며, 이를 위해 동기를 유발해야 한다. 사회복지와 같은 휴먼서비스는 효과적인 사업성과의 달성을 위하여 종사자의 전문적 역량도 중요하지만 서비스의 대상자의 적극적인 참여가 요구된다고 할 수 있다. 아무리 전문적인 서비스를 제공하더라도 서비스의 대상인 클라이언트가 부정적이거나 저항적 입장을 취하게 되면 그 서비스는 목적성을 달성할 수 없다. 따라서 접수단계에서는 서비스의 효과성을 달성하기 위하여 클라이언트의 적극적인 참여를 위하여 동기를 유발하는 것이 필요하다.

둘째, 클라이언트의 저항을 다룰 수 있어야 한다. 사회복지현장의 클라이언트들은 자신의 문제나 욕구를 자각하고 외부의 도움을 통하여 해결하려는 자발적인 클라이언트도 있는 반면, 자신은 문제가 없다고 문제 인식을 거부하거나 저항할 수 있으며 부정적인 상태도 항상성을 갖기 때문에 기존의 상태를 변화시키지 않으려 저항할 수 있다. 또한 기존의 다양한 기관들을 돌고 돌아오는 경우도 종종 있다. 이런 경우 클라이언트들은 대부분 이번에도 변화가 없을 거라며 낙담한 채로 소극적 저항을 하는 경우가 있다. 특히 비자발적인 클라이언트의 경우는 문제해결에 대한 동기가 약하거나 없기 때문에, 서비스를 제공받는 것에 많은 저항을 보일 수 있다. 저항의 형태는 문제에 대해 인식하지 못하거나 혹은 서비스 이용을 거부하거나, 사회복지사 자체를 거부할 수도 있다. 혹은 언어적으로 또는 행동을 포함한 비언어적 행동으로 저항할 수도 있다. 클라이언트의 저항은 때때로 사회복지사에게 역전이로 인한 화를 불러일으킬 수도 있으며, 자신감을 결여시키거나 무력감 혹은 빠른 소진을 야기한다. 그러나 성숙한 사회복지사라면 이를 수용하고, 받아들일 수 있어야 한다. 또한 클라이언트에 대한 부정적 인식이 강해질 경우는 수퍼비전을 통하여 통찰과 성장의 기회로 삼아야 한다.

셋째, 클라이언트의 양가감정을 다루어야 한다. 양가감정은 변화를 원하는 마음과 변화를 원하지 않는 상충된 마음이 동시에 공존하는 것을 말한다. 변화를 원하면서도 변화를 두려워하는 양가감정은 인간의 자연스러운 반응이라 할 수 있다. 이는 클라이언트에 의해 저항감의 형태로 나타날 수도 있고, 사회복지사에 의해 강화될 수도 있다. 사회복지사가 지나치게 권위적인 태도를 보이거나 전문적 용어를 남용하는 경우, 도덕적으로 심판하는 태도 등은 클라이언트의 수치심과 열등감을 자극하여 오히려 저항하는 태도를 유발하게 된다. 따라서 이러한 태도를 유의하며, 클라이언트 감정이 자연스러운 것임을 알려주고, 양가감정을 표현할 수 있도록 격려해 주어야 한다.

3) 의뢰 여부 결정

의뢰(referral)는 잠재적 클라이언트가 가진 문제와 욕구가 기관의 정책과 목적 그리고 서비스 내용에 부합하지 않거나, 기관에서 해결하기 어려울 때 적합한 다른 기관으로 클라이언트를 보내는 것을 의미한다. 일반적으로 기관의 인력이 부족하거나, 필요한 전문기술을 가진 인력이 부재한 경우, 그리고 클라이언트의 문제가 기관의 목적과 기능에 부합하지 않는 경우, 그 기관보다 다른 기관이 클라이언트의 문제해결에 더 적합하다고 판단되는 경우, 클라이언트의 문제에 우선적으로 책임을 지는 기관이 있는 경우 등이다.

쉐퍼와 호레이시(Sheafor & Horejsi, 2009)는 성공적인 의뢰를 위하여 사회복지사는 다음과 같은 사항을 고려해야 한다고 했다. 첫째, 사회복지사는 의뢰의 이유를 분명히 해야 한다. 둘째, 의뢰를 결정하기 전에 사회복지사는 기관의 자원을 최대한 고려하여 도움 가능성을 검토해야 한다. 셋째, 의뢰하려는 기관의 자원에 대해 정확하게 이해하여야 한다. 넷째, 다른 기관으로 의뢰하기 전, 친구, 친척 및 이웃 등 클라이언트의 비공식적 자원체계의 동원 가능성을 검토한다. 다섯째, 의뢰에 대해 클라이언트가 가지는 양가감정을 이해하고, 이를 표현할 기회를 주어야 한다. 여섯째, 사회복지사는 의뢰하려는 기관에서 받게 되는 서비스의 내용과 한계에 대해 클라이언트에게 정보를 제공한다. 일곱째, 사회복지사는 클라이언트에게 의뢰를 받는 기관에서 제공될 서비스에 대해 섣부르게 확답해서는 안 된다. 여덟째, 사회복지사는 지역사회의 동원 가능한 자원들에 대해 파악한다. 아홉째, 의뢰결과에 대해 추적 평가를 하여 의뢰서비스 기술을 향상시킨다.

흔히 현장에서는 연계와 의뢰의 개념을 혼용하여 사용하기도 한다. 의뢰(referral)는 전적으로 타 기관 및 전문가에게 클라이언트에 대한 책임 여부를 넘기는 것이며, 연계(linkage)는 클라이언트의 복지향상을 위하여 클라이언트에게 필요한 서비스의 일부분 제공과 관련하여 타 기관과 연합하여 서비스를 함께 제공하는 것을 의미하는 것으로 클라이언트에 대한 책임 여부를 타 기관에게는 넘기지 않는다는 점에서 차이가 있다.

클라이언트는 한 가지 문제나 욕구만 가지고 있는 것이 아니고, 복합적인 문제와 욕구를 가지고 있기 때문에 지역사회 내 다른 기관과 연계할 필요성이 있다. 사회복지사는 연계나 의뢰를 하기 위해서 자신의 기관은 물론 지역사회 내 다른 기관의 서비스 내용과 자원 등에 대해서 잘 파악하고 있어야 한다. 그러나 지역사회 내 수많은 직·간접적 복지기관이 있으며 이러한 기관을 알고 있기는 쉽지 않다. 따라서 지역사회보장협의체와 같은 네트워크 조직활동에 지속적으로 참여해야 하며, 한국사회복지협의회 및 지역사회복지협의회에서 제공하는 사회복지시설 검색서비스들을 이용할 수 있어야 한다. 한국사회복지협의회 및 지역사회복지협의회에서는 대상별, 지역별 사회복지시설에 관한 다양한 정보들을 제공하고 있으며, 이를 이용하여 각 기관의 설립목적과 주요 사업 내용 등을 파악할 수 있다.

제2절 I 자료수집

1. 자료수집의 개념

자료수집은 클라이언트의 문제를 이해하고, 해결하는 데 필요한 자료를 모으는 과정을 말한다. 자료수집 활동은 흔히 사정을 위한 전 단계로 이해된다. 따라서 사정단계로 넘어간 이후로는 자료수집 과정이 필요 없을 것이라 생각하기 쉽다. 그러나 사회복지현장에서는 실제로 개입 전 과정 동안 지속적인 자료수집이 이루어지게 된다. 지속적인 자료수집을 통하여 클라이언트의 변화과정,

문제해결 정도를 파악할 수 있기 때문이다. 본 장에서는 사정을 위한 자료수집에 초점을 두어 알아보고자 한다.

2. 자료의 출처

1) 자기보고

자료수집에 있어 가장 중요한 자료의 출처는 바로 클라이언트 자신이다. 자료수집방법 중 클라이언트의 자기보고에 해당되는 것은 클라이언트가 작성한 기본 정보가 기록된 접수 면접지나 초기 면접지와 같은 자료를 비롯하여, 면접을 통해 얻은 클라이언트와 관련된 정보 등이 있다. 자기보고와 같은 방식은 자료수집이 쉽고 자료의 범위를 융통성 있게 조절할 수 있는 장점이 있다.

클라이언트는 사회복지서비스를 이용하기 위하여 접수과정에서 자신의 주요 문제와 환경에 대한 정보를 기록하게 된다. 이를 초기 면접지나 접수 면접지라고 하는데, 이렇게 구조화된 면접지를 통해서 일반적인 클라이언트의 기초적이면서 일반적인 정보(인구사회학적 특성 등)들을 쉽게 얻을 수 있다.

다음으로 클라이언트가 직접 이야기한 내용이 있다. 클라이언트가 말로 한 이야기는 중요한 일차적 정보가 된다. 그러나 클라이언트의 진술은 주관적일 수 있기 때문에 편견이나 감정에 의한 왜곡이 있는지 주의할 필요가 있으며, 더불어 인간의 기억은 불확실하기 때문에 이에 대한 망각이나 왜곡이 있을 수 있다. 따라서 클라이언트의 이야기만으로 정확한 정보를 얻기는 어려우며, 필요에 따라 추후에 사실확인 과정을 거칠 수 있다. 마지막으로 사회복지사가 관찰한 내용이나 클라이언트와의 직접적 상호작용 경험이 있다.

2) 관찰 및 상호작용

사회복지사는 클라이언트의 비언어적 행동을 관찰함으로써 관련 정보를 수집할 수 있으며, 또한 클라이언트와의 직접적 상호작용을 통해서도 관련 자료를 수집할 수 있다. 구체적으로 아동 클라이언트의 경우 옷차림과 같은 부분을 통해서도 관련된 정보를 얻을 수 있다. 외출복을 입었는지, 혹은 머리는 감았는지 등을 통하여 아동 돌봄 및 방임에 대한 정보를 얻을 수 있는 것이다. 그리고 클라이언트와 가족 구성원 혹은 주변인들과의 상호작용에 관한 관찰을 통해서도 관련 정보를 수집할 수 있다. 가정방문을 통해 클라이언트가 거주하고 있는 주거상태나 가족 간의 상호작용을 관찰할 수도 있다. 필요에 따라 사회복지사는 실연을 요청할 수 있다. 실제 그 일이 일어났을 때처럼 같은 언어와 행동을 사용해 당시 상황을 그대로 재현하도록 사회복지사가 클라이언트에게 요구하는 것이다. 또한 고위험 사례의 경우에는 직접적인 시연보다는 간접적 매체를 통해서 확인하는 방법도 있다. 구체적으로 인형을 기반으로 하여 이야기하는 인형치료나, 모래상자를 활용한 모래놀이치료, 그리고 그림을 이용한 미술치료 등의 방법을 통해 인형 간의 상호작용, 모래상자 안에 꾸며진 모습, 그리고 그림으로 표현된 모습들을 통해 클라이언트와 가족, 그리고 사회 환경과의 상호작용을 관찰할 수 있다.

이외에도 면담 전후에 클라이언트가 보이는 비언어적 행동을 통해서 관련 정보를 수집할 수 있다. 이러한 비언어적 행동들은 클라이언트의 감정과 정서를 읽는 데 큰 도움이 되기 때문에, 이에 민감하게 반응할 수 있어야 한다. 또한 클라이언트가 사회복지사와 상호작용하는 패턴, 그리고 그것에 대한 사회복지사의 경험과 같은 직접적 상호작용도 중요 자료의 원천이 될 수 있다. 클라이언트가 사회복지사와 상호작용하는 과정에서 자신의 일반적 사회관계 양상을 드러내는 경우가 많기 때문이다. 다만, 경우에 따라 상호작용에 대해서도 클라이언트가 일상적 상호작용을 하지 않고 연기를 할 수 있기 때문에, 이 같은 꾸며진 상호작용에 대해서도 주의할 수 있어야 한다. 따라서 사회복지사는 이를 알 수 있는 직관력 및 통찰력이 있어야 한다.

3) 주변인들로부터의 정보

사회복지사는 기본적으로 생태체계적 관점의 시각을 가지게 된다. 환경 속의 인간의 관점으로, 클라이언트가 누구와 상호작용하는가를 파악하는 것이다. 앞서서 핀커스와 미나한은 통합적 실천 모델로서, 행동체계를 제시한 바 있다. 목표달성을 위해 사회복지사와 공동으로 노력하는 체계를 의미하는데, 행동체계를 통해서 우리는 클라이언트와 관련된 정보를 수집할 수 있다. 그 대상은 가족, 친구, 친척, 그 외에 직간접적으로 상호작용을 하는 교사, 동료, 고용주, 종교지도자 및 기타 전문가 등이 될 수 있다. 클라이언트와 관련된 자료수집은 클라이언트에게 알리고 허락을 받아야 하며, 사전에 어떤 종류의 정보가 필요하고 왜 그 정보가 필요한가에 대해 설명을 하는 과정이 수반되어야 한다.

4) 검사 및 평가도구

사회복지사는 클라이언트가 호소한 문제에 따라 관련된 정보를 수집하기 위하여 다양한 검사도구를 활용하여 관련된 정보를 수집할 수 있다. 전문적인 심리검사의 경우 시행방법, 채점, 그리고 해석 등에 관하여 임상적 검증과정을 거쳐 신뢰도나 타당성 면에서 이미 표준화되어 있다. 따라서 심리검사를 사용할 경우 자격을 갖춘 전문가에게 의뢰하여 실시하는 것이 바람직하다. 각 검사도구마다 사용할 수 있는 자격요건은 상이하며, 검사를 실시하기 위해서는 관련된 교육을 이수하고 자격을 갖추어야 한다. 일부 현장에서는 비자격자에 의한 심리검사 등이 이루어지고 있는데, 이는 직업적 윤리의 관점에서도 올바르지 않다. 따라서 검사를 실시할 때는 사회복지사가 관련된 자격교육을 이수하는 등의 방법을 통하여 자격을 갖추는 것이 필요하며, 그렇지 못한 경우에는 반드시 자격을 갖춘 전문가에 의해 실시되거나, 임상심리사 등의 전문가에게 의뢰하여 실시하도록 해야 한다. 또한 심리검사의 경우에는 한 가지만으로 전체적으로 내담자를 평가하고 해석할 수 없기 때문에 보통 두 가지 이상을 하는 것이 바람직하다. 또한 필요에 따라 정신건강복지센터에 의뢰하여 실시할 수 있다.

그러나 모든 검사도구를 전문가에게 의뢰해서 실시해야 하는 것은 아니다. 기본적 매뉴얼에 기반하여 사회관계망이나, 자아개념, 그리고 가족관계와 관련된 만족도와 관련된 검사 등은 사회복지사도 실시할 수 있다. 사회복지현장에서는 매우 다양한 클라이언트의 문제나 욕구가 나타나고 있으며, 따라서 이를 진단하기 위한 다양한 검사 및 도구들이 개발되고 있다. 다양한 검사자료 및 도구들을 집약해 놓은 '사회복지활용 척도집'과 '심리척도 핸드북'과 관련된 도서들을 통하여 클라이언트의 욕구 및 문제와 관련된 내용들을 파악하고 현장에 적용할 수 있다.

5) 기타 부수적인 원천

사회복지사는 필요에 따라 클라이언트의 가정을 방문하여, 정보를 얻을 수 있다. 가정 방문을 통하여 일상적 상호작용을 관찰할 수 있을 뿐만 아니라, 집 안의 청결도나 위생상태 그리고 재정상황 등에 대한 정보를 수집할 수 있다. 또한 타 기관에서 의뢰되거나 이용경험이 있는 클라이언트의 경우, 관련된 요약 정보를 수집할 수 있다.

3. 자료의 내용

골드스타인과 누넌(Goldstein & Noonan, 1999)은 자료수집에서 사회복지사는 호소문제, 호소문제와 관련된 다른 문제 또는 표면적으로 드러나지 않은 문제의 범위, 문제의 원인이 되거나 문제를 악화시키는 과거와 현재의 생물심리사회적 상황, 문제해결에 대한 동기와 원조과정에 대한 기대, 클라이언트를 원조하는 데 동원할 수 있는 클라이언트의 내적 역량, 강점, 외부 자원 등을 수집할 수 있다고 하였다.

1) 클라이언트의 문제에 관한 정보

사회복지사는 자료수집에 있어서, 클라이언트가 가지고 있는 문제에 관한 정보를 수집해야 한다. 즉, 클라이언트가 호소하는 문제, 성격, 욕구와 문제 영향을 미친 요인들에 대한 정보를 수집해야 한다.

2) 클라이언트의 개인력 및 가족력

개인력은 클라이언트가 살아온 역사를 말한다. 유년기 시절부터 학령기와 청소년기를 거쳐 성인기 및 노년기에 이르기까지 생애주기 동안 경험한 일련의 경험과 사건 그리고 병력 사항 및 성취한 발달과업들과 관련된 자료를 의미한다. 결혼, 이혼, 재혼 및 출산 등을 비롯하여 사건과 사고(수감, 범죄, 알코올 중독 등), 그로 인한 장애 및 일상생활 어려움의 발생과 관련된 정보는 개인의 생애에 중대한 영향을 미치는 요인이므로 이에 대한 자료들을 수집할 필요가 있다. 이처럼 개인력은 클라이언트의 생애발달 궤적을 이해하는 데 도움을 제공함으로써 클라이언트에 대한 심층적 이해를 가능하게 한다. 따라서 사회복지사는 개인력과 관련된 자료를 수집해야 한다.

가족력은 클라이언트의 가족관계를 말한다. 클라이언트를 중심으로 가족관계와 구조 그리고 가족상황 및 기능에 대한 정보를 의미한다. 가족 구성원의 이름, 나이, 직업, 교육정보 등을 비롯하여 구성원 간의 관계와 가족 구성원과 관련된 생활력 및 문제 등에 대한 자료를 수집한다. 결혼여부에 따라서 방위가족을 넘어 생식가족에 대한 정보를 수집할 필요가 있다. 또한 가족 간에 공유하는 신념들이나 가족규칙들에 대한 자료 조사도 필요하다. 예를 들어, 아버지가 대부분의 가족생활에 대한 결정권을 가졌으며, 상명하복(上命下服)의 문화를 가지는 등 강압적인 가정생활문화는 클라이언트가 호소하는 문제에 영향을 미쳤을 수 있다. 따라서 이러한 가정생활문화를 포함한 가족력에 대한 자료조사도 이루어져야 한다.

3) 클라이언트의 기능

클라이언트의 기능 및 대처능력은 클라이언트가 갖고 있는 문제와 욕구에 대한 대처능력과 함께 신체, 행동, 인지, 정서적 기능과 문제해결능력, 자기개발능력 및 대인관계능력 등을 의미한다. 구체적으로 클라이언트의 신체와 관련하여 건강상태에 대한 정보, 심각한 건강상의 문제여부, 정신건강의 상태, 음주 등에 대한 정보를 파악해야 한다. 또한 클라이언트의 인지와 관련하여 인지기능 및 지적능력과 클라이언트가 가진 신념 및 삶의 철학에 대한 자료를 수집할 필요가 있다. 클라이언트가 주변과의 상호작용 시 나타내는 정서적 반응 등에 대한 이해가 필요하다. 문제상황 시 발생하는 스트레스에 대한 대처능력 수준에 따라 갈등해결 방법이 달라질 수 있다. 일반적으로 대처능력 수준이 미흡할 경우 부정적 형태의 갈등해결 방법(폭력, 학대 등)이 나타날 수 있으므로, 이와 관련된 자료수집이 이루어져야 한다. 나아가 문제해결과 관련하여 자기에 대한 개발능력과 의지에 대한 정보 그리고 사회적 기능 측면에서 대인관계능력 등에 대한 자료를 수집해야 한다.

4) 문제 및 욕구 해결에 필요한 자원

클라이언트가 자신의 문제를 해결하고 성장하는 데 필요한 활용 가능한 자원을 말한다. 현재 이용하고 있는 자원을 포함하여, 앞으로 문제해결 및 욕구 충족에 활용할 수 있는 자원에 대한 자료가 수집되어야 한다. 자원은 인적, 물적, 시간 자원과 체계적 차원에 따라 개인, 가족, 지역사회 자원 및 정책과 제도 등을 모두 포함하여 자료를 수집하여야 한다.

5) 클라이언트의 동기 및 강점

앞서 살펴본 바와 같이 클라이언트의 동기 및 참여의지는 사회복지서비스의 효과성과 밀접한 관련성을 가진다. 따라서 클라이언트가 문제해결이나 욕구 충족에 대해 가지는 동기와 강점 등에 대한 분석이 필요하다. 클라이언트가 변화 가능성이 거의 없는 상황에서는 강점을 파악하는 것이 쉽지 않지만, 도움을 요청했다는 사실만으로도 하나의 강점이 될 수 있다. 클라이언트가 가지는 강점은 문제해결 및 욕구 충족에 있어 매우 중요한 자원이 되므로, 클라이언트의 강점과 한계를 수집할 필요가 있다.

6) 클라이언트의 환경 체계

클라이언트가 문제해결 및 욕구충족과 관련하여 상호작용하는 환경 체계에 대한 분석이 필요하다. 구체적으로 공식적 차원으로 클라이언트가 주변 어느 기관에게 도움을 요청하였는지, 그리고 어떠한 지역사회 자원을 이용하였는지 등에 대해 조사할 필요가 있다. 또한 비공식적 차원, 즉 주변의 누구에게 도움을 요청하고 어떤 지원을 받았는지, 지원을 받았다면 상호작용의 빈도와 강도 등에 대한 분석이 이루어져야 한다. 작게는 가족 및 학교와 직장 등을 포함한 미시체계부터 클라이언트에게 직·간접적인 영향을 미치는 거시 환경 체계에 대한 자료수집까지 요구된다. 특히 사회복지는 여전히 빈곤과 관련하여 많은 서비스를 제공하고 있으며, 국민기초생활보장제도의 대상자 여부 등과 같은 제도적 해당 여부는 중요한 환경자원의 특성이라 할 수 있다. 또한 이러한 제도적 서비스의 이용 여부와 관련하여 수급 여부를 비롯하여, 차별 및 제도적 소외 그리고 지역사회환경에서 활용 가능한 자원과, 주변 환경의 한계 등에 대한 내용을 포함하여 자료를 수집할 필요가 있다. 이러한 환경 체계에 대한 자료수집은 클라이언트의 문제해결 및 욕구 충족을 위한 자원과 관련된 정보를 제공해 준다.

참고문헌

김융일 · 조흥식 · 김연옥(1995). **사회복지실천론**. 경기 : 나남.

김혜란 · 공계산 · 박현선(2013). **사회복지실천론**. 경기 : 나남.

박지영 · 배화숙 · 엄태완 · 이인숙 · 최희경(2020). **함께하는 사회복지실천론**. 서울 : 학지사.

산격종합사회복지관(2017). 지역주민 욕구조사 결과.

이윤로(2008). **최신 사회복지실천론**. 서울 : 학지사.

Epstein, L.(1980). *Helping People : The task−centered approach.* St. Louis : C. V. Mosby.

Goldstein, E., & Noonan, M. C.(1999). *Short−Term Treatment and Social Work Practice : An Integrative Perspective.* New York : Free Press.

Sheafor, B. W., & Horejsi, C. R.(2006). T*echnique and Guideline for Social Work Practice*(4th ed.). Boston, MA : Allyn & Beacon.

Shulman, L.(1990). *Interactional Social Work Practice : Toward an Empirical theory.* Itasca, IL : F. E. Peacock Publishers.

제 11 장

사회복지실천과정 : 사정

CHAPTER

11 사회복지실천과정 : 사정

제1절 | 사정의 특성

1. 사정과 진단

사정(assessment)는 접수 과정에서 이루어지는 자료 수집을 토대로 해석과 자료의 의미를 재조직하여 사정 이후 이루어지는 개입의 근거를 확보하는 목적이 있다(엄명용 외, 2015). 사정이라는 용어와 대비되는 의료 용어로 진단(diagnosis)이 있다. 의사는 진찰을 통해 알게 된 환자의 질환에 대한 정보, 즉 환자가 호소하는 불편, 관찰 및 의료 도구를 통해 알게 된 정보를 통해 최종적으로 환자의 상태를 진단한다. 의사는 환자의 현재 질환을 명확하게 진단한 이후에 처방 및 치료를 시작한다. 의사의 진단이라는 행위는 그 이후 치료 계획의 토대가 되는 것으로 매우 중요한 의미를 가지고 있다. 그래서 정확한 진단을 내리기 위해서 다양한 노력을 한다. 의사는 질환에 대한 명확한 진단을 내리기 위해 추가적인 진료 정보를 수집하기도 한다. 만약 의사가 진찰을 통해 알게 된 정보를 잘못 해석하여 엉뚱한 진단을 하게 된다면 환자의 이후 치료에 상당히 부정적인 영향을 줄 것을 예상할 수 있다. 의료 영역에서 진단의 과정과 같은 이치로 이해될 수 있는 것이 사회복지실천에서의 사정이다. 사회복지실천에서 사정과 의료 영역에서 진단을 각 진행 과정별로 비교하면 <표 11-1>과 같다.

〈표 11-1〉 의료과정과 사회복지실천과정의 비교

구 분	진행 과정						
의료 과정	진찰	**진단**	치료 계획	처방	치료 개입	치료 종결	
사회복지 실천과정	접수	**사정**	개입 계획	합의된 목표	개입	종결	사후 관리

사정은 의료 영역에서 이루어지는 진단과 달리 계속적으로 이루어지는 특성이 있다. 의료 영역에서 진단이 내려지면 처방 후 치료적 개입 이후 증상 완화 등이 없을 경우를 제외하고 재진단을 하는 경우는 드물다. 하지만 사회복지실천에서 이루어지는 사정은 초기 접수 단계 이후에 집중적으로 이루어지는 것이지만 사회복지실천 전체 과정에서 계속 이루어진다(Brad, et al., 1998). 사정은 수집된 자료를 기반으로 도출된 정보를 해석하는 것으로, 초기에 수집된 자료의 의미가 재해석되거나 추가적인 자료가 수집되면 재사정이 이루어지는 특성이 있다. 이러한 특성 탓에 사정은 사회복지실천 전 과정에서 이루어지는 것으로 볼 수 있다.

2. 이중초점으로 사정

사정은 사회복지사의 전문 실천 활동으로 이중초점의 특성을 가지고 있다(권중돈, 2014). 따라서 사회복지사는 클라이언트와 관련된 자료를 해석함에 있어서 개인과 환경을 동시에 고려하는, 이중초점의 관점을 유지해야 한다. 즉, 개인적 맥락에서만 주어진 자료를 사정하는 것이 아닌, 개인과 환경의 상호작용 등을 고려하여 사정하여야 한다. 이러한 사정은 사회복지실천의 정체성과 깊은 관련이 있다. 다른 면으로는 문제와 개인 그리고 환경적 맥락이라는 다각적인 차원에서 사정이 이루어져야 하며, 이러한 사정은 다음 단계인 계획 수립 시 우선순위를 정하는 데 중요한 근거가 된다(Timberlake, et al., 1994).

이중초점으로 사정을 한다는 것은 클라이언트를 중심으로 하여 주변 체계와 상호관련성을 고려하여 수집된 정보를 해석한다고 볼 수 있다. 예로 우울증이 있는 클라이언트에 대하여 정신건강 전문의는 정신의학적 진단을 통해 우울증 증상 제거를 위해 정신약물치료를 진행하지만 사회복지사는 우울증이 있는 개인에 대한 주변 환경 체계도 함께 사정의 범위에 넣는다. 즉, 우울증이 있는 개인과 그의 환경적 맥락 가운데 정보를 수집하고 해석한다. 우울증을 가지고 있는 클라이언트의 문제를 사정한 결과, 우울증에 영향을 미친 요인으로 실업 문제 혹은 가족 문제 등이 복합적으로 얽혀있음을 발견할 수 있다. 이에 따라 사회복지사는 우울증 증상 제거 이외에 개인과 그 환경에 대한 정보를 근거로 한 사정을 바탕으로 개입 계획을 통합적으로 세우게 된다. 환경 속 인간이라는 관점이 포함된 사정의 특성은 의료 영역의 진단과 대비되는 사회복지실천의 전문적 정체성을 보여주는 것이다.

3. 강점관점(기반)에서 사정

사회복지는 사회복지의 가치와 이념을 바탕으로 실천되어야 한다. 사회실천에 있어서 사정은 클라이언트의 강점이나 주변 환경 체계의 강점 등의 정보를 수집하여 문제 해결에 활용할 수 있도록 하는 것이 중요하다. 정보 수집 과정에서 문제로부터 무능력한 클라이언트에 대한 정보 수집에 국한하지 않고 문제로부터 자유로웠던 상황 및 관련 정보(문제가 없었던 상황)에 대한 정보를 수집하는 것은 클라이언트를 존중함과 동시에 사정 이후 개입에 있어서 클라이언트의 강점을 활용하는 데 중요한 정보를 제공하여 준다. 수집된 강점 정보를 해석(사정)하여 현재 문제 해결에 활용하는 데 밑바탕이 된다.

문제 중심적 정보 수집에 바탕을 둔 사정보다, 강점 기반의 정보 수집과 사정은 클라이언트의 문제 해결 역량을 활용하는 데 매우 유용하다. 또한 지나치게 문제 중심적 사정에 집중하면 클라이언트는 문제에 대한 자신의 역량을 활용하기보다 사회복지사에게 의존할 가능성이 높아진다. 또한 사정 이후 개입에 있어서 클라이언트의 참여는 더욱 어려워질 수 있다. 강점관점에서 사정은 이전 단계인 정보 수집 단계에서 강점 정보를 수집하는 것과 밀접한 연결이 된다. 사정 단계에서 확인된 강점을 문제해결에 어떻게 활용할 것인가는 이후 계획 단계에서 클라이언트와 논의할 수 있다.

강점은 클라이언트로부터 직접 수집된 자료를 토대로 발견할 수 있고, 또한 주변환경체계에서 강점을 찾아내는 과정도 필요하다. 수집된 자료를 어떤 관점으로 바라보고 해석하는가에 따라서 자료의 의미는 달라지기 때문이다. 사회복지사가 수집된 자료를 강점관점을 통해 해석하는 것은 곧 강점 실천의 역량을 동시에 가지고 있다고도 할 수 있다.

4. 사정의 계속성

사정은 완벽할 수 없으며, 따라서 완벽하게 자료(정보)의 의미를 이해하는 것은 불가능하다(Johnson & Yanca, 2010). 자료의 의미는 사회복지사의 역량과 이론적 관점에 따라 해석이 다를 수 있으며, 추가적인 자료가 없음에도 시간이 지나 기존의 자료에 대한 해석이 달라질 수도 있다. 따라서 이러한 특성으로 사정은 계속되는 과정으로 이해될 수 있다. 또한 수정된 사정에 기반하여 새롭게 개입 계획을 수립하여야 한다.

개입 과정에서 개입의 효과성이 나타나지 않거나 미비한 경우 혹은 역효과가 나타났을 때 사회복지사는 사정의 오류 가능성을 검토해야 한다. 수집된 정보의 오류인지 혹은 해석의 오류인지를 탐색하는 사정의 과정을 다시 거쳐야 한다. 혹은 이 과정에서 추가적인 자료가 더 수집되어야 할 필요성도 제기될 수 있다.

사정 단계를 거친 이후 개입 단계에서 다시 사정(재사정)하였다면, 이를 반영하여 개입 계획을 수정해야 한다. 사정의 결과물은 '잠재적 변화 가설'을 품고 있기에 다시 재사정하여 개입한다고 하여도 변화(진전)가 반드시 온다고 단정할 수 없다. 사회복지사는 사정이 초기단계에 집중적으로 행해지지만, 실천과정 내내 지속적으로 이루어진다는 사실을 기억해야 한다.

제2절 ❙ 사정 과정에서 요구되는 실천 역량 및 주의점

1. 사정 단계에서 이론 및 지식 체계의 중요성

클라이언트의 자료를 해석하는 과정에서 사정은 이론적 기반 아래 진행된다. 이론은 흩어져 있는 클라이언트의 정보를 체계적으로 정리하여 주고 주어진 정보를 연결하도록 하여 전체적인 맥락 가운데 통합적으로 해석할 수 있게 도와준다(Johnson, 1989, 양옥경 외, 2002 재인용). 이론은 사정에서뿐만 아니라 이후 개입 과정에서도 근거를 제공하여 준다. 사정은 클라이언트의 자료를 수집하고 실천 이론과 다양한 지식체계에 기반하여 개입을 위한 근거를 확보하는 것이다. 사정에서 활용되는 클라이언트의 자료는 다양하게 수집된다. 클라이언트로부터 직접 얻게 되는 자료가 있으며, 자료의 내용에 따라 객관적 자료와 주관적 자료로 나눌 수 있으며, 사정 역량에 따라 자료들에 대한 해석이 달라질 수 있다. 만약 수집된 자료를 해석할 수 없으면 문제 해결에 활용할 수 없다. 활용할 수 없는 클라이언트에 대한 자료를 수집하는 것은 바람직하지 않다.

클라이언트로부터 직접 혹은 간접적으로 얻게 되는 자료를 해석하는 것이 사정의 첫 번째 목표라고 할 수 있다. 앞서 클라이언트의 자료 해석에서 활용되는 이론 혹은 지식체계의 중요성을 강조하였다. 사회복지사 개인적 경험으로 클라이언트의 자료를 해석하는 것은 매우 편협된 분석의 결과를 초래할 수 있다. 또한 충분한 사정 과정 없이 단순하게 서비스 제공으로 이어지는 것도 바람직하지 않다. 수집된 자료를 해석할 수 있는 사정 역량에 따라 차이가 발생한다. 클라이언트의 정보(자료)를 바탕으로 사정된 내용은 다음 단계인 개입 계획 수립의 근거가 된다.

사회복지사의 전문적 개입은 그에 합당한 근거를 반드시 마련하여야 한다. 사정에 활용되는 이론 및 지식 체계는 개입의 성공 확률을 높여준다. 사회복지실천은 전문가로서 전문 활동에 책임이 수반된다. 수집된 자료를 활용할 수 있는 능력 범위에서 자료를 수집해야 하며 자료(정보)를 해석하고 활용하는 데 있어서는 개인의 경험으로만 많은 한계가 존재한다. 사정에 활용되는 대부분의 이론은 이미 상당 기간 동안 검증된 지식이므로 사회복지사 자신의 경험을 보충할 수 있다.

사정을 하나의 그림으로 표현하면 |그림 11－1|과 같다. 여기에서 수집된 자료를 해석하는 근거 혹은 틀로서 이론이 크게 차지한다고 볼 수 있다. 실천이론은 초기 접수 단계부터 종결 등 사회복지사의 행동에 많은 영향을 미친다. 실천이론은 정보 수집부터 개입 등 전체 사회복지실천과정 전반에 영향을 미친다고 볼 수 있다. 특히 사정 단계에서 자료를 해석하는 틀로서 이론은 중요한 위치에 있다고 할 수 있다.

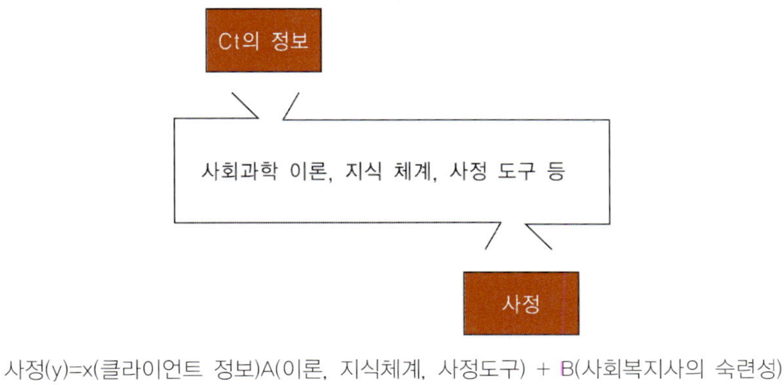

|그림 11-1| 사정의 도식화

2. 사정에서 인간(클라이언트)의 잠재적 가능성을 고려

원활한 사정을 위해서 사회복지사는 실천이론뿐만 아니라 클라이언트 체계를 이 해할 수 있는 관련 지식을 숙지할 필요가 있다. 하지만 실천이론이나 지식 체계 를 활용하여 클라이언트 정보를 사정할 때, 클라이언트를 사정할 때, 클라이언트를 개별적 존재로서 존중해야 한다. 클라이언트들이 동일한 문제라도 그 문제를 가진 클라이언트가 다르기 때문이다. 따라서 이론, 지식체계나 사정도구를 통해 클라이언트에 대해 이해하더라도, 사회복지사는 사회복지실천 과정에서 반드시 개별적 존재로서 클라이언트를 존중해야 한다.

3. 사실(정보)과 판단(가설을 포함하는)을 구분

사정의 내용은 클라이언트를 설명하는 가설을 세우는 것으로 정의할 수 있다. 사정은 앞선 단계에서 수집된 자료를 바탕으로 해석을 하는 것으로 사회복지사의 판단이 개입된다. 사정은 사회복지사의 전문성을 바탕으로 사회복지사가 선호하는 이론 및 관련 지식들을 통해 정보를 해석하는 것으로 최종적으로 잠재적 가설을 세우는 것이다.

자료들은 사실을 포함하고 있다. 예를 들면, 클라이언트의 호소 내용과 면담 시에 관찰되는 행동, 클라이언트의 나이, 주거 상황, 수입 및 지출, 가족 구성원 등으로 이야기할 수 있다. 이러한 자료들은 사회복지사의 판단이 들어가지 않은 상태로는 어떤 의미를 지니기 어려우며, 정보들 간의 관계 역시 파악하기 어렵다. 또한 사회복지사의 자료해석은 완벽할 수 없기 때문에 사정에서 판단은 가설로 이해해야 하며, 사정에 따른 이후 개입에서도 사정에서 판단(가설)이 일치하고 있는지 점검해야 한다. 만일 개입의 근거가 되는 사정이 점검 과정에서 예상한 바대로 진행되지 않았다면 정보의 의미를 다시 해석하거나 추가적인 정보를 수집하여 재사정하여야 한다. 이렇게 재사정된 내용 역시 가설을 포함하는 판단으로 이루어져 있다. 따라서 사정 보고서 등을 작성할 때는 단정적인 어휘 사용보다 가정의 의미를 담고 있는 어휘를 사용하는 것이 바람직하다. 마찬가지로 사정이 가설에 머물고 있다는 사실을 사회복지사는 기억해야 한다.

제3절 | 사정도구

사정은 수집된 정보를 해석하는 것이라고 앞서서 강조한 바와 같이 수정된 정보의 해석을 돕는 유용한 사정도구를 활용할 필요가 있다. 사정에서 흔히 사용될 수 있는 사정도구를 몇 가지 소개하고자 한다. 사회복지실천현장에 따라 사용되는 사정도구는 달라질 수 있다. 사정도구는 마치 의료 영역에서 사용되는 MRI와 같은 진단 도구로 비유할 수 있다.

사정도구에 따라 해당 도구에 요구되는 훈련과정이 필요할 수 있다. 특히 임상심리 검사와 같은 도구는 사용에 있어서 자격이 요구되기도 한다. 따라서 실천가의 활용 역량 범위를 벗어나는 사정도구 사용은 의뢰 등의 방법을 활용하는 것이 좋다. 또한 실제 개입에 활용할 수 없는 무분별한 도구 사용은 지양해야 한다. 과도한 클라이언트에 대한 정보 수집은 전문가적 태도 측면에서 볼 때 바람직하지 않다.

1. 가계도와 생태도

가계도와 생태도를 그릴 때는 |그림 11－2|와 같이 상징적인 기호들을 보통 사용한다. 가계도와 생태도에 별도로 상징적 기호를 제시하여 주면 기록물을 읽는 이들에게 도움을 줄 것이다. 가계도와 생태도는 그림 형태로 사회복지사가 주어진 정보를 가계 및 주변 환경체계의 정보를 토대로 작성하는 과정에서 클라이언트의 문제 및 주변 환경과의 상호작용을 훨씬 명확하게 이해할 수 있

도록 돕는다. 만일 가계도와 생태도를 작성할 때, 사회복지사가 클라이언트[1]와 함께 작업을 하게 되면 클라이언트 역시 상황을 보다 명확하게 이해하도록 촉진시키는 데 유용하다(Baradford, et al., 1998).

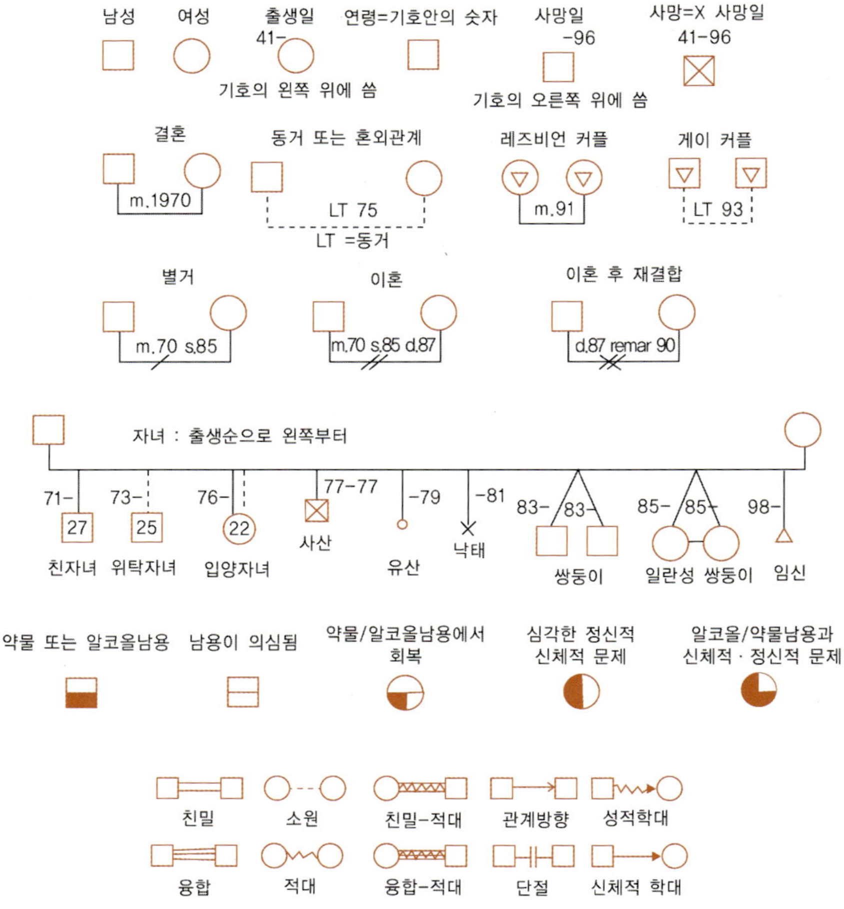

[그림 11-2] 가계도 주요 기호

출처 : 김미애(2006). 가족치료에서의 가계도 활용에 대한 사례연구－Bowen 이론을 중심으로. 한국심리학회 연차 학술대회 자료집, p. 485.

1) 실제 현장에서는 클라이언트와 이러한 작업을 하는 것이 쉽지 않을 수 있으나 클라이언트와 함께 작업을 한다면 클라이언트 스스로 상황에 대한 통찰을 제공하는 계기가 될 수 있다.

가계도는 클라이언트 중심으로 3대 이상 가족원을 포함시킨 것이다. 클라이언트를 중심으로 3대 이상 포함시키는 이유는 가계도를 통해서 반복되는 문제유형 등을 발견할 수 있기 때문이다. 또한 사례기록을 가계도와 생태도에 함축시켜서 표현할 수 있다. 예를 들면, |그림 11−3| 같은 가계도에서는 'Ct의 조모는 65세로 경도 지적 장애를 가지고 있으며 조모의 남편인 Ct의 조부는 알코올 중독의 문제를 가지고 있었다. 부모는 현재 별거 상태에 있으며 Ct는 조모와 모, 그리고 오빠와 함께 동거하며 생활하고 있다'는 사례기록을 가계도로 보여주고 있다.

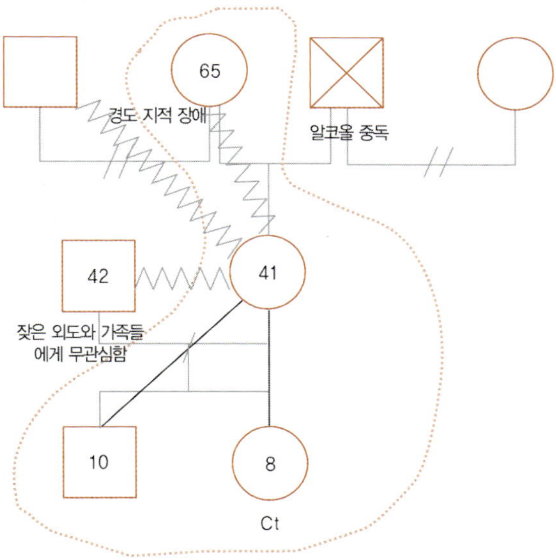

|그림 11-3| 가계도 예시

사회복지사와 클라이언트는 가계도를 다음과 같은 차원으로 분석을 실시한다.[2] 첫째, 가족의 구성과 구조를 분석한다. 둘째, 가족의 주기를 분석한다. 그

2) 대부분 한국 사회복지현장에서 클라이언트의 욕구는 본인 자신의 내적 변화보다 문제 자체를 해결하기 원하는 경우가 많다. 이 경우 클라이언트는 현재의 문제를 외부에 있다고 인식하며 클라이언트 스스로 변화에 대한 동기를 가지고 있지 못하기 때문에 사회복지사가 가계도를 그림으로써 클라이언트와 가족체계를 이해하는 데 유용하다.

동안 가족의 생애에서 문제를 잘 해결해 왔는지를 검토한다. 셋째, 세대 간에 유형의 반복이 있는지를 검토한다. 특히 알코올, 학대, 가정폭력, 정신질환 등이 세대 간에 반복되고 있는지를 확인한다. 넷째, 가족 구성원들의 역할과 균형이 이루어지고 있는지 확인한다. 즉, 가족 구성원들이 가족 위계와 상관없이 상호 균등하게 상호작용하고 있는지를 검토한다. 이러한 검토는 사회복지실천의 전문적 관점인 체계론적 접근에 가깝다. 즉, 가족 상호 간의 경계가 명료한지 불분명한지 혹은 경직되어 있는지를 검토하는 것이다(김혜란 외, 2008).

생태도는 생태학적 관점 혹은 체계적 관점에서 클라이언트를 중심으로 주변 환경과 관계 및 상황을 이해하도록 돕는다. 생태도는 현재 클라이언트에게 영향을 많이 미치는 것을 중심으로 작성하고, 각 체계와 상호작용의 특성을 간략히 기입하면 설명에 도움이 된다. 클라이언트와 가족이 주변 환경(공식적 · 비공식적 사회관계망)을 어떻게 가지고 있는지, 고립의 정도는 어떠한지, 상호작용의 질은 어떠한지를 한눈으로 조망할 수 있게 한다(박지영 외, 2020). 일반적으로 생태도에서는 선의 굵기나 원의 크기를 통해 관계의 강도나 영향력의 크기를 표현하고, 실선으로 연결한 뒤 작은 화살표를 사용하여 자원과 에너지의 흐름 방향을 표시한다. 그러나 최근 실천 현장에서는 이러한 전통적 표기법이 가계도의 일부 관습과 혼용되는 경향이 나타난다. 예컨대, 가계도에서 사용하는 지그재그 선을 그대로 적용하여 갈등 관계를 표시하거나, 자원 · 에너지의 방향을 직접적인 화살표로 단순화하여 표기하는 사례가 증가하고 있다. 이러한 변화는 현장 실무의 편의성을 반영한 것으로 볼 수 있으나, 생태도와 가계도의 기능적 차이를 모호하게 만들 수 있어 해석 시 주의가 요구된다.

생태도 작성 역시 클라이언트와 함께 작성을 하면 클라이언트가 보다 자신의 상황을 명확하게 이해하는 데 도움을 준다. |그림 11-4|는 클라이언트와 그 가족 전체가 여러 어려움에 직면해 있는 것을 보여준다. 클라이언트의 친모는 여러 지역사회 자원으로부터 원조를 받고 있지만 여전히 매월 납부해야 하는

월세 등이 미납된 채로 긴장 관계에 있으며 남편과 별거로 남편으로부터 경제적 원조는 현재로는 뚜렷이 보이지 않는다. 자녀 양육에 있어서 클라이언트 친모가 경제적 어려움과 동시에 보육에 어려움을 겪고 있는 것은 뚜렷하게 나타난다. 가족체계에서 친모의 역할이 매우 중요하나 현재 외부 체계와의 에너지 교환에 있어서 외부로부터 일방적인 방향으로 에너지가 유입되고 있는 상황이다. 이 생태도에서는 친모가 현재 놓여있는 가족체계의 변화를 위해 보다 더 외부 체계에 능동적으로 문제해결에 대한 동기를 가질 필요를 보여주고 있다. 또한 클라이언트의 친모가 의존하고 있는 통장의 역할이 본 가족 체계의 접근에서 아주 중요한 자원임을 보여주고 있다.

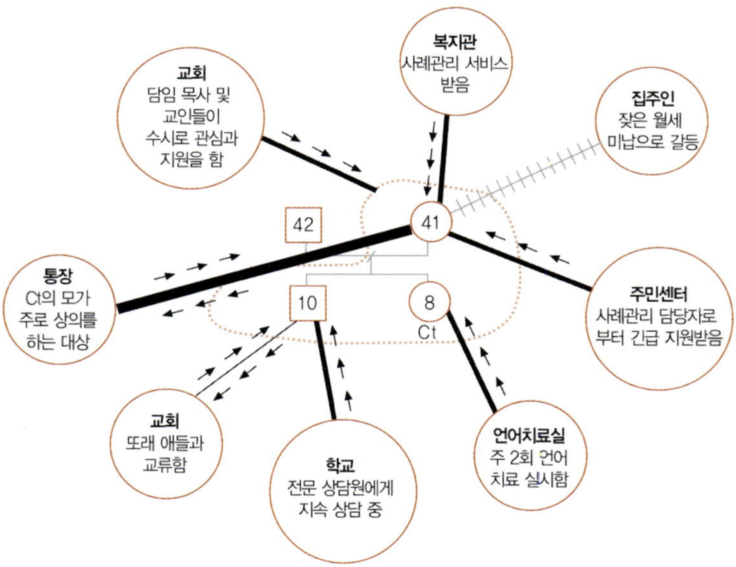

[그림 11-4] 생태도 예시

2. 사정도구로서 기록

기록은 사회복지실천과정에서 평가와 책무성과 관련되어 있다(박지영 외, 2020). 기록은 실천의 근거와 서비스의 연속성을 제공하며, 사회복지사가 실천과정 기록물을 통해서 수퍼바이저로부터 수퍼비전을 제공받는 데 활용될 수 있다(김기태 외, 2007).

더 나아가 사정 단계에서 작성되는 기록은 사정도구로서 기능을 강조할 수 있다. 기록을 함으로써 수집된 정보를 체계적으로 구조화할 수 있는 기회를 가지게 된다(김정진, 2014). 사정 단계에서 기록은 책무성 이외에 사정도구로서 기능이 강화된다고 볼 수 있다. 앞서 소개한 가계도, 생태도 역시 기록을 통해서 얻게 되는 사례에 대한 이해라고 할 수 있다.

참고문헌

권중돈(2014). 인간행동과 사회환경. 서울 : 학지사.

김기태 · 김수환 · 김영호 · 박지영(2007). 사회복지실천론. 경기 : 공동체.

김정진(2014). 사회복지실천기술론. 서울 : 학지사.

김혜란 · 홍선미 · 공계순(2008). 사회복지실천기술론(개정2판). 경기 : 나남출판.

박지영 · 배화숙 · 엄태완 · 이인숙 · 최희경(2020). 함께하는 사회복지실천론. 서울 : 학지사.

양옥경 · 김정진 · 서미경 · 김미옥 · 김소희(2002). 사회복지실천론. 서울 : 나남출판.

엄명용 · 노충래 · 김용석(2015). 사회복지 실천기술의 이해(제3판). 서울 : 학지사.

American Psychiatric Association(2013). *Diagnostic and Statistical Manual of Mental Disorders*(5th Edition). American Psychiatric Publishing. 권준수 역(2015). 정신질환의 진단 및 통계 편람. 서울 : 학지사.

IRIS(Anonymous, 2012). IRIS Guidelines Update. IRIS Initiative Ltd.

Johnson, L. C., & Yanca, S. J.(2010). *Social Work Practice : A generalist ap－proach*(10th ed). Boston, MA : Allyn and Bacon.

Sheafor, B. W., & Horejsi, C. R.(2006). *Techinuque and Guideline for Social Work Practice*(4th ed.). Boston, MA : Allyn & Beacon.

Timberlake, E. M., Farber, M. Z., & Sabatino, C. A.(1994). *Social Work Practice : Cases and principles*. Belmont, CA : Brooks/Cole.

제 12 장

사회복지실천과정 : 계획, 개입, 평가 및 종결

CHAPTER 12

사회복지실천과정 : 계획, 개입, 평가 및 종결[1)]

제1절 ㅣ 계 획

1. 합의된 목표와 클라이언트의 참여

계획은 개입과 사정을 연결하는 과정이다. 계획은 사정을 토대로 이루어지며, 문제를 해결하기 위한 시작의 일부분이다. 따라서 계획 단계에서는 클라이언트와 문제를 해결하기 위해 합의하는 과정이 핵심 내용이라 할 수 있다. 클라이언트의 문제 해결을 위하여 사회복지사가 일방적으로 주도하는 긴급하고 위기적인 문제 이외에 거의 대부분의 경우에는 목표 설정에서 클라이언트의 적극적인 참여가 중요하다.

계획 단계에서 클라이언트가 자신의 문제 해결에 얼마나 참여하는가는 목표 달성과 관련된다. 클라이언트의 문제 해결 참여 동기는 계획 단계 이전 접수 단계부터 클라이언트의 서비스 동기에 영향을 받을 것이다. 클라이언트가 문제 해결에 적극적인 의지를 가지고 있으면서 특히 자기 자신의 변화에 대하여 높은 동기를 형성하고 있을 때, 목표 달성을 위한 클라이언트의 적극적인 참여를 기대할 수 있다. 해결중심 모델에서는 클라이언트를 '고객형', '불평형 관계', '방문형 관계'로 구분하고 있다(Perte De Jong, 2005). 해결중심모델에서 '고객형'은 문제해결과 변화에 적극적인 클라이언트이다. 반면에 '방문형'은 자신의 문제에

1) 본 장에서 언급되는 클라이언트는 개별 사례에 한정한다. 사회복지실천에서는 전통적으로 개별, 집단, 지역사회를 주요 사회복지실천 대상으로 한다. 하지만 서술의 일관성을 유지하여 개입 이후에 주요하게 언급될 수 있는 주제 이해를 돕기 위해 개별 클라이언트 중심으로 서술하였다.

대한 관심은 있으나, 변화나 문제해결에 대한 동기가 낮은 클라이언트이다. 만약 클라이언트가 '방문형' 수준의 문제 해결 동기를 가지고 있다면 아마도 계획 단계에서 클라이언트의 참여가 적극적으로 반영된 목표 설정은 기대하기 어렵다. '불평형'은 자신의 문제를 인식하고 있으나 불평이나 불만을 표출하며, 스스로 변화하기보다 다른 사람이나 환경을 통해 문제를 해결하고자 하는 클라이언트이다.

클라이언트의 문제 상황과 참여 동기 수준에 따라 사회복지사와 클라이언트 간의 합의 수준이 달라질 수 있으며, 따라서 목표와 계약에 영향을 미치게 된다. 클라이언트의 참여 동기가 낮으며, 문제 수준이 심각할 때에는 긴급한 개입이 요구되므로 사회복지사가 주도적으로 개입을 할 수밖에 없다. 만약 위기와 관련된 즉각적인 개입이 요구되지 않는, 문제 해결을 위한 참여 동기가 낮은 클라이언트에 대하여 사회복지사가 일방적으로 목표를 결정하고 진행한다면 이후 결과에 대한 책임은 사회복지사에게 있다. 만약 개입의 결과가 긍정적으로 나왔다고 하여도 클라이언트의 성장 관점에서 보면 긍정적 평가라고 하기 어렵다. 클라이언트의 자기결정에 의하여 수립된 목표로 변화를 이끌어 내었을 때, 개입과정에서 변화는 클라이언트의 이후 성장에 유익하다.

사회복지현장에서 목표 수립은 클라이언트의 적극적 협력을 통해 수립하는 것이 중요하나, 비자발적인 클라이언트의 경우 참여를 이끌어 내기 쉽지 않다. 이때는 참여 동기를 높이는 실천 전략을 사용하여 클라이언트의 참여를 이끌어 내는 것이 중요하다. 사용될 수 있는 실천 전략으로는 클라이언트의 저항과 적대감을 사회복지사가 적극적으로 공감해 줄 수 있다(Borash, 2002). 자신의 변화에 대하여 동기가 낮은 클라이언트에 대한 공감 전략은 초기 접수 단계에서 중요하며 이후 각 단계에서도 지속적으로 요구되는 실천전략이다.

클라이언트의 참여가 적극 반영된 목표는 사회복지사와 클라이언트가 상호 합의된 목표라고 할 수 있다. 앞서 언급한 바와 같이 합의된 목표 설정에 있어서는 클라이언트의 참여에 따라 합의된 목표에 영향을 많이 준다. 목표 설정 단계에 여전히 클라이언트 참여 동기가 낮다면, 즉 문제 해결에 비자발적인 상태라면 실용적인 관계를 설정하라는 권유를 참고해 볼 수 있다(Cingolani, 1984). 클라이언트의 문제 상황이 긴급하여 클라이언트 혹은 그 주변 체계(가족)에 대한 신체적·정신적 위험이 높은 경우는 사회복지사가 주도적으로 하여야 할 것이나, 클라이언트와 그 주변 체계에 대한 위험성이 높지 않거나 긴급하지 않을 때는 클라이언트가 제시하는 문제 혹은 욕구 중심으로 목표가 반영되도록 한다. 사회복지사가 인식하는 문제와 클라이언트가 해결하고자 하는 문제 사이에서 격차가 있을 수 있다는 점을 인정하며 클라이언트가 해결하기 원하는 문제를 목표로 합의하는 것은 궁극적으로는 문제해결에 유익하다. 사회복지사가 인식하는 문제와 클라이언트가 해결하고자 하는 문제는 체계적인 관계를 가지고 있기 때문이다.

성급하게 클라이언트를 설득하거나 사회복지사가 주도적으로 목표를 설정하는 실수를 하지 않도록 해야 한다. 계획 단계에서 가장 중요한 것은 합의된 목표를 설정하는 것이며 클라이언트의 적극적인 문제 해결을 위한 동기가 영향을 많이 미친다. 클라이언트의 문제 해결을 위한 동기는 클라이언트가 스스로 변화에 대한 동기를 포함하고 있다. 이렇게 합의된 목표가 설정되어 종결까지 이어진다면 목표 도달에 있어서 클라이언트의 역량강화(empowerment)가 일어난다.

2. 목표 설정

앞서 클라이언트와 합의된 목표를 설정할 때 활용될 수 있는 지침(Hepworth, 2017)을 다음과 같이 제시할 수 있다. 만약 목표가 잘 형성되지 않는다면 다음 과정인 계약과 평가가 원활하게 이루어지지 않는다. 잘 형성된 목표는 사회복지실천의 효과를 검증하고 사회복지실천 서비스가 종결된 이후 클라이언트의 성장을 돕는다.

첫째, 목표는 클라이언트가 바라고 희망하는 것이어야 한다. 둘째, 문제 해결에 비자발적인 클라이언트는 클라이언트에게 의미 있는 목표를 포함시켜야 한다. 셋째, 목표는 측정 가능한 명확한 표현으로 드러나야 한다. 넷째, 목표는 개입을 통해 실현 가능해야 한다. 다섯째, 사회복지사는 자신의 기술과 지식 범위 안에서 목표를 설정하여야 한다. 여섯째, 목표는 클라이언트의 성장과 긍정적인 진술문으로 작성되어야 한다. 일곱째, 목표는 윤리 혹은 법에 위배되어서는 안 된다.

3. 계 약

계약은 사회복지사와 클라이언트 사이에 목표 달성을 위해서 서로 지켜야 할 의무를 글이나 구두로 정하는 것을 의미한다. 계약이라는 용어는 사회복지실천현장에서 '동의' 등의 용어로 사용되기도 한다. 상거래 현장에서 주로 사용되는 용어로 계약은 무상으로 제공되는 사회복지서비스의 특성상 동의라는 용어가 선호된다. 하지만 사회복지실천현장에서 동의 혹은 계약 중 어떤 용어를 사용하여 진행하더라도 목표 달성을 위한 문제 정의, 목표, 클라이언트와 사회복지사의 역할, 시간, 장소, 비용, 개입기법, 평가 방법 등에 대한 분명한 동의가 필요하다(김혜란, 2013). 계약은 목표 수립 이후에 개입에 대한 초점을 분명히 하고 문제 해결을 촉진시킨다. 계약에 명시된 서비스 목표 및 개입 계획은 사회복지사와 클라이언트의 의사소통을 증진시키며 협력을 도구로 기능한다(Louise Johnson, 2010).

계약의 형태는 서면 또는 구두로 진행된다. 서면 계약의 형태는 기관의 정책에 따라 달라질 수 있다. 경우에 따라서 서면과 구두를 혼합한 형태로도 진행할 수 있다(Hepworth, 2017). 공식적 계약 수준이 가장 높은 것은 서면 계약이며 중간은 혼합, 가장 낮은 공식적 수준은 구두이다.

서면 계약서는 기본적으로 클라이언트의 신상 정보 기입을 소개하는 문헌(김혜란, 2013)으로, 계약 시 개인정보 동의서를 작성하도록 한다. 서면 계약서 혹은 동의서에는 구체적인 목표와 사회복지사와 클라이언트의 역할 등 서비스 진행과 관련하여 명확하게 명시할 필요가 있는 부분이 반영되어 기술되어야 한다. 서면 계약서의 구성은 기관의 서비스 정책과 클라이언트의 사정 등에 따라 그 구성이 달라질 수 있다. 앞서 언급한 바와 같이 한국에서는 사회복지서비스가 대체로 무상으로 제공되는 특성으로 이와 같은 서면 계약서 작성은 선언적인 수준에 그칠 가능성이 높다. 그럼에도 불구하고 이러한 서면 계약서 사용은 클라이언트와 기관의 서비스 책임을 높이며 서비스 내용을 명료화시키는 이점이 있다.

구두 계약은 서면 계약과 같은 내용으로 구두상으로 이루어지는 것을 말한다. 서면 계약에 비하여 신속하고 비교적 쉽게 진행할 수 있다. 구두 계약은 서면 계약에 비해 실시하기 용이하며, 서면 계약보다 클라이언트의 거부감이 적다. 하지만 구두 계약은 합의한 내용을 기억하기 어렵다. 따라서 기관에서 서면 계약을 서비스 정책으로 채택하여 사용하고 있다면 가급적 서면 계약을 진행하는 것이 좋으며, 만약 클라이언트의 저항으로 서면 계약이 어렵다면 구두로 하더라도 주요 내용은 간략하게 기록하는 것이 좋다(Hepworth, 2017; Johnson, 2010; Kirst-Ashman, 2018).

제2절 | 개 입

1. 사회복지전문직으로서 개입의 초점

개입은 사정 단계를 거쳐 클라이언트와 합의된 목표를 달성하기 위한 직간접적 과정을 말한다. 사회복지사는 사회복지 전문적 정체성에서 강조되는 이중초점에 따라 목표 실현을 위해 직접개입과 간접개입을 실천한다. 직접개입과 간접개입은 사회복지전문직이 가지는 특징이다. 클라이언트와 합의된 목표 성취를 위해서 사회복지사는 사회복지사가 직접적으로 제공할 수 있는 상담, 교육 등의 개입 방법과 지역사회 자원 등의 연계를 통해서 개입할 수 있는 간접개입을 통해 목표에 접근한다. 직접개입은 주로 사회복지사와 클라이언트와의 대면관계에서 제공되는 상담, 교육, 치료라면 간접개입은 클라이언트의 환경에 대한 개입으로 자원을 연계하거나 주변 환경을 조정하는 활동을 총칭하는 것을 의미한다(최혜지, 2013). 합의된 목표에 대한 사회복지사의 직접개입과 간접개입의 전략적 선택은 클라이언트 및 환경 체계 상황 등에 의하여 모두 사용될 수 있거나 어떤 한쪽의 개입 비중이 높아지거나 낮아질 수 있다. 직접개입과 간접개입이라는 접근 방법은 타 휴먼서비스 제공자와 특별히 구분되는 전문적 실천 방법이다.

개입의 변화 초점을 무엇에 두는가에 따라서 개인적 변화, 관계의 변화, 환경적 변화 등에 맞추어서 진행한다(Bogo, 2006). 개인적 변화와 관계의 변화는 주로 직접개입 방법에 의하여 진행되며, 환경적 변화는 간접개입에 해당된다.

1) 직접개입

직접개입은 주로 상담적 접근이 주를 이룬다. 사회복지실천론에서 주로 언급되는 주요 실천의 원리들은 상담접근이다. 직접개입은 사회복지사가 매개가 되어 클라이언트의 내적 변화를 돕는 접근으로 사회복지사 스스로 직접개입을 통해 클라이언트의 변화를 이끌어 낼 때, 전문적 역량에 긍정적인 영향을 준다. 클라이언트에 대한 실천 전반적인 과정에서, 즉 접수단계부터 시작하여 모든 단계는 상담 기술이 기본 기술로 적용된다. 따라서 클라이언트의 문제 혹은 욕구 해결을 위한 접근 방법으로 클라이언트의 내적 변화가 중요하거나 간접개입보다 효과성이 높을 것으로 판단될 때 직접개입을 실시한다.

클라이언트의 변화는 클라이언트의 감정, 생각, 행동의 변화를 의미하는 것이다. 클라이언트가 자신의 감정과 생각 그리고 행동의 관계들을 이해하는 것은 자신의 삶을 변화시키는 데 있어서 유익하다. 겉으로 드러나는 행동은 생각과 감정이 체계적으로 연결되어 있으나 대부분 그 관계들을 인식하지 않고 살아간다. 하지만 클라이언트의 변화가 요구될 때는 행동, 생각, 감정의 관계를 이해하는 것이 중요하므로 사회복지사는 클라이언트가 자신의 감정과 행동, 생각을 이해하도록 도와 해결책을 발견할 수 있도록 해야 한다(Greenberg, 2002).

사회복지실천현장에서 클라이언트는 문제 해결에 대한 개인의 변화 동기가 없는 경우가 많다. 클라이언트의 변화를 위한 사회복지사의 섣부른 정보 제공과 조언은 관계를 후퇴시킬 가능성이 있으므로 사회복지사는 클라이언트의 욕구와 변화 동기 수준을 고려하여 정보 및 조언을 제공하여야 하며, 정보제공 혹은 조언 등에 대하여 클라이언트의 의사를 확인한 후 제공하는 것이 좋다.

사회복지실천에서 직접개입은 사회복지사가 의사소통 기법을 통해서 클라이언트의 문제 해결에 기여하는 접근을 의미한다. 주된 방법은 상담이 되겠지만 클라이언트의 상황에 따라 정보 제공, 조언, 교육 등을 사용할 수도 있다.

2) 간접개입

간접개입은 클라이언트의 환경체계에 대한 접근을 의미한다. 클라이언트의 목적을 달성하기 위한 클라이언트의 외부 체계 및 지역 사회 외부 기관과의 접촉을 의미한다(Timberlake, 2002). 클라이언트의 문제는 복합적인 경우가 많다. 클라이언트의 문제는 단일한 문제인 듯하지만 여러 체계와 상호 관련되어 있어 사회복지사나 단일 기관의 서비스로만 해결되지 않는다. 특히 아동과 청소년과 관련된 문제 영역에서는 더욱 여러 체계의 개입이 요구된다. 따라서 클라이언트의 문제를 해결하기 위하여 사회복지사는 환경 속 인간이라는 관점에 근거하여, 클라이언트와 클라이언트를 둘러싼 다양한 지역사회 자원 체계를 고려해야 한다.

간접개입에서 사회복지사는 클라이언트 환경 체계에 대하여 주로 연계와 조정이라는 방법을 통해서 클라이언트와 합의한 목표에 대한 개입 혹은 클라이언트의 욕구와 문제 해결을 도모한다. 이때 적극 활용되는 환경 체계를 자원이라고 한다. 자원은 문제 해결을 위해 활용할 수 있거나 유용한 것을 의미한다. 보통은 공식적 자원과 비공식적 자원으로 구분할 수 있다. 공식과 비공식적 자원을 구분하는 기준은 자원의 체계성에 있다. 즉, 활용되는 자원이 체계성이 없으면 비공식적이라고 할 수 있다. 예로는 이웃, 친구, 가족 등이 비공식적 자원에 해당된다. 공식적 자원은 체계성이 있을 경우를 의미한다. 예로 복지관, 후원기관, 행정복지센터 등 자원이 조직적 체계성을 가지고 있는 단체나 기관들이 이에 해당된다.

사회복지사는 주로 기초생활보장제도와 같은 공식적 자원체계를 먼저 고려할 수 있다. 하지만 공식적 자원체계를 고려하기 전, 우선적으로 비공식적 자원체계를 파악하고 이를 활용할 필요가 있다. 클라이언트의 현재 문제는 이미 클라이언트의 외부 체계와 연결된 것일 수 있다. 즉, 가족 중 혹은 이웃이나 친구 등 누군가 클라이언트의 문제에 대하여 이미 오랜 기간 동안 관여되었을 수 있다. 클라이언트 문제에 대하여 비공식 자원의 관여를 확인한 후, 사회복지사는 비공식적 자원체계와 협력관계를 형성하여 비공식 자원체계가 문제 해결에 유용한 자원이 되도록 노력해야 한다. 다만, 클라이언트의 문제가 만성적인 경우, 주변 체계 특히 가족 자원은 소진되었을 가능성이 높다. 그럴 때에는 비공식적 자원체계에 대한 지원을 통하여 비공식적 자원체계를 개발, 향상시킬 수 있다. 이를 통해 비공식적 자원체계가 클라이언트를 지원할 수 있도록 하는 것이다. 공식적 자원체계는 연계의 조건과 기간 제한적인 특징이 있다. 따라서 비공식적 자원체계를 탐색하여 보고 클라이언트의 문제와 욕구를 고려하여 공식적 자원체계 연계를 하여야 한다.

제3절 | 평가와 종결

1. 평가의 실시와 실천 목표의 관련성

사회복지실천의 평가는 기관과 사회복지사의 서비스에 대한 책임성과 관련되어 있다. 특히 한국에서 사회복지서비스는 대부분 정부의 보조금으로 조달된 예산으로 운영하기 때문에 더욱 서비스에 대한 책임성이 강조된다. 하지만 기관에서 제공되는 서비스의 효과를 평가하는 것은 현실적으로 매우 어렵다. 대부분 사회복지실천 기관은 제공된 서비스에 대한 과학적 평가에 대한 역량[2]에 있어서는 미흡하다. 정부의 정책에 의하여 제공된 서비스에 대한 책임성을 높이고 효과성을 타당하게 입증하기 위한 평가를 개별 실천기관에서 시행하기에는 현실적 어려움이 존재한다(박성원, 2015). 한국에서 사회복지서비스는 대부분 정부의 시책에 따라 운영되는 특성이 있기 때문에 정책적으로 서비스 제공의 준비 단계부터 효과성 평가에까지, 정부의 책임성이 요구된다. 또한 사회복지실천의 평가에 있어서, 사회복지기관에 대한 전체적 평가보다는 단위사업에 따른 효과성평가(목표달성) 등으로 제한되는 경향이 있다.

평가[3]는 이전 실천 단계에서 목표달성 및 종결과 연결되어 있다. 가장 이상적인 종결은 수립한 목표가 도달되었을 때 종결하는 것이다. 따라서 평가는 앞선 실천과정에서 실천의 목표 그리고 종결과 밀접한 관계를 가진다. 바람직한 종결을 위해서는 평가 이전의 실천 단계 중 계획 수립에서 목표를 잘 형성하는 것이 중요하다. 예를 들면, 목표 수립 단계에서 도달할 수 없는 목표 등을 세웠

2) 서비스 효과성에 대한 과학적 평가에 대한 기관의 역량은 기관의 재정적인 여건과 구성 인력의 전문성 그리고 기관의 운영 목적 등의 제한을 의미하는 것이다.

3) 평가는 사회복지실천과정에 대한 전반적인 성과 등을 확인하는 것을 의미한다. 즉, 기관의 서비스와 사회복지사 개인의 사례개입에 대한 성과 그리고 실천과정에서 클라이언트와 수립한 목표에 대한 도달 여부 등 전반적인 성과를 평가하는 것을 의미한다고 할 수 있다. 평가의 개념이 적용될 수 있는 범위가 포괄적이기 때문에 본 장에서는 개별 사례 중심의 평가의 의미 중심으로 설명하고자 한다.

다면 평가 단계에서 어려움에 직면하게 된다. 도달할 수 없는 목표 수립은 목표 도달에 의한 종결이 아닌 다른 형태의 종결로 서비스 개입의 노력과 긍정적 클라이언트 변화 의미를 축소시킨다.

앞서 계획 단계에서 도달할 수 있는 목표 수립과 동시에 강조하였던 클라이언트의 능동적 참여가 목표 수립과 개입 단계에서 잘 이루어졌다면 평가 단계에서 확인되는 클라이언트의 노력과 성취는 역량강화로 이어지게 된다. 즉, 평가를 통해서 확인된 변화에 기여된 클라이언트의 노력은 종결 이후 클라이언트가 스스로 변화를 유지하도록 하는 데 중요하다. 이처럼 사례 개입 초기에 형성하는 목표를 잘 수립하는 것은 개입과 평가, 종결 그리고 종결 이후 변화 유지까지 연결되어 있다.

1) 과정에 대한 평가

평가에 있어서 프로그램이나 개별 실천 목표에 따른 최종 단계에서 평가도 중요하지만 과정에서 평가 역시 중요한 의미를 가진다. 사회복지실천이 진행되는 과정에서 이루어지는 평가를 형성 평가라고 한다. 형성 평가를 통해 사회복지실천의 목표에 따라 진행되는 개입을 검토함으로써 목표 도달을 위한 개선점을 발견하고 개입 계획을 수정 반영할 수 있다(박지영, 2020). 효과적인 형성 평가를 위해 사회복지사는 클라이언트 변화에 대한 민감성이 높아야 한다. 프로그램 혹은 개별 개입 과정에 참여하고 있는 클라이언트의 작은 변화에 관심을 가지고 무엇이 변화에 영향을 미치고 있는가에 대하여 세심한 관심을 가지고 있어야 한다. 클라이언트의 변화가 긍정적이든 부정적이든 모든 변화는 의미가 있다. 우선 개입 과정에서 긍정적인 변화가 있다면, 특히 애초에 의도한 변화가 아닌 예상하지 못한 변화가 있다면 무엇이 이러한 변화에 영향을 미치게 하였는지를 점검할 필요가 있다. 긍정적인 변화에 영향을 미친 요인을 파악하여 이를 개입과정에 반영한다면, 목표는 더욱 쉽게 달성될 수 있을 것이다. 그리고 부정적 변화에 대하여서도 사회복지사는 민감성을 가지고 개입에 반영할 수 있도록 하여야 한다. 어떤 요인이 부정적 변화에 영향을 미치게 하였는지를 파악하여 개입에 반영할 수 있도록 하여야 한다. 사회복지사는 이러한 형성 평가 같은 과정을 통해서 임상적 실천 역량이 강화될 수 있는 기회를 가질 수 있다.

2) 평가 도구

사회복지실천의 최종 단계인 평가를 통해 여러 정보를 얻을 수 있다. 앞서 과정 평가에서 언급한 바와 같이 평가를 통해서 변화에 영향을 미친 여러 변수를 확인할 수 있는데, 변화가 긍정적이었다면 추후 개입 과정에 더 반영을 하고 부정적 결과라면 개선점을 마련할 수 있는 근거를 제공하여 준다. 또한 평가를 통해서 서비스에 관여되어 있는 클라이언트, 서비스 제공 기관, 실천, 재정 지원기관, 정책 수립자 등 모든 체계에 서비스의 질에 대한 정보를 제공하여 줄 수 있다. 평가를 통해 알게 된 정보는 서비스가 문제 해결에 적절하게 제공되었는지, 재원의 지출이 적절한지, 실천윤리와 가치에 위배되지 않았는지 등의 서비스 책임성을 증명할 수 있다(최혜경, 2017). 평가를 통해서 알 수 있는 정보를 수집하기 위하여 여러 평가 도구가 활용될 수 있다. 클라이언트로부터 직접 듣는 평가, 표준화된 평가 도구 그리고 사회복지사가 관찰을 통해서 측정하는 평가로 크게 구분할 수 있다.

(1) 질적 평가

가장 흔하게 사용할 수 있는 방법으로 클라이언트로부터 직접 듣는 질적 평가가 있다. 사회복지실천은 주로 개별, 집단, 가족 그리고 지역사회 단위 차원에서 이루어지는 것으로 사회복지사는 끊임없이 클라이언트와 그 주변 환경체계에 대한 상호 작용을 염두에 두고 실천을 한다. 객관적인 평가 도구는 사회복지실천의 개입 맥락이 체계론적 접근에 대한 클라이언트의 변화 평가에 있어서 융통성과 포괄성 측면에서는 한계를 가진다. 따라서 클라이언트로부터 직접 듣는 질적 평가 방법이 사회복지실천에서 유용할 수 있다. 사회복지실천에서 질적 평가의 유용성을 살펴보면 다음과 같다(최종혁, 2009).

첫째, 클라이언트가 가지고 있는 문제의 독특성이다. 사회복지실천에서 클라이언트의 문제 특성은 남들에게 말할 수 없는 문제를 가지고 있는 경우가 많다. 즉, '남에게 밝히기 꺼리는 문제를 가진' 사람에게 계량적 척도와 같은 평가 도구를 적용하기는 쉽지 않다.

둘째, 사회복지실천의 포괄성에 있다. 사회복지실천은 체계이론적 입장으로 클라이언트와 클라이언트를 둘러싼 환경에 대한 맥락을 포함시키고 있다. 의도적 실험 방법으로 클라이언트에게 영향을 미치는 체계들에 대한 다양한 고려를 포함시키는 것에는 한계가 존재한다. 따라서 사회복지실천의 관점을 반영할 수 있는 질적 연구방법은 융통성 있게 대응할 수 있다.

셋째, 사회복지실천과 질적 연구방법은 상호 유사성이 매우 많다. 클라이언트에 대한 관점, 개입 시각, 접근의 방식 등 사회복지실천과 질적 연구방법은 상호 유사성이 많으므로 사회복지실천 개입을 평가하는 데 질적 연구방법은 용이하게 적용될 수 있다.

사회복지현장에서 질적 평가 도구의 유용성을 활용하는 데 있어서 간과하지 않아야 하는 점은 사회복지사의 질적 평가에 대한 체계적 훈련이다. 양적 평가와 마찬가지로 질적 평가를 위한 사회복지사의 사전 훈련이 필요하다. 어떤 면에서는 양적 평가에 비하여 더 오랜 시간의 체계적인 훈련이 요구된다. 현장에서 질적 평가의 유용성과 이점들을 볼 때, 활용 가능성 등이 높으나, 사회복지사는 질적 평가를 위하여 이론적 이해, 자료수집 및 분석 방법론을 이용할 수 있는 훈련이 요구된다(최종혁, 2009).

앞서 언급한 질적 평가 등의 엄격한 평가가 아니더라도 사회복지사는 평가를 위한 면접 시에 클라이언트의 진전과 악화에 대한 사정을 위하여 개입 과정에서 무엇을 느꼈으며, 무엇이 도움이 되었는지 등을 파악할 수 있다. 특히 종결에 실시하는 평가 면접에서는 개입된 서비스 등의 효과성에 대한 클라이언트 피드백이 요구된다. 즉, 어떤 서비스가 클라이언트의 진전에 유용하였는지 혹은 더 구체적으로 그것이 어떻게 현재의 변화에 영향을 미쳤는지를 확인할 수 있다. 이러한 클라이언트의 진전을 평가하기 위하여 숫자를 사용하여 질문을 할 수도 있다. "이곳에 오기 전의 상태를 0점이라고 하고 모든 문제가 해결되었을 때는 10점이라고 한다면 몇 점 정도에 있다고 말할 수 있습니까?" 등으로 질문을 통해 진전 정도를 확인할 수 있다. 또한 진전에 대한 그동안 클라이언트가 변화를 위한 노력 역시 평가 면담에 함께 포함되는 것이 좋다. 즉, 진전에 대한 클라이언트 평가는 변화에 대한 클라이언트의 어떤 노력들이 있었는지 질문함으로써 클라이언트 스스로 변화에 기여한 행동들을 탐색하도록 돕는 것이 좋다. 평가 질문에 있어서 클라이언트 노력에 대한 질문으로 "당신의 어떠한 시도 혹은 행동들이 이러한 변화에 도움이 되었다고 생각하시나요?" 등을 할 수 있다. 이러한 질문을 통한 클라이언트의 노력에 대한 탐색은 서비스 종결 후에 클라이언트 스스로 변화 유지를 위한 행동 탐색에 유용한 정보를 제공한다.

(2) 표준화된 도구

서비스 개입 이전 혹은 초기 인테이크 과정에서 활용된 측정 도구를 서비스 개입 평가 사후 평가 도구로 활용할 수 있다. 대부분 측정 도구는 개입 초기에 수집되는 정보로서 사정 활용되기도 하지만 서비스 사후 진전 정도를 표준화된 측정 도구를 통해서 활용할 수 있다. 이러한 측정 도구는 표준화된 도구로 우울증, 불안장애, 트라우마, 알코올 중독 등 정신건강과 관련된 도구 및 가정폭력, 아동학대, 사회적 지지, 생활만족, 삶의 질과 같은 복잡한 개념을 측정하는 도구들이 있다(최혜경, 2017).

지능검사, MMPI 등 일부 측정 도구는 심리검사 도구에 대한 사용 자격을 갖추어야 하는 경우도 있다. 최소연과 염태산(2003)이 집필한 사회복지사의 평가를 위해 여러 측정 도구를 광범위하게 소개하는 척도집이 있다. 사회복지사 개입의 진전 등을 평가하기 위하여 척도집을 활용할 수도 있다.

2. 종 결

종결은 서비스 혹은 개입의 종료를 의미한다. 종결은 크게 목표 달성으로 인한 종결, 시간제한에 의한 종결, 계획되지 않은 종결로 구분할 수 있다. 대부분 이상적인 종결은 개입 계획 달성에 따른 종결에 해당한다. 이는 앞서 언급한 평가를 통한 서비스의 효과와 실천 효과를 검토할 수 있도록 돕는다. 하지만 사회복지실천과정(혹은 서비스 제공과정)에서 예기치 못한 종결이 일어날 수도 있다. 이러한 종결은 사회복지사와 클라이언트 모두 만족스럽지 못한 결과를 낳을 수 있다.

가장 바람직한 종결은 개입 계획 달성에 따른 종결로 클라이언트와 합의한 목표가 성공적으로 도달하였을 때 종결하는 것이다. 사회복지실천에서 서비스의 목표는 클라이언트의 역량 강화에 초점을 둔다. 즉, 클라이언트 스스로 자신의 문제를 해결하는 역량을 신장시켜 변화를 끌어내도록 사회복지사는 지원하는 것이다.

종결에서는 클라이언트의 변화를 확인하고 클라이언트는 변화를 위해 어떤 노력을 하였고, 어떤 노력이 변화에 유용하였는지를 확인하는 것이 필요하다. 종결 과정에서 사회복지사가 클라이언트의 노력으로 변화가 이루어졌음을 확인하는 것은 종결 이후 변화 유지에 중요한 아이디어를 제공하여 주기 때문이다. 종결과정에서 사회복지사는 클라이언트 스스로 변화를 위한 자신의 역량과 노력을 인정하고 자각할 수 있도록 도와야 한다. 이러한 개입은 모든 유형의 종결에서 다루어질 수 있다. 종결 시점에서 사회복지사와 클라이언트는 비록 의도치 않은 종결을 하더라도 작은 성취 혹은 변화가 무엇이었는지, 그리고 이러한 작은 변화에 있어서 무엇이 유용하였는지를 탐색할 필요가 있다. 의도치 않은 종결이라고 할지라도 2/3가 상당한 진전이 있다고 보고하고 있다(Fortune, 2002).

1) 종결 유형

(1) 개입 목표 달성으로 인한 종결

계획된 종결은 초기 개입 시 클라이언트와 합의한 목표가 달성되었을 때 종결하는 것이 가장 이상적인 종결이 된다. 초기 목표가 잘 형성되었다면 클라이언트는 스스로 종결의 시기가 임박해 왔음을 알게 된다. 종결 시점이 임박할수록 사회복지사는 클라이언트가 사회복지사에 대한 의존성을 줄여나갈 수 있도록 도와야 한다. 만약 클라이언트의 사회복지사에 대한 의존성이 해결되지 않았을 때는 클라이언트가 새로운 문제를 들고 올 수도 있다. 종결 시점에 임박하였을 때 등장하는 새로운 문제는 진짜 문제일 수도 있으나 종결에 따른 저항일 수 있다. 사회복지사는 이러한 내용을 구분하여 다룰 수 있어야 한다.

(2) 시간제한에 의한 종결

이 유형은 개입 계획기간이 만료됨에 따른 종결을 의미한다. 사회복지실천에서 이루어지는 대부분의 개입과 서비스는 무한하지 않다. 클라이언트의 문제에 따라 필요한 개입의 기간이 정해질 것이다. 따라서 사회복지사는 초기 접수단계와 사정 단계에서 클라이언트의 욕구 혹은 문제에 대한 개입의 결정을 잘 내려야 한다. 즉, 사회복지사 혹은 기관의 서비스 제공 수준과 클라이언트의 욕구가 얼마나 일치하는가를 숙고하여야 한다.

사회복지사와 클라이언트가 목표 도달을 위해 노력하였지만 정해진 기간 내에 성과를 내기 어렵거나 더 이상 진전이 없을 때 종결을 고려할 수 있다. 이러한 종결에는 클라이언트에 대한 정서적 문제를 다루어야 한다. 사회복지사는 공감적이고 비심판적인 태도로 종결을 고려할 수밖에 없음에 대하여 클라이언트와 함께 탐색하여야 한다(Bogo, 2006). 사회복지사는 해결되지 않은 클라이언트의 욕구(문제)가 계속 다루어질 수 있도록 의뢰 혹은 정보 제공 등의 노력을 해야 한다.

(3) 계획되지 않은 종결

계획되지 않은 종결은 클라이언트의 사정에 의하여 종결된 경우와 기관 혹은 사회복지사의 사정에 의해서 종결되는 경우이다. 우선 클라이언트에 의해서 종결된 경우 클라이언트가 서비스에 대하여 비자발성이 높을 때 발생될 가능성이 크다. 대부분 이들은 문제 해결에 동기가 낮기 때문에 조기에 종결될 수 있다. 이러한 클라이언트의 경우 서비스에 대한 만족도 역시 떨어지기 때문에 클라이언트에 의해서 종결될 수 있다. 비록 클라이언트가 서비스에 대한 만족이 떨어져서 종결을 하더라도 사회복지사는 클라이언트의 자기결정을 존중하며, 종결의 사유를 탐색해 보아야 한다(최혜경, 2017). 클라이언트로부터 종결의 사유를 탐색하여 서비스 개선점을 확인할 수 있다. 또 다른 클라이언트에 의한 종결로는 클라이언트가 더 이상 서비스를 받을 수 없는 상태에 있을 때 종결되는 경우이다. 대부분의 경우는 클라이언트의 이주 혹은 사망 등으로 서비스를 지속적으로 제공 받을 수 없는 경우에 해당된다. 만약 이주 등의 사정으로 서비스를 계속적으로 받지 못할 경우에는 정보 제공 혹은 연계 등으로 지원할 수 있다.

다음으로는 기관 혹은 사회복지사의 사정에 의해서 종결되는 경우이다. 사회복지사의 업무 변경 혹은 전문적 판단에 따라 더 이상 개입이 유효하지 않다고 판단될 때, 종결이 이루어질 수 있다. 전자의 경우 사회복지사의 이동에 따라 종결될 때는 지속적인 개입이 이루어질 수 있도록 사례 연계 등의 적극적인 노력이 있어야 한다. 만약 전문적 판단에 따라 개입을 종결하게 될 때는 클라이언트의 정서를 고려하여야 한다. 이 경우 클라이언트는 사회복지사로부터 거부받는 부정적인 감정들을 느낄 수 있기 때문에 사회복지사는 클라이언트가 이러한 감정을 표현할 기회를 가질 수 있도록 도와야 한다. 또한 클라이언트가 적절한 서비스를 받을 수 있도록 다른 사회복지사 혹은 기관에 의뢰하는 등의 노력이 필요하다.

2) 종결 면담에서 다루어야 할 것

(1) 변화를 확인하기

사회복지사와 클라이언트는 종결에 임박하게 되면 변화를 확인할 수 있다. 특히 목표 설정 시 평가 가능한 목표를 잘 설정하였다면 클라이언트는 종결이 임박하였음을 직감하게 된다. 올바른 목표 설정이 개입의 시작과 끝에 영향을 많이 미친다. 만약 도달할 목표가 없거나, 평가 가능하지 않은 목표를 설정하였다면 클라이언트의 변화를 사회복지사가 확인하기 어려울 것이다.

종결 면담에서 사회복지사는 클라이언트의 변화를 클라이언트와 함께 확인하고 변화에 어떤 요인들이 중요한 영향을 미쳤는지를 탐색할 필요가 있다. 확인된 변화에 클라이언트와 주변 체계(클라이언트 본인 및 가족, 지역사회 등)가 어떤 도움이 되었는지를 탐색하여 보고, 또한 사회복지사의 어떤 노력 혹은 개입이 유용하였는지를 탐색하는 것이 필요하다. 우선 변화에 클라이언트와 주변 체계의 유용성이 확인되는 것이 종결 이후 변화 유지에 상당히 중요하다. 왜냐면 사회복지사 및 서비스 개입이 없어도 변화를 계속 유지할 수 있는 자원은 클라이언트가 스스로 해야 하기 때문이다. 종결 면담 시에 클라이언트 및 주변 체계에 대한 이러한 탐색을 통해 클라이언트가 강화된 자신의 역량을 인식하게끔 돕는다. 그리고 사회복지사의 노력 부분에서 유용성 탐색은 사회복지사에게도 유용한 실천 개입을 확인하여 숙련성을 높이는 기회가 될 수 있으면 서비스 개발에도 유용하다.

(2) 감정을 표현하도록 돕기

성공적인 종결 혹은 갑작스런 종결 등 종결의 유형을 막론하고 클라이언트는 그동안 관계를 유지하였던 사회복지사와의 관계가 종결됨에 따른 부정적 정서를 경험할 수 있다. 부정적 감정을 포함한 감정들이 종결 면담에서 표현되도록 돕는 것이 좋다. 종결 시점에 클라이언트가 여러 복합적인 감정을 경험하는 것은 정상적인 반응임을 사회복지사는 인식하여야 하며, 클라이언트 역시 자신의 감정이 정상적인 종결 과정에서 이루어지고 있음을 알아야 한다. 종결 면담에서 클라이언트의 감정 처리는 종결 면담에서 다루어야 할 변화를 확인하고, 종결 이후 변화 유지에 대한 클라이언트의 노력 등의 과제들을 더 잘 다루어지도록 도울 것이다.

참고문헌

김혜란 · 공계순 · 박현선(2013). **사회복지실천론**(개정 2판). 경기 : 나남출판.

박성원(2015). 청소년 정신건강서비스 제공 경험에 대한 질적 사례연구. 대구대학교 대학원 박사학위논문.

박지영 · 배화숙 · 엄태완 · 이인숙 · 최희경(2020). **함께하는 사회복실천론**. 서울 : 학지사.

최소연 · 염태산(2003). **사회복지척도집**(제2판). 서울 : 나눔의집.

최종혁(2009). **질적 연구방법론**. 경기 : 양서원.

최혜경(2017). **사회복지실천론**. 서울 : 학지사.

최혜지 · 김경미 · 남성희 · 류은정 · 박선영 · 박형원 · 박화옥 · 배진형 · 안준희 · 장수미 · 정순둘(2013). **사회복지실천론**. 서울 : 학지사.

Bogo, M.(2006). *Social Work Practice : Concepts, processes, and interviewing.* New York : Columbia University Press.

Borash, M.(2002). Treating the involuntary client. *Psychotherapy Networker,* 21－22.

Cingolani, J.(1984). Social conflict perspective on work with involuntary clients. *Social Work, 29*(5), 442-446.

Fortune, A. E.(2002). Terminating with clients. In A. R. Roverts & G. J. Greene(Eds.), *Social Worker's Desk Reference.* NY : Oxford University Press.

Greenberg, L. S.(2002). Integrating an emotion－focused approach to treatment into psychotherapy integration. *Journal of Psychotherapy Integration, 12*(2), 154-189.

Hepworth, D. H., Rooney, R. H., Rooney, G. H., & Strom, K.(2017). *Direct Social Work Practice : Theory and Skills.* MA : Cengage Learning.

Johnson, L., & Yanca, S.(2010). *Social Work Practice : A generalist approach*(10th ed). Boston : MA : Allyn and Bacon.

Jong, P. D., & Berg, I. K.(2001). *Interviewing for Solutions.* 노혜련 · 허남순 공역(2015). **해결을 위한 면접**. 서울 : 박학사.

Kirst－Ashman, K. K., & Hull, Jr. G. H.(2018). *Understanding Generalist Practice.* MA : Cengage Learning.

Miller, L.(2006). *Counseling Skills for Social Work.* London : Sage.

Timberlake, E. Z., Farber, M. Z., & Sabatino, C. A.(2002). *The General Method of Social Work Practice : McMahon's Generalist Perspective*(4th ed.). MA : Pearson Allyn & Bacon.

제 13 장

사례관리

CHAPTER

13 사례관리

제1절 | 사례관리의 개념

사례관리는 1970년대 후반 미국에서 사회복지실천의 방법론 중 하나로 인정받기 시작하면서 이후 영국, 일본, 우리나라 등에 소개되었다. 우리나라에서는 2000년대 이후부터 주요한 실천 방법으로 부각되었고, 최근에는 민간을 넘어 공공의 다양한 영역까지 확대되어 실시되고 있다.

사례관리는 전통적인 사회복지실천방법론과는 전혀 다른 형태의 새로운 방법이라기보다는 클라이언트에게 통합적인 방법들을 활용하고자 하는 실천방법이라 할 수 있다. 전통적인 사회복지실천의 방법은 클라이언트의 문제 해결에 초점을 두고 사회복지기관과 프로그램에 기반한 서비스 제공인 반면에 사례관리는 클라이언트의 욕구(need)를 중심으로 한 개별 맞춤형 서비스가 사회복지기관을 넘어 지역사회 차원에서의 보호 및 서비스의 제공과 점검을 강조한다는 점에서 차이가 있다.

사례관리와 관련된 정의는 많은 학자들에 의해 다양하며, 시대적 요구에 따라 변화되어 왔다고 볼 수 있다. 먼저 미국사회복지사협회(NASW, 1984)는 사례관리를 서비스들을 연결하고 조정하여 개인의 욕구를 충족시킬 수 있는 포괄적인 프로그램이라고 하였다. 그리고 웨일과 칼스(Weil & Karks, 1985)는 클라이언트가 지지적·효과적·효율적 및 비용 효과적인 방식으로 필요한 서비스를 제공받을 수 있도록 보장하는 일련의 과정으로 정의하였으며, 특히 접근성(accessibility), 보호의 연속성(continuity of care), 책임성(accountability) 등을 보장하기 위한 수단이라고 하였다. 목슬리(Moxley, 1989)는 사례관리란 다양하고 복합적인 욕구를 가진 클라이언트의 기능과 복지를 최대화하기 위해 공식적·비공식적 지원망과 활동을 조직·조정·유지하는 것이라고 하였다. 그리고 이러한 활동을 통하여 클라이언트의 생활기술을 증진시키고, 사회적 망과 관련된 서비스 제공자들의 능력을 발전시키며, 서비스가 제공되는 과정에서의 효율성과 효과성을 증진시킬 수 있다고 하였다.

한편 무어(Moore, 1990)는 사례관리를 가능하게 하는 차원과 촉진하는 차원으로 구성되어 있는 실천개념으로 정의했다. 가능하게 하는 역할이란 개인이나 1차적 집단(가족)이 독립적으로 기능할 수 있도록 그들의 잠재력을 최대화하는 것이며, 촉진하게 하는 역할은 도움을 필요로 하는 클라이언트의 사회적 제도, 조직, 기관들 사이를 연계하는 것이라 하였다. 그리고 로스만(Rothman, 1991)은 사례관리를 지역사회에 장기보호를 요하는 만성의 심각한 문제를 가진 클라이언트에게 개별적인 상담, 치료와 옹호를 제공하며, 다양하고 지속적인 보호를 제공하기 위해 지역사회 기관 및 비공식적인 지원망과 연결시키는 대인서비스의 실천방식이라고 정의하고 있다.

우드사이드와 맥클램(Woodside & McClam, 2006)은 사례관리를 복합적인 욕구를 가진 대상자들에게 다양한 서비스를 효과적으로 전달하기 위한 실천전략이라고 강조하며, 접수와 종결까지의 서비스 전달과정 속에서 서비스를 조정하고 전달하는 방식이라고 정의하였다. 권진숙과 박지영(2009)은 생태체계적 관점을 기반으로 만성적이고 복합적인 문제를 가진 개인 및 가족과 함께 일하면서 그들과 자원 제공자들의 기능을 향상시킴으로써 환경 속에서 자신에게 필요한 서비스와 자원을 스스로 획득하고 사회적 기능을 원활하게 수행할 수 있도록 돕는 통합적인 방법이라고 사례관리를 정의하고 있다.

이러한 다양한 정의를 종합한다면, 사례관리란 만성적이고 복합적인 문제를 지닌 클라이언트의 욕구를 충족시키고 문제를 해결하며 사회적 기능을 향상시키기 위해서 다양한 서비스를 제공하고 모니터링하는 실천적 활동과 공식적·비공식적 자원을 조직·조정·유지하는 행정적 활동을 모두 포함하는 통합적인 서비스라고 할 수 있다.

제2절 | 사례관리의 기능

사례관리의 기능은 크게 클라이언트를 대상으로 하는 직접적 실천기능과 클라이언트의 욕구와 문제를 해결하기 위한 자원과 환경을 대상으로 하는 간접적 개입 기능으로 구분할 수 있다. 이 두 기능은 상호 배타적인 것은 아니나, 사례관리 기능의 중점을 어디에 둘 것인가에 따라 사례관리 실행 수준에 차이가 있을 수 있으며, 전문가로서 요구되는 자질과 역량도 달라진다. 그러므로 사례관리자의 전문성이나 교육훈련의 성격도 다르다고 할 수 있다. 여기에서는 직접적 서비스 기능과 간접적 서비스 기능으로 나누어 살펴보겠다.

1. 직접적 서비스 기능

사례관리의 직접적 서비스 기능은 사례관리자가 클라이언트를 대상으로 직접적으로 서비스를 제공하는 임상적 실천 활동을 말한다. 사례관리에서 직접적 서비스 기능은 심리적 지지, 클라이언트 역량강화, 상담 및 치료 등으로 나누어 살펴볼 수 있으며, 각 기능을 구체적으로 살펴보면 다음과 같다.

1) 심리적 지지

사례관리가 성공적으로 수행되기 위해서 심리적 지지 서비스는 필수적으로 수반되어야 하는데, 사례관리 대상 클라이언트들은 대부분 낮은 자존감, 학습

된 무기력감, 실패감 등의 부정적인 정서를 보이는 경우가 많기 때문이다. 그러하기에 심리적 지지로 감정이입, 격려, 적극적인 강화 그리고 동기부여 등을 주로 다룬다(Rothman, 2002).

특히 위기 시 클라이언트는 우울, 불안, 사회적 고립감 등을 경험하게 되는데 이 과정에서의 적절한 심리적 지지와 감정을 분출하고 해소할 수 있도록 돕는 서비스 제공은 클라이언트의 심리적 안정을 가져오게 한다. 더 나아가 위기 상황을 객관적으로 바라보는 관점에 대한 인지적 회복에도 도움을 줄 수 있다.

2) 클라이언트 역량강화

클라이언트 역량강화의 기능은 클라이언트가 스스로의 욕구와 문제에 대해 대처할 수 있는 역량을 발휘하도록 지원하는 기능이다. 이 기능은 치료적 성격보다는 문제해결을 위한 과업 중심의 능력을 높이는 데 초점을 둔다. 사례관리자는 클라이언트에게 교육과 정보를 제공하고, 역할 연습 등의 활동을 통하여 클라이언트의 역량을 향상시키고 잠재력을 극대화하도록 지원한다. 주로 대인관계기술이나 필요한 자원을 획득하거나 관리하는 데 요구되는 구체적인 역량과 생활기술 등을 다루며, 사례관리자는 역할 모델이나 역할 연습 시연, 정보제공, 자기결정권 행사에 대한 지원 등의 활동을 수행한다.

3) 상담 및 치료

사례관리의 직접서비스 기능으로 상담 및 치료의 기능은 사례관리자가 치료적 면접을 활용하여 클라이언트가 변화하도록 돕는 기능이다. 예를 들면, 정서·인지에 개입하는 기술, 행동을 변화시키는 기술, 문제해결기술, 사회기술훈련, 자기주장훈련, 스트레스 관리기술 등이 포함된다.

2. 간접적 서비스 기능

사례관리의 간접적인 기능은 클라이언트를 대상으로 직접적으로 활동을 하지 않지만 클라이언트의 욕구를 해결하기 위하여 주변 환경 체계의 변화를 꾀하거나 관련 체계 간의 변화를 가져오고자 하는 활동이라 할 수 있다. 오코너(O'Conner, 1988)는 이를 클라이언트 욕구에 부합된 서비스를 제공하기 위하여 지역 자원을 효과적으로 조직·조정하는 행정적·관리적 활동이라고 하였다.

1) 연 계

클라이언트의 욕구를 충족하고 문제를 해결하기 위해 필요한 서비스는 지역사회 내 다양한 자원을 적절하게 활용하는 것이 필요하다. 그러기 위해서 사례관리자는 다양한 공식적·비공식적 자원들을 적절하게 연계될 수 있도록 지원해야 한다. 때로는 자원들을 발굴하고 조직화하여 클라이언트의 주변체계의 변화를 유도할 수도 있고, 필요시에 외부서비스 제공자와의 접촉, 이웃과 친지, 가족 등의 지원이 클라이언트에게 연결될 수 있도록 하는 기능을 수행한다.

2) 조 정

사례관리에서의 서비스 조정의 기능은 클라이언트에게 제공되는 서비스가 단편적이거나 분절적이어서 발생하는 서비스 중복이나 누락의 문제를 해결하기 위한 핵심 기능이라 할 수 있다. 조정의 기능이 효과적으로 수행되기 위해서는 서비스 제공자들 간의 협력이 중요한데, 이는 관련 기관 간에 활발한 의사소통과 사례관리기능에 대한 합의된 이해와 의의를 공유해야 일어날 수 있다. 사례관리자는 다양한 자원을 연계하고 동원하는 과정에서 클라이언트에게 서비스가 적절하게 제공되고 있는지에 대한 관리와 책임을 담당한다. 따라서 서비스를 제공하는 기관에 대한 정보, 클라이언트 욕구와 문제에 대한 정보, 지역사회 내의 자원망과 연계에 관한 정보 등을 가지고 조정의 기능을 수행하게 된다.

3) 권익옹호

권익옹호는 크게 두 가지로 나누어 보면 클라이언트 수준과 서비스 체계의 수준의 권익옹호로 볼 수 있다. 클라이언트 수준에서는 서비스 기관이 클라이언트의 욕구에 부응하지 않았을 때나 불합리한 자격기준 또는 부당한 처우를 받았을 때, 이러한 장벽을 제거하기 위해 영향력 있는 실행자에게 의사를 표현하고 설득하는 전략을 실행하게 된다.

또한 서비스 체계 수준을 겨냥한 옹호는 클라이언트에게 영향을 미치는 기관의 정책이나 절차, 관행 등에 변화를 가져오고자 하는 것, 더 나아가 정부 정책의 시행이나 입법 과정에 영향을 미치고자 하는 활동을 수행하기도 한다.

이러한 사례관리의 기능을 효과적으로 수행하기 위해서 사례관리자는 사례관리의 기능에 대한 정확한 인식과 사례관리를 통해 클라이언트에게 무엇을 제공할 수 있으며 어떠한 변화를 초래할 수 있는가에 대한 초점을 잘 유지하는 것이 무엇보다 중요하다.

제3절 ǀ 사례관리자의 역할

사례관리자는 아주 다양한 역할을 수행한다. 여기에서는 앞에서 살펴본 사례관리의 두 가지 기능에 따라 사례관리자의 역할도 크게 직접적 실천가의 역할과 간접적 실천가의 역할로 나누어 살펴보도록 하겠다.

1. 직접적 실천가(임상실천가)의 역할

1) 직접적 지원(임상가)

사례관리자는 사례관리 과정에서 클라이언트의 다양한 욕구를 사정하고 클라이언트의 자원 활용 역량을 향상하는 것이 주요 과업이 된다. 이때 종종 비자발적인 클라이언트를 만나게 되면 많은 어려움을 겪기도 하는데, 감정이입과 의사소통 기술 등 다양한 실천기술을 통하여 클라이언트와 좋은 관계를 형성하며, 클라이언트를 지지하고 희망적인 태도를 형성하도록 하는 것이 중요하다.

2) 위기개입자

사례관리자는 클라이언트의 위기 상황을 흔히 경험하게 된다. 이때 사례관리자는 위기 해결을 위한 중심적인 역할을 수행하게 되는데, 먼저 위기의 심각성을 사정할 수 있어야 하며, 우선순위에 따른 계획을 세울 수 있어야 한다. 또한 위기극복을 위한 동원할 수 있는 자원의 명단을 목록화해야 한다.

3) 단기 치료 개입(임상가)

단기 개입으로 클라이언트의 문제가 해결될 수 있는 경우에는 사례관리자가 직접 임상가로서 단기치료자 역할을 수행한다. 이 경우 사례관리자는 클라이언트가 무엇을 할 수 있는지 그리고 어떠한 성과를 기대할 수 있는지를 명확히 할 수 있도록 원조하는 역할을 하게 된다.

4) 능력 부여자 · 교사

클라이언트의 문제해결능력을 향상시키고 자원활용의 역량을 향상시키는 역할을 한다. 클라이언트의 능력을 향상과 책임감을 높이고 자신감과 독립성을 향상시킬 수 있도록 격려하는 능력부여자로서의 역할을 수행한다. 이 과정에서 클라이언트에게 학습 기회를 제공하는 교사의 역할을 수행하기도 한다.

2. 간접적 실천가의 역할

1) 중개자 및 조정자

사례관리에서 자원 활용은 중요한 과업이라고 할 수 있다. 중개자의 역할은 바로 클라이언트가 필요로 하는 지역사회의 다양한 공식적·비공식적 자원이나 서비스를 연계하는 역할이다. 대부분의 자원 및 서비스의 중개는 의뢰의 형태를 거쳐 이루어지는데, 이때 사례관리자는 서비스의 목표에 따라 자원과 서비스가 지속적으로 잘 제공되고 있는지, 중복이나 누락이 되는 서비스는 없는지를 관리하고 도와주는 역할을 수행하게 된다. 또한 이러한 과정 속에서 지역사회 내 갈등이나 마찰 등을 조정하는 역할을 수행하기도 한다.

2) 중재자

사례관리에서 중재자의 역할은 서로 견해가 다른 개인이나 집단 간의 갈등을 조정하고 타협하도록 돕는 역할이다. 중재자는 위치를 분명히 하고, 클라이언트 및 관련 당사자가 입장을 명확히 밝히도록 돕는 역할도 수행한다.

3) 옹호자

옹호자의 역할은 사례관리 대상이 되는 클라이언트의 권리와 의견을 클라이언트의 입장에서 대변하고 적극적으로 개입하며 지지하는 역할이다. 클라이언트가 직접 옹호활동을 하는 경우에 사례관리자는 지역사회 자원정보 제공이나 가족과의 협조나 필요한 지원 제공 등의 역할을 수행함으로써 클라이언트 옹호를 지원하는 활동을 수행할 수 있다.

이러한 역할 외에 이근홍(2020)은 사례관리자의 핵심적 역할과 주요한 역할을 나누어 핵심적 역할로 사정자, 연결자, 점검자를 제시하였으며, 주요 역할은 계획자, 조정자, 문제해결자, 평가자, 옹호자, 기록보존자를 제시하였다.

제4절 ㅣ 사례관리의 구성요소

사례관리란 만성적이고 복합적인 문제를 지닌 클라이언트의 욕구를 충족시키고 문제를 해결하며 사회적 기능을 향상시키기 위해서 다양한 서비스를 제공하고 모니터링하는 실천적 활동과 공식적・비공식적 자원을 조직・조정・유지하는 행정적 활동을 모두 포함하는 통합적인 서비스라고 할 수 있다. 이러한 사례관리가 실천되기 위해서는 사례관리를 필요로 하는 클라이언트, 클라이언트의 욕구를 충족시키는 사회자원, 사례관리를 실시하는 사례관리자, 그리고 사회관리의 실천과정 등의 구성요소들이 필요하다. 사례관리의 구성요소에 대해서도 학자들마다 의견이 상이하지만 크게 다르지는 않다. 본 장에서는 권진숙 등(2020)이 제시한 사례관리의 구성요소를 통해 구체적으로 살펴보고자 한다.

1. 클라이언트

사례관리 대상자를 뜻하는 클라이언트는 대부분 복합적이며 장기적인 욕구와 문제를 가지고 있으면서 사회적 기능상의 심각한 문제로 자신의 욕구를 충족시키지 못하거나 문제를 해결하지 못함으로 어려움에 처해있는 사람을 말한다. 이들은 자신의 욕구와 문제를 해결함에 있어서 필요한 사회 자원에 대해서 그 소재와 이용방법에 대해서 잘 모르기도 한다. 사례관리의 클라이언트는 대개 빈곤 가족, 한부모 가족, 조손 가족, 다문화 가족, 발달장애아동, 학대아동, 저소득층 노인, 독거노인, 치매노인 등 신체적・경제적・사회적 문제를 복합적으로 가진 다양한 클라이언트가 대상이 된다. 중요한 것은 클라이언트의 범주에 대한 행정적인 기준을 정해놓는 것이다. 즉, 사례관리 대상자의 자격조건과 선정기준, 사례관리 대상자의 규모, 사례관리 대상자의 유형 등과 같은 사항을 규정하는 것이 필요하다. 이러한 사항에 대한 행정적인 기준을 마련함으로써 클라이언트의 상황과 특성에 맞는 관리가 가능해질 수 있을 것이다.

2. 사회자원

사회자원은 사례관리에 있어서 가장 중요한 구성요소라 할 수 있다. 왜냐하면 클라이언트의 복합적이고 장기적인 욕구를 충족시키고 해결할 수 있는 기반이 되기 때문이다. 사회자원은 인적·물적 서비스를 제공하고 지원하는 다양한 차원의 공급주체를 말한다. 가족, 친척, 동료, 이웃, 자원봉사자 등의 비공식적인 자원과 행정가, 행정기관, 공공복지시설, 법인 등의 공식적인 자원이 있으며, 클라이언트의 문제를 해결하기 위해 조정·통합되어 필요한 서비스로 제공이 된다.

사례관리가 성공적으로 운영되기 위해서는 지역사회 자원의 조직화가 매우 중요하다. 인타글리아타(Intagliata, 1992)는 사례관리를 클라이언트가 필요로 하는 어떠한 서비스라도 효과적이고 효율적인 방법으로 조정하여 제공하는 과정 혹은 방법이라고 정의하고 있다. 이에 따르면 사례관리자와 사례관리기관은 클라이언트의 문제와 욕구에 부합하는 자원을 조직화하고 필요한 경우에 신속하게 조정할 수 있는 역량을 갖추는 것이 필요하다. 따라서 자원활용의 효율성을 높이기 위한 자원조직화, 자원 목록화, 자원 개발을 위한 네트워킹이 매우 중요하다고 할 수 있다.

3. 사례관리자

사례관리자는 앞에서 언급한 두 가지의 구성 요소를 효과적이고 체계적인 방법으로 연계하는 역할을 수행한다. 여러 가지 서비스 공급주체에 의한 사회 자원을 클라이언트가 활용하여 욕구를 충족해 갈 수 있도록 촉진하고, 조정하며,

연결시켜 나감으로써 클라이언트 자신의 능력을 향상시키고 서비스 공급주체들의 능력 또한 발전시키는 것이 사례관리자의 역할이다. 그 외에도 사례관리의 목적을 달성하기 위해서, 사례발견자, 사정자, 계획자, 중개자, 조정자, 점검자, 평가자, 옹호자, 문제해결자 등의 역할도 수행한다. 이러한 측면에서 사례관리자의 인간적인 자질과 태도, 사례관리자의 관점과 철학, 사회복지 마인드, 사례관리 수행을 위한 전문적인 지식과 기술은 사례관리의 성공을 위한 중요한 요소라고 할 수 있다.

그리고 조직적인 차원에서는 사례관리자들의 전문적인 역량을 잘 발휘할 수 있도록 수퍼비전 체계를 갖추는 것이 필요하며, 과도한 업무량으로 인한 소진(burn out)을 예방하기 위한 노력이 필요하다. 가장 합리적이고 이상적인 사례담당건수에 대한 정확한 해답은 없지만, 클라이언트의 신체적 · 인지적 기능수준이 높은 경우에는 사례관리자 1명이 40~50명, 신체적 · 인지적 기능수준이 낮을 경우에는 1인당 20~30명 정도의 클라이언트를 담당하는 것이 적당하다고 본다.

4. 사례관리 과정

사례관리를 시간적으로 전개해 가는 요소로 사례관리 과정을 들 수 있다. 이 과정은 보통 접수, 사정, 개입계획, 서비스의 제공, 조정과 점검, 재사정, 평가와 종결, 사후관리 등으로 진행된다. 구체적인 사례관리의 과정은 사례관리의 실천과정에서 자세히 다루도록 하겠다.

5. 사례관리 운영체계

사례관리는 클라이언트에게 필요한 통합적인 서비스를 전달하는 작동체계이기에 사례관리실천에 있어서 효율적인 운영체계는 무엇보다 중요하다. 이러한 사례관리 운영체계는 크게 기관 내부 운영체계와 외부 운영체계로 구분할 수 있는데, 내부 운영체계는 사례관리 전담팀, 프로그램과 서비스 제공팀, 자원개발 및 주민 조직화팀으로 구축될 수 있으며, 기관 사례회의를 통하여 상호 협력해 나간다. 반면 기관 외부 운영체계는 지역사회 내에서 클라이언트의 삶과 밀접한 관련이 있는 공공 및 민간의 다양한 서비스 제공 기관들로 구성된 통합사례관리팀이 해당될 수 있으며, 다양한 주체들이 함께 통합사례회의를 통하여 협력을 강화해 나갈 수 있다. 그 밖에 전문 수퍼바이저, 솔루션위원회 등과 같은 기관 외부의 지원체계들이 필요하며, 이에 따라 사례관리의 운영이 더욱 질적으로 향상될 수 있다.

제5절 Ⅰ 사례관리의 실천과정

사례관리의 실천과정은 학자들에 따라서 약간의 차이를 보이고 있다. 목슬리(Moxley, 1989)는 서비스 수행기능에 따라 사정 → 서비스 계획 → 실행 → 모니터링 → 평가의 5단계로 구분하고 있다. 로스맨(Rothman, 1991)은 기관 접근, 접수 → 사정 → 목표 설정, 서비스 계획, 자원 확인 및 목록화 → 클라이언트와 연결 → 점검과 재사정 → 결과 평가의 6단계로 분류하고 있으며, 6단계가 일직선상에 놓인 하나의 과정이라기보다는 순환적인 시간 연속과정 속에서 이루어지는 것으로 제시하였다. 우드사이드와 맥클램(Woodside & McClam, 2006)은 사례관리과정을 사정 → 계획 → 수행단계로 분류하였다.

여러 학자들에 의해서 정리된 사례관리의 주요 과정을 살펴보면, 사례관리과정이 세분화되어 있기도 하고 몇 개의 단계로 통합되는 경우도 볼 수 있는데, 지나치게 통합될 경우, 사례관리실천에서 소홀히 다루어지거나 생략될 위험성이 있다. 따라서 본 장에서는 사례관리실천에서 나타나는 전 과정을 세분화해서 재구성한 사례관리의 주요 과정을 길귀숙 등(2018)이 제시한 내용을 중심으로 살펴보고자 한다.

1. 사례발견과 인테이크

1) 사례발견

사례발견(case finding)은 사례관리가 필요한 대상자를 발견하고 접촉하는 것을 의미한다. 이 과정에서 중요한 것은 사례관리 대상자의 범주를 규정하는 것이다. 왜냐하면 사례관리 대상자의 범주가 명확해야 사례관리가 필요한 대상자를 더욱 효과적으로 발견할 수 있기 때문이다. 예를 들면, 빈곤 아동과 가족, 한부모가족, 장애인가족, 독거 노인 등과 같이 대상자의 범주를 구체화하는 것이다.

사례를 발견하는 방법은 대상자가 직접 찾아오는 자진 방문과 기관 내부·외부의 의뢰, 현장에서 직접 클라이언트를 발굴하는 것 등에 의해서 이루어진다. 따라서 사례관리자는 클라이언트의 접근성을 높이기 위하여 다양한 노력이 필요한데 적극적인 홍보 및 개방적이고 친절한 분위기를 형성하는 것이 중요하다.

2) 인테이크

인테이크(intake)란 잠재적인 서비스 이용자의 관심을 유도하고 대상자의 자격을 심사하는 것, 기관에 대한 정보를 제공하고 클라이언트가 경험하고 있는 문제와 욕구에 대한 정보와 환경에 대한 정보를 파악하는 것으로 이루어진다. 이때 중요한 것은 정확하고 풍부한 정보를 수집하고, 클라이언트와 협력적인 관계를 수립하는 것이 필요하다.

인테이크 내용에는 클라이언트와 관련된 인구학적 특성, 출생상태, 히스토리, 건강 및 발달, 가정생활, 사회적 관계, 클라이언트가 인식하거나 표출된 욕구 등에 관한 정보를 수집하는데, 이러한 내용을 체계적이고 효과적으로 수집하기 위한 인테이크 양식을 개발하여 활용한다.

2. 사 정

사정(assessment)이란 사례관리자와 클라이언트가 함께 욕구에 대한 정보를 수집하고 분석하며, 우선순위화하고, 종합하는 과정이다. 사정은 첫 번째로 클라이언트의 욕구(needs)와 선호(wants)를 명확하게 하며, 클라이언트가 당면한 문제에 대한 정보와 자료들을 수집, 분석한다. 두 번째로는 클라이언트의 기능과 능력을 사정하는 것이다. 특히 클라이언트의 병리적이고 부정적인 결함에 초점을 두는 것이 아니라 클라이언트의 강점, 장점, 잠재능력, 자격과 기술, 연결되어 있는 활용 가능한 자원, 성장과 발전의 가능성, 문제의 대처능력과 해결능력 등과 같은 긍정적이고 발전적인 요소에 초점을 두어야 한다.

세 번째는 클라이언트의 욕구와 문제를 해결하기 위한 공식·비공식 지원체계의 자원을 사정하는 것이다. 공식 지원체계로는 공식적인 기구나 조직을 통한 제도하에 체계적이고 안정적이며 전문적인 서비스를 제공하는 기관과 시설을 말한다. 예를 들면, 국가와 지방자치단체, 공공기관, 사회복지기관(시설) 등이 이에 해당된다. 비공식 지원체계로는 비조직적이고 자발적이며 상호부조적인 특성을 지닌 체계로 가족, 친척, 친구, 이웃, 자조집단, 종교단체, 자원봉사자 등이 이에 해당된다.

네 번째는 클라이언트의 욕구와 문제 해결에 있어서 장애가 되는 요소들을 사정하는 것이다. 장애물은 크게 외부적·내부적 장애물로 나눌 수 있는데, 외부적 장애물은 욕구나 문제 해결을 어렵게 하는 사람과 환경을 의미하며, 내부적 장애물은 자원 발견과 지지체계와의 연결을 방해하고 있는 사람과 환경을 의미한다. 이에 사례관리자는 클라이언트가 가지고 있는 장애요소를 제거하거나 극복할 수 있도록 도와야 한다.

3. 기 획

기획(planing)이란 사정단계를 통해서 밝혀진 대상자의 문제와 욕구를 해결하고 충족시키기 위해서 어떻게 서비스를 제공할 것인지 계획을 세우는 것을 말한다. 기획은 다시 목표를 설정하고, 우선순위에 따라 서비스 계획을 수립하며, 이러한 내용에 대해 클라이언트와 사례관리자 쌍방 간에 계약을 하는 과정으로 이루어진다.

첫 번째 목표설정은 사례관리서비스가 종결되었을 때 클라이언트에게 기대되는 결과에 대한 진술로 분명한 목표의 수립은 사례관리 과정에 있어서 매우 중요한 과정이다. 목표는 장기목표와 단기목표 또는 목표와 하위(세부)목표로 더욱 구체화한다.

두 번째로는 클라이언트의 욕구와 문제에 따라 긴급성과 심각성에 따른 목표의 우선순위를 결정해야 하고, 우선순위가 결정되면 세부적인 목표를 달성하기 위해 제공하는 서비스를 구체적으로 계획을 수립한다. 서비스 계획의 수립에서는 서비스 제공일자, 제공 기간, 제공자와 제공 내용, 방법 등에 대한 내용이 구체적으로 명시되어야 한다.

마지막으로 수립된 서비스 계획을 클라이언트와 함께 논의하고 설명하고, 동의를 구하며, 클라이언트의 적극적인 참여를 위하여 동기를 부여하는 동시에 명확한 계약관계를 체결한다.

4. 실 행

실행(implementation)이란 기획단계에서 수립한 개별화된 서비스 계획을 실제로 이행하는 것을 말한다. 이러한 실행단계에서는 사례관리자에 의하여 직접적 서비스와 간접적 서비스 제공으로 활동이 이루어진다.

직접적인 서비스는 사례관리자에 의해 이루어지는 상담, 문제해결, 위기개입에 있어서 직접 개입하여 이루어지는 활동을 의미하며, 간접적인 서비스는 클라이언트에게 필요한 서비스와 연결하는 것과 연결된 서비스를 이행하는 과정을 지속적으로 모니터링하고 연결된 서비스를 지속적으로 제공받고 활용할 수 있게 하는 역할을 감당하는 것을 의미한다. 더 나아가 필요에 따라 서비스를 조정하는 것은 사례관리 중에 가장 중요한 역할이라고도 할 수 있다. 즉, 다양한 자원과 서비스를 적절히 연결하여 자원의 중복과 서비스(대상자) 누락을 방지하며, 서비스 제공자와 클라이언트 사이에 발생하는 갈등을 해결하고, 서비스 제공자들 사이의 분쟁들을 조정하여야 한다.

5. 점검 및 재사정

점검(monitoring)이란 제공되는 서비스가 클라이언트의 욕구 충족에 적절한지를 검토하는 과정이다. 구체적으로 서비스가 클라이언트에게 적시에, 적당하게, 적절하게, 지속적으로 제공되고 있는가를 추적하고, 동시에 서비스 계획에 명시된 목표의 진행 정도를 추적하는 과정이다. 구체적인 점검은 다음과 같다(Moxley, 1989).

- 클라이언트 수준에서의 점검
  - ① 클라이언트에게 제공되는 서비스가 욕구충족과 문제해결에 기여하는가?
  - ② 클라이언트는 목표달성을 위해 스스로 노력하고 있는가?
  - ③ 클라이언트는 자신의 기술과 능력을 발휘하고 있으며, 자기보호의 노력은 적절하게 이행되고 있는가?
  - ④ 클라이언트에게 새로운 욕구나 문제가 발생하고 있는가?
- 서비스 제공자 수준에서의 점검
  - ① 서비스 계획은 적절하게 수행되고 있는가?
  - ② 서비스가 적시에, 적절하게, 지속적으로 제공되고 있는가?

③ 제공되는 서비스가 클라이언트의 욕구충족과 문제해결을 위해 필요한 것인가?

④ 서비스 제공자와 클라이언트 사이 또는 서비스 제공자들 사이의 갈등이 있는가?

이러한 점검의 주기는 프로그램의 목적, 사례량, 이용 가능한 자원, 클라이언트의 특징이나 기관에서 정한 원칙에 따라 달라지는데, 대개 1일 1회, 주 1회, 월 1회 등으로 구분하여 실시한다.

재사정(reassessment)은 점검을 통하여 클라이언트가 처한 상황이나 환경의 변화로 새롭게 나타난 욕구와 문제를 확인하는 과정으로 이를 통하여 다시 서비스 계획을 수립하게 된다. 이러한 재사정은 공식적, 비공식적으로 이루어질 수도 있으며, 주기적으로 이루어질 수도 있고, 필요한 경우에만 이루어질 수도 있다.

6. 평가와 종결

평가(evaluation)는 사례관리에서 중요한 부분으로 주로 클라이언트의 변화와 만족도, 서비스 과정의 효율성, 서비스의 질, 그리고 클라이언트의 성과에 대한 평가가 이루어진다. 이러한 평가는 클라이언트의 수준, 서비스 제공자 및 서비스 체계 수준에서 이루어지며, 평가 방법은 크게 질적 평가와 양적 평가로 구분된다. 만족도 조사, 목표 달성 척도, 표준화된 척도에 의한 집단 조사 설계, 단일사례설계 등 다양한 평가방법이 활용될 수 있다.

종결(termination)은 서비스 개입을 중단하는 단계를 말한다. 서비스를 종결하게 되는 경우는 다음과 같다.

① 계획된 목표의 달성

② 클라이언트의 서비스 종결 요청 또는 서비스 거부

③ 클라이언트의 사망 혹은 이사

④ 클라이언트의 타 기관 의뢰 및 시설 입소

⑤ 기타의 사유로 주요 서비스 제공자가 서비스 종결 권고 등

이러한 종결 사유로 인하여 사례관리를 종결하게 될 때에는 사례관리자와 클라이언트와의 협의를 통하여 종결 시기를 결정하여야 하며, 종결 시 나타날 수 있는 클라이언트의 불안, 부정적인 정서들에 대해 사례관리자는 놓치지 않고 필히 다루어야 한다. 또한 필요하다면 언제든지 다시 서비스를 이용할 수 있도록 의사소통의 통로를 마련하고 접근 가능하도록 하여야 한다.

7. 사후관리

사후관리(follow-up)는 사례관리서비스가 종결된 이후 사례관리자와 클라이언트 간의 지속적인 의사소통을 통하여 관계를 지속하는 것을 말한다. 이는 클라이언트가 이전에 경험한 문제로 돌아가는 것을 예방할 수 있는 방법으로 서비스가 다시 필요할 때면 언제든지 서비스를 다시 이용할 수 있는 기회를 제공하는 것이다. 이를 위해서 정기적인 전화 확인 및 우호적인 방문 실시, 안부 편지 및 기관 소식지의 발송 등의 방법을 활용할 수 있으며, 더욱 적극적인 사후관리 방법으로는 클라이언트의 현재 상태에 대한 평가와 주기적인 만족도 조사, 클라이언트와 접촉하고 있는 타 기관과의 정보 교류를 할 수 있다.

이러한 사후관리는 사례관리 과정에서 또 하나의 가치 있는 일임에도 불구하고 간과하기 쉬운 부분인데, 사례관리자는 사후관리의 중요성을 인식하고 종결 이후에도 최소한 1년 이상은 클라이언트와 지속적인 관계를 유지하는 것이 바람직하다.

참고문헌

권진숙 · 김상곤 · 김성경 · 김성천 · 김혜성 · 민소영 · 박선영 · 박지영 · 백은령 · 유명이 · 유서구 · 이기연 · 조미숙 · 조현순 · 황성철(2020). **사례관리론**. 서울 : 학지사.

권진숙 · 박지영(2009). **사례관리의 이론과 실제**(제2판). 서울 : 학지사.

길기숙 · 강희숙 · 오영훈 · 오하나 · 유진희 · 제미자 · 현영렬(2018). **사회복지실천론**. 경기 : 양서원.

이근홍(2020). **사례관리론**. 경기 : 지식공동체.

Intagliata, J.(1992). Improving the quality of community care for the chronically mentally disabled : The role of case management. In. S. M. Rose(Ed.), *Case Management and Social Work Practice*(pp. 28−29). NY : Longman Publishing group.

Moore, Stephen T.(1990). A Social Work Practice Model of Case Management : The Case Management Grid. *Social Work, 35*(5). Silver Spring, MD : National Association of Social Workers, Inc.

Moxley, D. P.(1989). *The Practice of Case Management.* Newbury Park, CA : Sage Publications, Inc.

National Association of Social Workers(1984). *NASW Standards and Guidelines for Social Work Case Management for Functionally Impaired.* Silver Spring, MD : National Association of Social Workers, Inc.

O'Conner, G.(1988). Case Management : System and Practice. *Social Casework, 33*(1), 97−106.

Rothman, J.(1991). A Model of Case Management : Toward Empirically Based Practice. *Social Work, 36*(6). Silver Spring, MD : National Association of Social Workers, Inc.

__________(2002). An overview of case management. In Robert, A. R., & Greene, G. J.(Eds.), *Social Workers' Desk Reference*(pp. 467−472). NY : Oxford University Press.

Weil, M., & Karks, J. M., et al.(1985). *Case Management in Human Service Practice.* San Francisco, CA : Jossey−Bass, Inc., Publishers.

Woodside, M., & McClam, T.(2006). *Generalist Case Management−A Method of Human Service Delivery*−(3rd ed.). Belmont, CA : Thomson Brooks/Cole.

찾아보기

[인물]

[용어]

저/자/약/력

서종수

대구대학교 철학박사

현 대구대학교 아동가정복지학과 부교수

가정과삶의질학회 편집위원장

한국청소년상담학회 편집위원장 및 학술위원장

한국복지상담교육학회 편집위원

〈저서 및 논문〉

생태체계적 관점에서 살펴본 노인의 행복결정요인 외

박성원

대구대학교 사회복지학 박사

현 대구대학교 청소년상담복지학과 부교수

한국사회복지상담학회 학술위원장

부산사직클럽하우스 대표

〈저서 및 논문〉

Wee Class 상담교사의 정신질환 청소년 상담에 대한 경험 연구 : Giorgi의 연구방법을 활용하여 외

양지훈

경북대학교 사회복지학 박사

현 인천연구원 연구위원

한국복지행정학회 편집위원

전 한국뇌연구원 학생정신보건연구센터 연구원

〈저서 및 논문〉

예비노인세대의 노년기 경제활동 참여 목적에 영향을 미치는 요인 외

이미영

(日本)立教大学 사회복지학 박사

현 대구대학교 아동가정복지학과 겸임교수

전 特別区人事・厚生事務組合社会福祉事業団　更生施設 けやき荘

〈저서 및 논문〉

농촌 노인의 역할유형이 생활만족도에 미치는 영향 외

장효은

경북대학교 아동가족학과 이학박사

현 경북대학교 아동학부 외래교수

선재아동가족상담연구소 수석연구원

전 학생정신건강지원센터 선임연구원

〈저서 및 논문〉

영아기 기질이 아버지의 양육행동을 매개로 유아기 정서문제에 미치는 영향 : 다변량 잠재성장모형과 자기회귀교차지연모형을 활용한 종단매개효과 검증 외

저/자/약/력

이우구

대구대학교 철학박사
현 대구대학교 아동가정복지학과 겸임교수
전 사회복지법인한기장복지재단구미기독실버빌 팀장
구미대학교 초빙교수

〈저서 및 논문〉
노인의 감정조절능력이 자살생각에 미치는 영향 : 마음챙김의 매개효과 외

김민아

경북대학교 사회복지학 박사
현 경북여성정책개발원 연구위원
전 학생정신건강지원센터 연구개발 팀장

〈저서 및 논문〉
청소년 멘토링 프로그램의 효과에 관한 메타분석 외

강금여

대구대학교 가정복지학 박사수료
전 창녕시니어클럽 센터장
한국시니어클럽 경상남도 지회장
창녕군사회복지협의회 이사

〈저서 및 논문〉
기혼 여성의 자원봉사 활동이 자아탄력성과 생활 만족도에 미치는 영향 외

제2판

사회복지실천론

|공저자| 서종수 · 박성원 · 양지훈 · 이미영 ·
장효은 · 이우구 · 김민아 · 강금여

|1판 1쇄| 발행 2024년 5월 30일
|1판 2쇄| 발행 2024년 8월 30일
|2판 1쇄| 발행 2026년 1월 20일

|발행인| 김 동 훈
|발행처| 공 동 체

|주소| 경기도 고양시 일산동구 호수로 358-39, 동문타워 I 905호(백석동)
|전화| 031) 814-3000(대표)
|팩스| 031) 814-3100
|홈페이지| http://www.compub.co.kr
|전자우편| compub@naver.com
|출판등록| 2005년 10월 6일
|등록번호| 제396-2005-36호

|ISBN| 979-11-7554-059-0
정가 20,000원